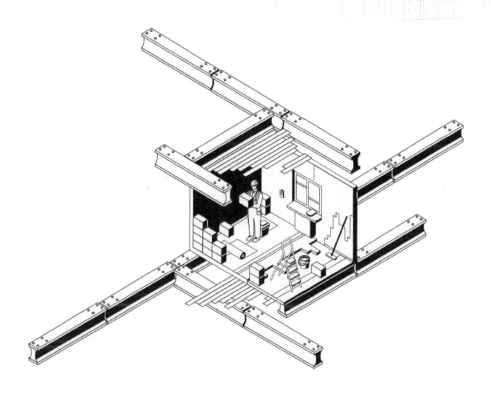

微服务
中台架构开发

任波 著

人民邮电出版社
北京

图书在版编目（CIP）数据

微服务中台架构开发 / 任波著. -- 北京 : 人民邮
电出版社，2021.1（2022.8重印）
ISBN 978-7-115-55315-7

Ⅰ．①微… Ⅱ．①任… Ⅲ．①企业管理－计算机管理
系统－系统开发 Ⅳ．①F272.7-39

中国版本图书馆CIP数据核字(2020)第223731号

◆ 著　　　　任　波
责任编辑　赵　轩
责任印制　王　郁　马振武

◆ 人民邮电出版社出版发行　　北京市丰台区成寿寺路11号
邮编　100164　　电子邮件　315@ptpress.com.cn
网址　https://www.ptpress.com.cn
北京九州迅驰传媒文化有限公司印刷

◆ 开本：787×1092　1/16
印张：21.75　　　　　　　　　2021年1月第1版
字数：390千字　　　　　　　2022年8月北京第4次印刷

定价：79.00 元

读者服务热线：(010)81055410　印装质量热线：(010)81055316
反盗版热线：(010)81055315
广告经营许可证：京东市监广登字 20170147 号

P 序言
reface

　　数字化是企业的未来，本质上数字化是一个从业务到数据、再让数据回到业务的过程，而企业数字化不仅会改变企业与消费者之间的关系，与合作伙伴之间的关系，还会推动产业链的重构，进而推进商业模式的变革。

　　阿里云的技术是基于支撑阿里巴巴集团诸多业务高速扩张而内生出来的能力，阿里在去IOE过程中从基础代码开始，自研出了一整套完整的、独立体系的云计算数据平台，在企业发展过程中成功实现了业务系统无缝隙、无感知的升级换代。通过自研云操作系统、云数据库和中间件等产品有效支撑业务的高速发展，通过数据中台保证了数据资产的有效治理，通过业务中台实现了全集团各业务板块的一体化进程。同时，我们将这些技术能力进行产品化、市场化去服务于社会。所以，阿里的技术服务是基于实战场景而诞生的，随着自身业务的不断推进，技术也必须不断升级演化、不断迭代，具有很强的生命力。从最初的技术支撑业务、技术拓展业务，到现在的技术重新定义和创新业务，实现了由技术驱动并重构业务生态。阿里云的技术所具备的强大生命力与极快的进化能力，是有别于其他传统厂商的地方，也是其优势所在。

　　2018年我和西部机场集团在杭州探讨传统企业信息化建设时与本书作者进行了深入的交流，大家认为阿里的中台架构思想和阿里云的技术能力非常契合机场快速提升信息化水平的需求，随后阿里云与西部机场集团组建了联合研发团队，很快上线了机场旅客服务业务中台。我们的合作不仅仅是交付一个项目，而是通过项目交付来帮助机场打造自己的产品团队和研发体系，应用技术中台和业务中台来优化和重构机场服务业务体系。目前，他们已经通过业务中台实现了机场业务领域贯通、服务资源聚合、创新产品研发，较好地支撑了四型机场建设和智慧机场的落地。

　　目前，很多企业在数字化转型过程中都在建设自己的中台，这其实也是由于供给侧改革倒逼出的新需求。以前我在民航做信息化，最大的体会是传统企业做信息化主要是由业务单元提出诉求，信息化人员点对点满足需求，程序员只要把业务流程搞清楚，用信息系统实现就可以了。但今天的用户需求是多变的，旅客更希望在出行中得到个性化和差异性的服务，所以很难通过一个标准的业务流程去满足他们的需求。我们以前多是基于一个点或一个业务场景的需求去开发或购买产品，从企业的整体架构和系统的布局去考虑的比较少，而新基建数智化则更注重全局的战略性和一体化的实现策略，这都促使企业通过业务能力的下沉和共享来构建自己的中台，基于业务数据双中台支撑各种可变的业务场景，从而实现业务和数据的闭环。通过这种技术能力的培养和增强，企业能够逐步构建自己的业务生态，实现企业数字化转型。

本书是一本基于阿里微服务架构搭建业务中台的入门实战书，是任波多年开发经验的积累和总结。全书用简单易懂的语言和真实案例讲述了企业业务中台构建过程，围绕机场业务场景，以 IT 架构云化和服务在线化为主线，从业务调研、流程梳理、前后台完整代码实现、自动化运维到敏捷研发，介绍了 DevOps 研发、运营和运维的三位一体实施方案，作者将阿里云提供的二十多个核心产品和中间件应用在项目中，极大地方便和简化了中台的研发。相信无论是架构师、开发人员、产品经理或企业信息化管理人员，都能够通过阅读本书对企业架构云化和业务中台化有更深的了解和新的认识。

胡臣杰

阿里巴巴副总裁

阿里 CIO 学院院长

F 前言
oreword

我从事 IT 研发已有 14 年，从一名开发人员成长为大型集团公司的 IT 架构师，参与了多个大型信息平台的建设。2006 年初入职场在一家企业从事 ERP 系统开发；2008 年进入用友公司开发财务软件；2011 年转行到金融行业从事数据仓库、商业智能的开发和数据模型的设计，从应用系统转向大数据开发，通过数据看业务有一种"一览众山小"的感觉；2015 年进入某大型支付公司设计互联网架构和管理研发团队；目前在一家国有大型机场集团公司负责 IT 整体架构设计和实施工作。我见证了国内企业 IT 架构十几年的发展历程，从解决一个业务问题的应用系统发展到以数据平台为基础支撑的架构，到互联网微服务中台架构，背后总是用户的迫切需求驱动着企业响应能力的提升，技术的飞速发展对于各方都是极大的挑战。

2017 年我进入某机场集团公司负责机场旅客服务平台建设，在选择架构时我并不同意采用当时流行的微服务架构。因为我在之前带领的研发团队也实现了一套微服务平台，所以比起传统的企业服务总线（Enterprise Service Bus，ESB）架构，我深深地体会到微服务架构对于业务需求及服务化拆分难度之大，对研发能力、运维保障要求之高，但当时除了我基本没人懂微服务。机场没有自己的研发团队，当地人才市场也很少有这方面经验丰富的开发人员，完全依赖承建商的资源建设 IT 系统也不是我的风格，但如果采用传统的 ESB 架构，面向 C 端的旅客服务难以扩展、难以变更、难以敏捷的问题也不能回避，就在此时阿里云的出现为我们照亮了一条路。经过多次与阿里云技术团队的交流对接，我们认为阿里云的技术中台也就是平台即服务（Platform as a Service，PaaS）层完全可以打消我对于微服务架构复杂性和难运维的顾虑，它们在云上有一套完整的微服务研发平台，实现了企业互联网架构中间件高度集成和自动化运维，不需要自己搭建 Spring Cloud 环境，也不需要运维。进一步了解到它们的业务中台架构思想后，我发现其非常适合当前机场的平台化需求，最终我们与阿里云联合组建了机场旅客服务业务中台项目组，并于 4 个月后全面上线运行。目前运行稳定可靠，从上线时的 18 台服务器扩展到现在的 100 多台云服务器 ECS。以前机场要实现某一个业务应用需要立项、招标、需求、设计、开发上线等漫长的过程，而现在基于业务中台可能只需一周时间就可以上线运行。能达到这样的效果是大家付出了巨大的努力换来的，因为行业的特殊性、业务流程和组织结构的不同，中台架构很难有一套通用的、拿来即用的架构。我们的中台架构也是经过了十几次的推翻和评审讨论才最终确定的，本书将会全面阐述。

业内现在都在谈论中台，来机场集团公司交流的大厂们方案里几乎都有中台的概念，比如各种各样的技术中台、业务中台、数据中台、数字中台、组织中台、能力中台、人工智能（Artificial Intelligence，AI）中台等。那中台应该如何建设呢？需要透过现象看本质。市面上讲中台的图书基本都是中台承建商自己写的，主要是阿里云的技术和业务专家，我个人认为要不要建中台、如何落地中台、建到什么程度、哪些场景适合建中台这些问题更应该是需求方、业务方基于自己的实际情况进行综合考虑而决定的。中台建设的风险并不低，本书将以真实案例进行分析，提出搭建业务中台的建设性架构方案和实施路径。

我喜欢总结和归纳工作中碰到的问题和有趣的事，也要求研发团队的每个人都要进行技术分享。我们在中台建设中也积累了大量的技术文档、开发手册和研发团队的管理经验，并搭建了自己的开放能力平台，但也踩了很多"坑"，我想能不能把这些经验整理出来，让"后来者"少走一些弯路，减少试错的成本呢？

本书特色

本书从互联网时代传统企业遇到的 IT 架构问题出发，经过认真分析后引入中台思想，尝试在理论上解决现有问题，在回顾企业 IT 架构的发展过程中演化出中台架构。

"光说不练假把式"。在第 4、5 章实现了一套完整的前 / 后端中台 demo，邀请了研发项目组的产品经理、视觉 UI 工程师、前端 Vue 工程师、前端小程序工程师、后台接口开发工程师、中台微服务开发工程师、数据模型工程师、测试工程师、版本配置管理员、架构师一起参与 demo 开发，完整地还原了一个业务场景在中台上的实现过程。

能够快速实现 demo 应用是因为它是基于阿里云的 PaaS 平台完成的，我将 demo 在第 5 章的内容中"掰开揉碎了"分析，看看它是怎么应用 20 多个 PaaS 组件搭建起来的。寻找一套快速落地、低风险、易运维、高可靠、好扩展的架构方案是比较困难的，我始终认为 IT 架构是逐步演化和完善形成的，而不是一开始就设计出来的。所以本书不会出现什么好什么不好，只能讲到什么场景适合什么。

读者对象

对企业 IT 架构感兴趣的中 / 高级软件工程师、架构师、产品经理、项目经理都可以通过本书较深刻地认识和理解业务中台架构。本书中介绍的中台相关工具有助于读者在项目中选择应用。

对于微服务开发人员可以学习和积累快速实现微服务的开发经验。

本书中介绍的业务中台前 / 后端完整 demo 可以帮助开发新手快速学习和全面掌握一个 IT 系统开发的全部流程、步骤，以及各类人员在项目开发中的角色和工作内容，完整还原一个敏捷迭代周期，阅读本部分内容需要有一定的编程经验。

本书也非常适合需求方管理人员和技术人员阅读，使其站在需求方考虑中台架构是否能解决企业遇到的 IT 问题。我个人认为企业实施业务中台失败的风险较大，所以本书更多是从需求方和业务人员的角度考虑问题，希望本书能对他们有一些启发。

致谢

首先要感谢人民邮电出版社赵轩在本书出版过程中的辛勤付出，使得本书能够顺利出版。

感谢西部机场集团有限公司的同事，感谢秦占欣、张宝利、夏瑾琪、李立明、时杰、杜瑾珺、卢宽、王星、李嘉宁、江浩等同事的帮助。

感谢研发团队的各位小伙伴，感谢韩晓煜、李飞、马锐锐、马倩茹、杜建琴、宇文巍、徐鹏程、赵震、魏萌、张亚辉等同学在本书写作过程中所做的贡献。

最后，感谢家人的照顾，让我能全身心投入本书的编写。

教学帮助

本书源码托管在码云 gitee 上，搜索"微服务中台架构开发入门与实战项目源码"即可下载部署，包括通用公共组件、旅客中心、行程中心、行李中心、行李查询应用、后台管理端 Vue、前端小程序共 7 个项目的源码，以及相关安装软件和工具。

本书教学视频可在腾讯课堂里搜索"微服务中台架构开发入门与实战"进行观看学习。

读者如果在学习本书过程中遇到问题，可加入 QQ 群 105423967 获得帮助。

目录

第3章 端到端敏捷实施 52

第6章 云计算资源 175

第7章　云数据库 RDS 212

第1章　企业数字化转型

近年来，从互联网行业到传统行业，竞争都变得日益激烈，消费者的层次结构和个性化需求在快速发生变化，企业为了应对这种变化不得不进行业务的快速迭代。在此背景下，IT 行业里"中台"的概念逐渐"火"了起来，大家都在谈论或实施"中台化战略"。中台有什么"魔力"，能有这样的号召力？各类企业，特别是跨业态的集团化企业，都希望通过中台战略解决自身问题。但是我们也看到，一些企业在实施中台项目时出现了严重的问题和偏差。阿里巴巴集团（以下简称阿里）的首席执行官曾说过："如果一个企业奔着中台做中台，就是'死'。"中台最早是由阿里提出的一种 IT 架构理念和方法。其实中台思想古来有之，只是互联网时代给它赋予了新的含义。中台的发展如图1-1所示。

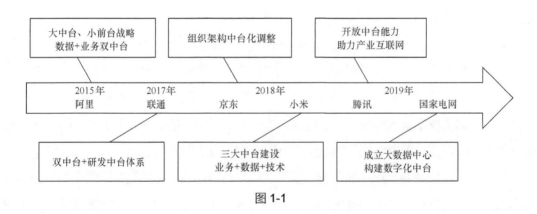

图 1-1

日常生活中我们几乎每天都能接触中台的服务。中台能对资源进行向下整合，向上共享复用。前段时间我有位同事通过某找房平台买了一套商品房，得到的服务体验非常好。该平台将线下各类房产中介公司的房源进行整合，形成了统一的房源池，提供真实的房源、房价和小区的近期成交数据，客户只需通过该平台便能找到适合自己的房子；该平台还让各家银行的工作人员在该平台交易中心上班，几乎每一家银行都有一个办公室，客户可以自己选择在哪个银行贷款；该平台甚至将房管局、税务局等部门都整合到该平台交易中心，这在没有该平台前是完全不可想象的。我们可以看出该平台就是客户与房源的中台，客户与银行、房管局、税务局的中台，该平台将买房需要的找房、网签、贷款、交税和过户的手续都整合在该平台交易中心完成，全流程实现了线上化和移动化，极大地方便了客户、房东和中介公司办理业务。

我理解的中台思想就是一层层对细节的抽象，这和 IT 系统建设中抽象设计模式的道理一样，将有共性的、可复用的部分提炼出来，快速满足多业务场景的需求和发展。企业中的业务中台将后台资源进行整合和抽象，并向前台提供简单、可复用的共享服务能力，以实现后台业务资源到前台易用能力的转化。这种中台思想能不能解决企业碰到的瓶颈？接下来以问题为导向看看企业在 IT 系统的建设中碰到了什么问题，并从技术层面提出解决思路。

1.1　传统企业 IT 架构

今天是"万物互联"的时代，"用户是上帝"不只是企业的宣传口号，这句话已经是企业生存的关键。快速响应用户、最大化满足用户的个性化需求，是企业在互联网环境中得以生存和持续发展的根本。

我记得小米刚起步时出了一款手机小米 2S，这款为"发烧友"而生的手机价格低、配置高、质量好，满足了当时更换智能手机的用户的迫切需求，导致大量用户的"疯抢"。这款手机的核心竞争力之一是操作系统 MIUI，用户可以随时通过这个操作系统提出问题和建议，小米能够迅速发布操作系统的版本更新以响应用户的需求。而当年质量做到很好的诺基亚却没落了，很重要的原因就是它对用户的响应能力太弱。

只有尊重用户并满足用户的需求，甚至主动改革自己的企业才能在以用户为中心的互联网时代得以生存和发展。那些坐等用户上门、故步自封的企业，则会被时代抛弃。企业对用户的响应力的比拼是核心中的核心；互联网时代为了快速响应用户的需求，最直接、最快速的方式就是依靠信息和数据。能否建好一个强大的信息数据平台，选择的架构和技术体系是否高效敏捷、有没有持续性与扩展性是最为关键的。作为集团公司的 IT 架构师，我经常会评审成员企业报上来的信息系统建设方案，当我看到技术组件还是 10 年前的 Struts+JSP 时，我就想这个系统上线后该去哪里找运维的人。目前传统企业的 IT 架构是什么情况，能不能支撑、满足或响应用户的需求呢？

1.1.1 IT 架构解读

很多传统企业没有自己的研发团队，很多企业的 IT 系统基本都依靠第三方供应商提供的服务，而且大多是以传统项目制和采购产品的方式经过多年实施逐步形成的。图 1-2 所示为某机场集团公司 IT 总体架构示意，简单划分为 4 个核心域。

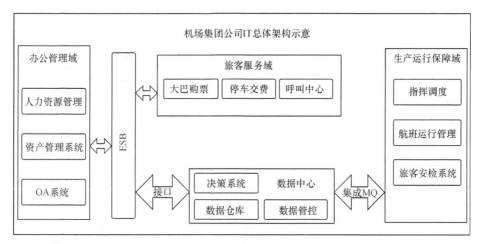

图 1-2

- 生产运行保障域：完成航班在本机场的正常起落保障。
- 办公管理域：完成全集团日常办公管理。
- 旅客服务域：完成旅客在机场出行全流程服务。
- 数据中心从以上 3 个业务领域获取数据，形成集团最核心的数据资产。

这是非常典型的传统集团企业 IT 架构，其逻辑关系清晰，层次分明，职责明确。各域内部及域之间的系统采用传统中心化的企业服务总线（Enterprise Service Bus，ESB）中间件进行交互，办公管理域和生产运行保障域的数据通过接口方式沉淀到数据中心，进行主题划分和决策分析。

1.1.2 存在的问题

此架构中的各系统实施过程基本是甲方提出需求，乙方设计实施，甲方验收。这种模式是由业务和职能单位提出自己的问题，然后确定方案，这些单位很难主动去考虑与其他业务实体间的协同交互，这种组织架构形成了"部门墙"，数据和业务也是"烟囱式"的，相互协作困难。

对每位旅客的真情服务，需要机场将所有服务触点串联起来。但目前每年有几千万出行旅客，在系统层面旅客基本都是离线的，出行数据也是离线的，无法利用这些数据。数据不在线就产生不了价值，对于提升旅客服务质量的意义也不大。我们以机场旅客服务域为例，项目系统架构大体如图1-3所示。

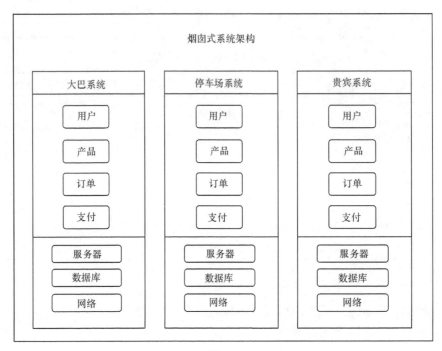

图 1-3

- 企业多年积累了大量的信息系统，每个系统都是独立的一套垂直体系，有自己的网络、数据库、服务器，基础资源投入大，后期统一管理和运维困难，成本高。
- 各系统解决方案完全依赖乙方，采购产品或二次开发都依据乙方的标准架构，甲方基本无体系、无标准，IT整体架构混乱，无章可循。
- 每个系统都有自己的用户管理、服务产品的提供、订单的流转和聚合支付等功能，系统间通用能力难以共享，存在大量的重复建设和重复运维。集团企业中的很多系统在多个子公司重复建设，例如机场集团公司下属的每个机场公司都按固定资产投资方式各自建设实施了贵宾系统，虽然业务流程基本相同，但也无法复用。
- 甲方只参与招标、提出需求和项目管理，IT部门验收后也只负责基础资源的运维，很难有精力和动力去思考业务的创新。
- 不同的系统不能共享数据和服务，形成资源信息孤岛，导致业务间协调困难，甚至部门内的系统集成都有各种技术障碍。

- 不断的新需求迭代开发，导致系统重构后形成新的烟囱，运行效率低下。
- 采用项目制建设方式，审批时间长、业务上线慢，业务在公司和部门内封闭多、变更难、创新少。

假设有以下场景，旅客在集团层面能有一个统一的账号（业界"时髦"叫法为 OneID），使它在各业务系统都能在线化。今后汽车、行李、手表等设备都可以在线化，通过 OneID 对旅客需求在所有出行业务环节自动感知主动响应，这样完全可以将集团的主业和辅业串联起来产生价值。如旅客刚下飞机，机场通过 OneID 就能实时获取到旅客的行程，旅客刚出航站楼，机场运输公司的专车已经在门口等待，地服公司人员已经将行李从飞机上转运到专车上，机场的酒店也已经提前为旅客预留了房间，机场的旅游公司制定了一份个性化鲜明的游玩攻略推送给旅客，这些个性化的精准服务全靠 OneID 在各系统进行动态感知。但是按照上面的垂直烟囱式系统架构，各公司是无法使用旅客动态数据资源的。

如果大家能在一个平台上运行，用户数据、产品数据、订单数据、支付数据被统一处理，这样数据就可以在平台上流动起来，实现多业务实体间的协同服务，简化旅客出行的流程。用户每多一个操作步骤，公司就可能多损失一半的用户。但有一个很大的风险是组织结构的适应调整，很多中台项目失败的原因是资源得不到满足。阿里中台战略的成功是因为组织中台的不断调整和完善提供了保障。本书会介绍如何从技术、业务和数据层面设计和实现业务中台，也会从中台项目的团队组织结构进行经验的分享。业务中台是需要逐步完善的，甲方不要期望找一家承接中台建设业务的厂商就能把中台建好。如果甲方不主导核心业务流程、不把握架构、没有自有或外包团队进行持续的迭代完善能力，那么实施中台战略的风险极大。

1.2 新技术新思路

我在平常工作中会和很多厂家交流技术方案，其中 OneID 是提得比较多的。但是仅建个 OneID 系统能解决上述问题吗？传统企业存在的问题在当下该如何解决呢？最终的落脚点应放在企业数字化转型上。

一家集团化的传统企业要数字化转型，这个问题极为复杂。单从技术角度看，需要用好大数据、云计算、人工智能、物联网等新兴技术，利用云计算的计算能力让大量在线的服务数据产生价值并持续优化或重构业务流程，如图 1-4 所示。

图 1-4

结合本书内容，就数字化转型提两个建议：计算资源云化和服务在线化。

1.2.1 计算资源云化

很多传统企业的 IT 系统运行几年后，运维部门可能没一个人能说清楚该系统是怎么回事，谁都不敢处理问题，尤其是有关重要的核心系统。比如我想在消息队列（Message Queue，MQ）上订阅消息进行数据传输，运维人员很可能说这个 MQ 已经有一年多没人动过了，如果给你配置的话担心会影响到生产系统的稳定性，建议你想想其他办法，非要使用的话，我们联系 MQ 厂家，等他们下次来的时候给你配置上，好吧？大家觉得这不可思议，但这样的情况确实存在。这属于中间件的使用问题。

还有一类问题有关服务器计算资源，很多企业停留在将实体服务器作为固定资产管理的阶段，有自己建机房的，有些银行的服务器还托管在运营商的机房。如果有一个新系统建设，就需要报预算、招标采购硬件资源，到货后安装基础环境，调试网络，进行应用程序（以下简称应用）的部署上线，最后将相关系统移交给运维部门。整个流程费时间、费精力，而且有可能因为一些客观原因流程被"卡住"。另一方面，信息系统运行几年后，软、硬件都需要升级、调整，而计算资源很难适配、扩展。要解决这类问题，企业的计算资源必须实现自动弹性伸缩，按需使用，计算资源的服务化和云化几乎是必然。很多人可能觉得公司的服务器已经虚拟化了，但云化和虚拟化不是一个概念。

云计算就是使大量服务器在线后提供计算能力，是企业的核心能力，但企业购买了大量服务器不一定有相应的计算能力。云计算将 IT 资源集中管理并开放共享，通过服务的方式对外提供计算能力，"百度一下"感觉很快，但对于后台来说有成千上万台服务器在瞬间完成在线的计算，而世界上还没有任何一台服务器能完成这样的工作。云计算就像用水、用电一样，随需而用，用户不需要知道云计算内部的实现细节，只需要在云上找到自己需要的计算服务、按自己的使用情况按量付费即可。能对在线计算能力进行运营的才是真正的云计算，就像国家电网运营电能一样。微博的服务器已经迁移到阿里云以应对热点事件所需的超大计算能力，热点过后流量降下来时计算资源也会自动释放，实现了计算资源的自动伸缩。云计算的优势非常明显，但我在工作中经常会谈到服务器资源云化，特别是公有云时，必定有个安全问题绕不过去。如把钱放在银行和放在枕头底下，哪个更安全呢？只有相信它，才能用好它。作为一名集团公司的 IT 架构师，需要考虑方方面面的因素，哪些服务在公有云或专属云、哪些在本地私有云，云计算的基础设施即服务（Infrastructure as a Service，IaaS）层如何规划设计，私有云是按专有云建设还是独立设计，是不是混合云架构等问题都要权衡。云计算发展过程大概如图 1-5 所示。

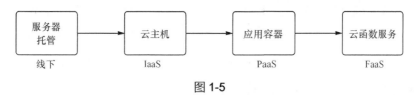

图 1-5

- 服务器托管：服务器若由开发人员和企业自行维护，成本较高，对运维人员技术要求较高，手工操作较困难。

- 云主机：云计算接管计算服务上云和物理设备的维护，通过虚拟化将线下的 IT 资源整合形成计算资源池，对外提供标准计算和存储服务，称为 IaaS。我们在规划机场旅客服务平台时，有厂家给的方案里几百万的预算中一半用于建设基础设施，如建机房、买服务器、部署网络和购买正版软件等，对于一个企业的应用平台，这种重资产的方式除了要考虑建设周期，还要考虑后期的运维升级保障；而公有云计算使企业用户可以通过互联网获取自己需要的计算资源、存储资源和网络环境，用户只需要关心自己的业务实现，不需要建设基础设施，也不需要专职的运维人员，只需要按使用情况结算付费。当然如果是私有云，则不存在计费。

- 应用容器：云计算接管服务器和系统运行环境，称为平台即服务（Platform as a Service，PaaS），而且还提供了标准的应用软件开发平台，极大提高了应用系统的开发效率和稳定性，达到事半功倍的效果。我们在建设中台时使用了阿里云的企业级分布式应用服务（Enterprise Distributed Application Service，EDAS）互联网架构研发平台，开发人员只需关心业务逻辑的实现，至于微服务的细节都已经在云上透明化，EDAS 环境在内部都封装好了。业务应用开发过程中使用了阿里云移动开发平台 mPaaS，提供几百台移动真机实现移动端的各种测试，而不需要为了测试把市场上各个型号的手机各买一台。

- 云函数服务：云计算接管除业务逻辑以外的其他部分，称为函数即服务（Function as a Service，FaaS），这是云计算使用的更高层次，用户不需要关心应用的运行环境。这种无服务器架构没有了服务器的概念，目前此技术在公有云上都有提供并且已经商业化，但成熟度还不太适合所有的应用场景。中台项目在建设过程中使用了小程序云的 Serverless 云函数实现小程序的前 / 后端分离，整个中台的业务中心测试环境已经使用 Serverless 应用引擎（Serverless App Engine，SAE）部署。

云计算的飞速发展，使服务器的概念逐步淡化，开发人员越来越只需要关注业务领域，需求方只需要提交计算资源需求给云平台，云平台会选择相应的资源配置，云计算会自动分配虚拟机、运行环境、操作系统。目前基本都是容器化部署，其轻量简单，节省了大量的时间和人力成本，并且计算资源可以按需随时调整，有并发了可弹性加配置，空闲了可减配置，最大化地优化资源的合理利用。

云上自动化运维和安全监控更加可靠、完善，相关技术人员可以从烦琐的日常服务器运维和巡检中解脱出来，把更多的精力放在业务应用的优化上。能让计算机干的，人就别干了。专业的事让专业的人来做，每个人只做自己擅长的，"聚焦主业"。这样上文所述的烟囱系统就基本不需要单独的硬件、网络和存储，集团建立统一的云管理平台，把运维、运行环境等重复工作统一管理，把数据集中存储，各子公司和成员企业基本不需要专职的运维人员。IT 人员完全可以参与业务流程，站在数据的角度去引领业务的发展，成为懂技术的业务专家。

需要注意传统企业有些系统可以上云，而有些系统因为客观原因是上不了云的，有的企业还需要应用上云而数据库不上云，这就涉及企业要建什么样的云：私有云、专有云、专属云、公有云还是混合云。如生产环境承载了最核心的业务，部署在本地自己构建的私有云；企业内部如办公自动化（Office Automation，OA）、资产等系统相对固定，部署在本地机房的虚拟化环境里；而旅客服务系统放在公有云上，因为本地的私有云和虚拟化计算资源有限，无法及时满足旅客的高并发和及时响应需求，而公有云非常灵活，敏捷度更高，可以随时随地调整变更，最终的网络架构是混合云架构。我认为混合云架构或许是今后一段时间传统企业的必然选择，甚至可以做到公有云和私有云的相互异地灾备。

实现企业数字化转型只是把资源云化还远远不够，更重要的是整个企业 IT 架构的云化，包括 DaaS 和 SaaS 等。

- 数据即服务（Data as a Service，DaaS）。在当下的数据时代，企业积累了大量的业务数据，同时也缺少和需要大量外部数据。DaaS 通过数据资源池聚集内部数据进行整合加工，对外提供有价值的服务。如我们建设的数据服务平台可对外提供实时航班信息，大巴系统可以用来安排班次，航延系统可提前提供延误服务。

- 软件即服务（Software as a Service，SaaS）。企业通过在线租赁的方式获取软件服务，不需要自己建设、维护和购买软件。如阿里云上的云市场提供了上万种 SaaS，给旅客发短信只需要在云上开通短信服务，开发人员不需要关心电信运营商是谁，也不需要关心携号转网之类的细节，只需要调用短信服务传递手机号和发送内容。

1.2.2　服务在线化

计算机技术把物理的离线世界变成了数字化的离线世界，互联网技术把离线变成了在线，表 1-1 所示为不同行业、不同产品在线化过程中的价值流动。

表 1-1

行业	传统技术	数字化技术	在线化技术
新闻	铅字印刷	激光排版：单向	今日头条：双向
地图	纸质地图	数字地图导航	高德地图：在线交通
摄影	胶片相机	数码相机	分享朋友圈
影音	录像机磁带	CD、DVD、MP3	抖音：在线服务

表 1-1 中从左到右数据从单向流动到双向流动，从离线变为实时在线，从封闭变为共享，所以在线的数据一定要是实时的、流动的才能产生价值。大数据的意义并不在于数据有多大，真正的意义是数据的实时、在线。数据如果不在线，就没有足够的意义。如我车里的导航系统，它不在线、不连互联网，每年需要用 U 盘升级地图，U 盘里就算有全世界最大、最全、最精准的地图，我也认为它也不是大数据。而智能后视镜、智能音箱等有能力实时获取用户想要的地图数据，还可以与用户友好交互，将地图数据作为服务提供出来产生了实时精准导航、叫车等业务价值这才是大数据。

如某旅客服务公众号，具备买机票、买大巴车票、缴纳停车费等功能，但若想进行会员权益的互换，如买了机票则自动送一张机场到市区的大巴票或免费停车两小时，这样简单的功能却几乎很难实现，这 3 个菜单在公众号上紧挨着排列，但交互不了，原因还是在于烟囱架构，没有完成服务在线化。买机票是用在线旅游（Online Travel Agency，OTA）平台，如携程的 H5 页面，部署在携程的机房；买大巴车票是用机场运输公司的系统，部署在阿里云；缴纳停车费是用机场自有系统，部署在本地机场。这样的环境就导致以下问题。

- 3 个系统网络架构不同、开发语言和交互协议不同，对接困难。

- 各系统实施时不太会考虑其他系统的问题，形成业务壁垒和信息孤岛。

- 3 个系统都有会员信息，但关联不起来，导致变更困难、响应能力差。

企业 IT 架构的不断发展缘于一直在尝试找到合适的方法，但每个企业的信息化发展阶段和水平不同，很难找到一套通用的解决方案，实际上也找不出来。IT 架构是循序渐进地完善和调整的持续过程。简单来说需要将企业的各种业务能力逐步服务化和在线化，通过 IT 架构和企业组织的渐进调整完善，实现业务间服务共享、数据开放、随时交互。

企业的数字化转型可以从以下几个维度考虑。

- IT 架构从传统架构整体升级为云化架构（本书将从架构层面通过案例和阿里云的 PaaS 平台进行介绍）。

- 单个业务领域的数字化向全业务领域的拓展（本书将通过业务中台实现分步介绍实施方案）。

- 管理模式从流程驱动转变为大数据支撑的精细化和个性化服务（涉及的数据中台不在本书范围内）。

中台在企业数字化转型升级中起到了至关重要的作用。通过中台架构可将企业的业务整合、集成为企业共享能力，并将这些能力开放共享，服务企业。

第2章 业务中台架构

本章通过架构演进的介绍引出企业 IT 架构的云化升级，包括从业务中台的架构设计到计算资源的云化和服务在线化的落地。

2.1 架构演进之路

设计完美的架构在建设过程中也会有变数，因为实施各阶段面临的影响因素非常多，所以变是正常的，不变才是有问题的。大型信息系统都是从小到大一步步完善的，在每个阶段都会遇到各类系统问题和业务问题，然后再不断地解决这些问题。架构是由业务规模驱动而演进的，当然 IT 架构也不应过度设计而舍本逐末。接下来回顾一下 IT 架构的发展过程。

2.1.1 单体应用

我接触过一个公司，最早是开发大学校园食堂饭卡系统的，该系统功能比较简单，学生开卡充值，刷卡吃饭。初期购买一台服务器部署系统就可以承载所有的功能，该服务器上部署了应用服务、数据库服务、文件服务，此时的业务目标是尽快上线给用户提供服务，验证系统的可用性，架构如图 2-1 所示。

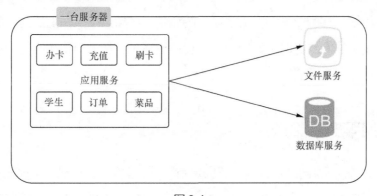

图 2-1

一台服务器类似一个小饭馆，老板做所有事，既当服务员又当厨师，还当采购员，运行了一段时间基本都没问题。但是当学校有重大活动时，如召开运动会时会出现食堂吃饭刷卡非常慢、学生吃不到饭的混乱场面，排查原因发现是该段时间这台服务器的 CPU 和内存使用率已经达到 100%，分析原因是大量学生吃饭集中到同一时间段，系统的访问量突然比平时增加了很多，一台服务器"扛不住"了。

2.1.2　数据与应用分离

为解决上面的问题，购买了两台新服务器，把原来服务器里的数据库分离出来，部署到新购的数据库服务器（服务器 3，硬盘更大、速度更快）上，业务应用部署到另一台新购的应用服务器（服务器 1，CPU 和内存更大、速度更快），原来的服务器作为文件服务器（服务器 2），用来存取学生的照片等文件，如图 2-2 所示。

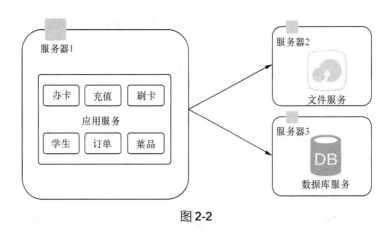

图 2-2

正如老板忙不过来请了一个服务员和一个厨师，自己只干采购，分流后 3 台服务器各干各的，极大减轻了系统压力。但过了两年，大学扩招后学校里学生多了起来，吃饭经常刷不了卡，应用服务器的处理能力成了系统的瓶颈，虽然运维人员对服务器的内存进行了升级，但刷不了卡的问题仍时不时出现，而且还出现了工作人员不小心把应用服务器的电源插头用脚踢掉的人为事故。

2.1.3　应用服务器集群

单一的应用服务器配置再高，资源也是有限的，高并发访问情况下链接很快就会超限。他们马上又购买了两台服务器，其中一台（服务器 4）和原来的应用服务器组成了应用服务器集群，另一台（服务器 5）作为负载均衡（Server Load Balance，SLB）服务器将学生的刷卡扣费请求分散到两台应用服务器分别处理，减轻单台服务器的压力。这样的架构的好处是如果有一台应用服务器发生故障，另一台也可以继续提供服务，不会影响正常的业务，如图 2-3 所示。

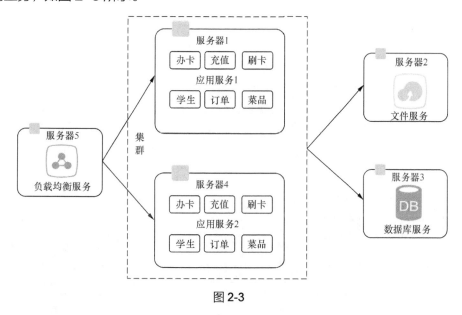

图 2-3

正如一个服务员（应用服务 1）忙不过来，又请了一个服务员（应用服务 2），还安排了一位大堂经理（负载均衡服务）负责迎来送往。

2.1.4 缓存服务器

学校发展得很快，又开了超市，校领导决定将食堂的饭卡系统进行业务扩展，升级为学校的一卡通系统，不仅可以吃饭，还可以在校园内为所有的消费刷卡。这对刚刚架构升级后的系统又提出了更高的要求。该系统负责人向我征求方案，我查看了他们 5 台服务器的系统负载情况，发现问题出在数据库服务器的 CPU 和内存使用率一直在高位；然后又找了他们某一天的访问日志进行了认真的分析，发现学生一次刷卡消费需要请求服务器 5 次，分别是查询学生信息、查询卡余额信息、查询商户信息（包含食堂和档口）、查询商品信息（包含菜品）和扣费。只有卡余额信息和扣费两个数据是一直变化的，学生信息、商户信息和商品信息变化得不频繁。基于以上分析，我建议他们在应用服务器和数据库服务器之间加一台缓存服务器（服务器 6），将这些变化不频繁的信息存放到缓存服务器的内存里，这样处理请求的方式变为应用服务器收到请求先去缓存服务器的内存里找，如果找到了就直接返回数据，如果没有找到再去数据库服务器查询，并将结果存到缓存服务器，下次相同的请求通过缓存服务器即可得到数据。用缓存服务器的原因是读取内存的速度比读取数据库硬盘快得多。加入缓存服务器后架构如图 2-4 所示。

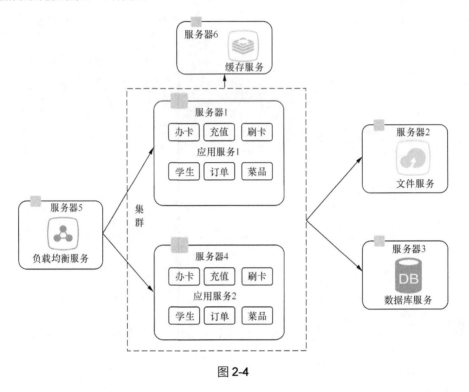

图 2-4

正如每天营业前把客人常点的菜先备好，客人点了备菜只需热一下就可以直接上桌，如果备菜都用完了再通知后厨制作。

2.1.5 数据库读写分离

实施一卡通项目后学校的商业发展得很好，学校经营部门提出要对一卡通系统的经营数据进行统计分析，所以该系统又增加了报表功能。可能是数据量太大，只要查询大的数据报表，整个一卡通系统就运行得非常慢，甚至不可用，导致经营部门的人员只有在晚上 8 点后才敢进行查询汇总统计。这类问题对于 IT 架构师来说都无法容忍，更别说业务部门的人员了。很快发现问题还是出在数据库上，操作数据库包含增、删、改、查，其中70% ～ 80% 的操作属于查询操作，尤其是报表全是查询。我们完全可以把数据库进行分离，主库负责写操作，也就是增、删、改操作；从库只负责读操作，也就是查询操作。然后将主库的写操作实时同步到从库中，保证从库读到的数据和主库写入的数据一致即可，如图 2-5 所示。

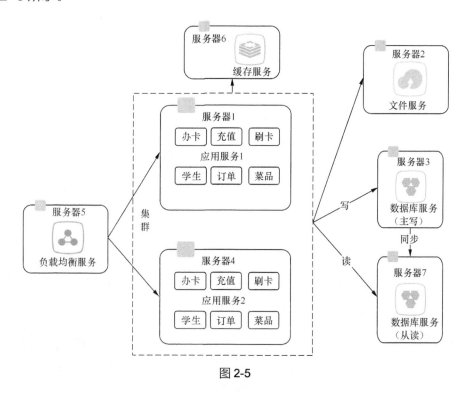

图 2-5

正如一个厨师忙不过来，又请来一个做配菜的厨师，原来的厨师只负责炒菜。

2.1.6　分库分表

该学校是 20 世纪 80 年代修建的，占地面积有限，已经完全不能承载这么多学生和教职工的教学和日常生活。学校后来又在南边的大学城建了新校区，面积大、环境好，而且该大学作为示范校园，校园没有围墙，完全是开放式的，甚至他们的一卡通可以让整个大学城里的学生使用。为了让学弟学妹吃好喝好，我帮他们设计了新的架构。上次是对数据库进行主/从和读/写分离，但本质上这两个数据库是一个数据库，数据完全一样，当写的操作增多时还是单节点满足不了并发的需求。

解决方案也比较明确，即减轻对单数据库的访问压力，再次对数据库进行分库和分表的操作。该系统负责人建议将数据库按业务拆分为 3 个数据库，分别是食堂数据库、超市数据库和其他数据库。我当时极力反对这样的横向业务拆分，因为这样改动太大，几乎所有的业务代码都需要修改，开发量大，而且最熟悉这个系统的几位程序员都已经离职了，所以这样做的风险太大，我给他们的建议是纵向拆分，也就是按地域进行拆分，老校区用一个数据库（数据库1），新校区用一个数据库（数据库2），这样底层代码和数据库结构基本不需要进行修改，只需要应用在请求数据库时带上标识是请求老校区的数据库还是新校区的数据库即可，改动很小即可解决他们碰到的问题，如图2-6所示。

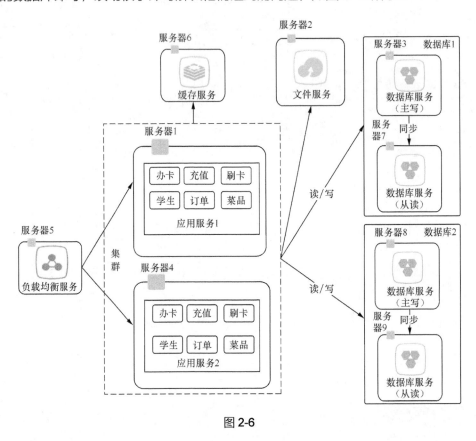

图 2-6

正如将厨房进行拆分，一个做面的厨房配两个厨师、一个炒菜的厨房配两个厨师。

2.1.7 微服务化

该学校进行了第三产业分离，学校食堂也组建为独立的市场化服务公司。他们想到了一个点子很有意思，学校食堂可以提供外卖服务。一方面很多待在宿舍的学生需要吃饭，学校外面的外卖又不能送进来；另一方面学校食堂的饭菜量大、干净卫生还便宜，而且还有很多工作人员，可以将食堂饭菜对外配送，老校区地理位置好，周围全是写字楼。于是前端开发了送外卖的应用和食堂档口接单的应用，每个档口配置了蓝牙热敏打印机，后台进行了微服务架构重构，支撑互联网化的大流量和高并发需求，架构如图2-7所示。

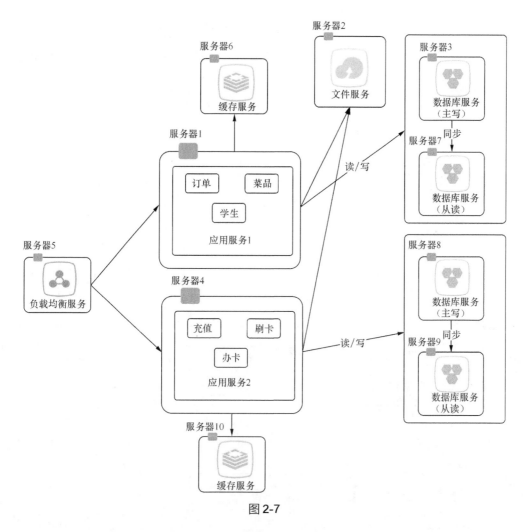

图 2-7

正如将饭馆进行了专业化改造，客人可以在一家饭馆吃到整条街的美食。

该公司互联网化后，发展非常快，进行了多轮融资，业态已经涉及老百姓生活的方方面面，并购了多个公司，IT 架构一下子变得复杂了很多。系统层面各子公司都有自己的业务系统来处理会员、订单、商品和交易，但它们之间交互很困难，协调起来也很费劲。如每一方都想使用其他方的会员信息进行业务扩展，大家都提出集团能不能做一个共享的会员中心让各业务公司使用，各业务公司就不用建设自己的会员体系了。这个思路正是阿里提出的 IT 中台架构的思路，我们看看能不能解决以上的问题。

2.1.8　服务中台化

中台化是指将企业的核心业务能力随着业务不断发展以数字化形式沉淀到平台，以服务的形式对外提供可复用的业务能力，快速满足多业务场景的需求，支撑企业更高效地进行业务探索和创新。上文所述的微服务架构只是实现中台架构的一种技术方案，如图 2-8 所示的中台架构。

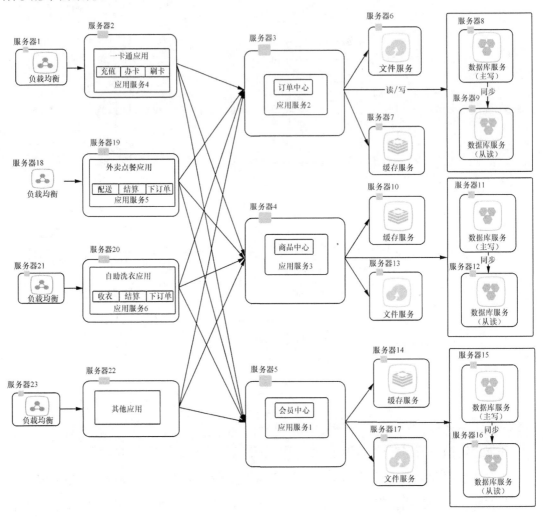

图 2-8

图 2-8 有 3 个业务中心：订单中心、商品中心和会员中心，它们实现了业务中台架构。每个业务中心都有自己的应用服务器（集群）、缓存服务器、文件服务器和数据库服务器，业务中心之间是相互独立的，也是由不同的研发团队负责开发运维的，更重要的是各业务中心是独立运营的。业务中心左边是业务应用，如一卡通应用、外卖点餐应用和自助洗衣应用，它们不需要再去实现订单、商品的功能，只需要使用业务中心提供的功能即可，基于业务中心的功能在自己的业务场景服务用户。

从应用到中台看（从左到右），一卡通应用对自己的充值、办卡等流程非常精通，但它不知道外卖点餐应用的下订单流程是什么样的，它也不需要知道；外卖点餐应用也不清楚一卡通应用的充值、办卡等流程；而在右边的订单中心需要给所有需要下订单流程的业务应用提供订单服务。那么开发和运营订单中心的人员能从订单的维度全面掌握企业的业务流程，甚至成为这一方面的业务专家，这样更容易发现问题的本质。去业务中心解决问题，更容易找到关键点创新业务价值。下面我们将用中台思想进行企业 IT 架构的设计讲解。

2.2 阿里中台架构

2.2.1 中台的雏形

IT 行业的中台概念是阿里提出的，图 2-9 所示为阿里 IT 架构的演进过程。

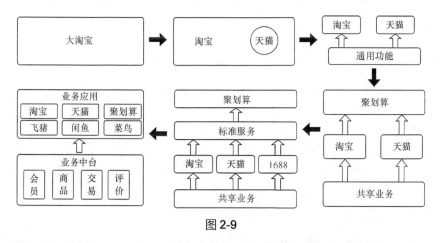

图 2-9

- 第一阶段（2003 年）：阿里上线了个人与个人（Consumer to Consumer，C2C）淘宝电子商务网站。
- 第二阶段（2008 年）：阿里从淘宝抽调了开发人员研发上线了企业与个人（Business to Consumer，B2C）的淘宝商城，后改名为天猫。同一批开发人员要完成两套独立架构体系的开发、运维。
- 第三阶段（2009 年）：将淘宝和天猫两个独立体系的交易、支付、会员等业务的共性逻辑抽取出来共享使用，避免了重复建设，加强了相互协同，减轻了运维压力。这时已经有了中台的思想。
- 第四阶段（2010 年）：上线团购入口聚划算，天猫和淘宝接入后销售额大增。

- 第五阶段（2011 年）：各方都希望接入聚划算，聚划算对接压力极大，架构上要求与聚划算业务对接必须通过标准接口完成服务。
- 第六阶段（2015 年后）：业务应用中淘宝、天猫、聚划算、飞猪、闲鱼等系统的建设都会涉及会员、商品、交易、评价等功能，把这些功能都抽取出来，统一对外提供服务。这样业务应用就不需要开发这些功能了，只关注自己的业务流程设计、页面展示和流量即可。形成的阿里共享服务体系由共享业务事业部负责独立运营，并成为业务中台战略的核心部门。

通过这个演进过程可以看出，每一次的架构演进都是一次中台化的抽象，向下整合、向上共享复用。经过 6 个阶段后阿里的中台整体 IT 架构大体如图 2-10 所示。

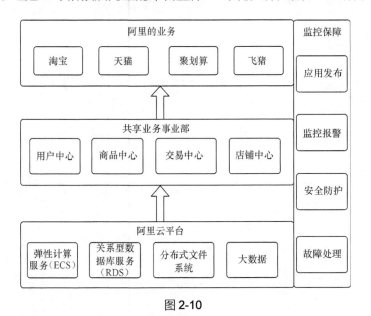

图 2-10

- 阿里云提供所有的硬件、系统软件、网络资源服务，可以理解为资源中台。
- 阿里云提供开发平台和软硬件自动化运维能力，可以理解为技术中台。
- 共享业务事业部提供全集团在业务开展中公共的、通用的服务能力，而这些能力是全集团的核心业务，可以理解为业务中台。
- 淘宝、天猫、飞猪等使用公共的服务能力即可，不需要自己开发，它们只需关注自己的业务。更为重要的是上层业务应用，如淘宝和聚划算之间不用再进行对接了，因为它们的业务能力都是由共享业务事业部提供的，所有的应用只需要使用共享业务事业部的服务即可完成各业务应用的交互。这样就完全不需要传统的 ESB 去集成。

中台架构在共享业务事业部实现了服务复用、数据共享、能力复用、快速创新和试错学习。

2.2.2　中台架构由来

以前，一个企业的信息平台一般分为前台和后台。前台是由各类前台系统组成的集合。每个前台系统就是一个用户接触渠道，是企业最终用户直接使用和进行交互的系统，如用户直接使用的 PC 网站、手机应用、微信公众号、小程序等都属于前台范畴。

后台是由各类后台系统组成的集合。每个后台系统管理企业的一类核心资源，如财务系统、企业资源计划（ERP）系统、客户管理系统等，这类系统构成了企业的后台。基础设施和计算平台作为企业的核心计算资源，也属于后台的一部分。

很多企业的后台系统在立项建设时不是为了服务于前台系统，也不面向最终用户，更多的是为了实现管理手段的电子信息化，提升企业的管理效率。这类系统一部分是当年花大价钱采购的，需要每年支付大量的服务费，版本老旧、变更困难；另一部分是自建的，年久失修，同样变更困难，对业务的响应慢，往往改个小功能还要花一大笔费用，从集团公司最顶层看各成员企业有几百个信息系统。很多系统都是这样，不仅仅是慢和贵，更重要的是被系统供应商给"绑架"了，很多系统代码的产权是谁的都说不清楚，而且几乎看不到哪个系统有扩容规划、灾备演练、降级限流等架构的实际落地和执行。

此时前台和后台就像汽车上两个转速不协调的齿轮，赛车手希望前台的 4 个轮胎转速越快越好，而发动机作为一台汽车的"心脏"，其"齿轮转速"则不是越快越好，它需要考虑车速、挡位、油耗、温度和安全等综合指标。因此中台要找到一个最合理的平衡点来保证前、后台的协调一致。前台想要快速响应前端用户的大量需求，要求能够快速创新迭代，所以要求转速越快越好；后台由于对应的是相对稳定的后端资源，系统变更困难，越稳定越好，因此希望转速越慢越好。随着企业业务的不断发展，前、后台架构导致的"齿轮不匹配"问题就逐步显现出来。后台变更越来越困难，但还要响应用户持续不断的需求，导致业务逻辑直接在前台实现，致使前台系统不断膨胀和复杂，形成了一个个烟囱式系统，最终业务沉淀不下来、系统交互困难、用户响应能力低下。

中台将前台与后台的"齿轮转速"进行适配，将后台资源集成开放以响应用户的需求，将前台的稳定通用业务能力逐步下沉至中台以提高前台的用户响应能力，又可以将后台需要频繁变化或是需要被前台直接使用的业务能力抽取到中台实现，为前台提供更强大的"炮火"支援。2020 年新冠肺炎疫情爆发，全国驰援武汉，我们国家表现出了强大的中台整合能力，一方有难八方支援。政府从各地组织医疗资源和抗疫物资，通过疫情数据和病症情况的实时监控，不停迭代医治方案，很快控制住了疫情的发展，体现了在中台的支持下前台快速的应变能力；一省驰援一市的方案体现了微服务化的分而治之架构；国家将抗疫的经验分享给其他国家、援助医疗物资，体现了中台的共享复用。但我们从数据上了解到还有一些国家对疫情的控制没到位，更能体现出 IT 中台架构的建设风险比较大。中台架构如图 2-11 所示。

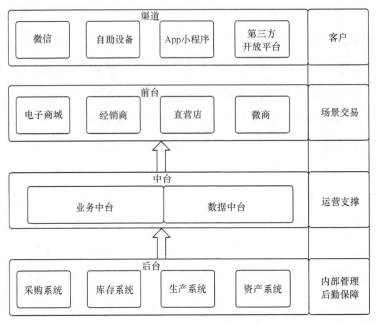

图 2-11

业务中台将后台的资源进行抽象、包装、整合，转化为前台友好的可复用、共享的核心能力，实现了后台业务资源到前台易用能力的转化。

数据中台从后台及业务中台将数据流入，完成海量数据的存储、计算、产品化包装等过程，构成企业的核心数据能力，为前台基于数据的定制化创新和业务中台基于数据反馈的持续演进提供了强大支撑。

业务中台与数据中台相辅相成，互为支撑地构建起了"火力"强大的"后方炮火群"。

通过分析可以从中发现，中台不是一个具体的应用。在"万物互联"时代，应用都被切分成碎片化的业务场景组合来不断迎合用户快速变化的新需求。而比较稳定和核心的，就是中台了。这也正是这两年中台"火"起来的原因。我认为企业真正的核心竞争力就是中台的服务能力，是需要自己完全掌握的核心能力，而前台和后台完全可以通过外包等方式去实现。

业务中台在前台和后台之间是双向驱动的。它把前、后台通用的能力整合后，对前台应用进行支撑，不对后台系统进行支撑，这个大家都能理解。但前、后台的通用能力是如何整合的呢？从我们的实施经验看，更多的是需要前台应用的不断加入和丰富，来"滋养"中台的"长大成熟"。换个说法就是要有源源不断的业务需求进来,架构师来分析哪些需求适合下沉到中台实现并加以设计。如果把个性化明显的需求也放在中台就缺少了灵活性,其他前台应用又不能共享,只为某一个前台使用,从架构上来说是不应该的,但恰恰我们在中台上线大概一年后真就是这样干的!至于为什么,后面再说。总之,中台架构没有一个标准的设计可照搬使用,成功的案例仅可作为架构设计的参考,需要根据自己企业的实际情况灵活适配和调整。如果企业没有系统架构师,只靠承建商来收集需求进行架构设计,可能结果并不会太理想。一个企业发展了多年,积累了大量的显性和隐性的业务流程、复杂的组织结构和角色分工,承建商很难深入了解业务流程在现场的实际执行情况,他们主要基于原有的中台建设经验在了解企业的业务需求后进行架构设计和实施,等项目上线后可能又会建设其他行业的中台。业务人员只有在真正使用后才能发现系统的问题并提出需求,不过此时的变更非常困难。但项目制的建设就是这样。如果能像我们集团这样,甲方的架构师全程参与中台的设计和建设,并对微服务有深刻的理解和开发经验,而且在集团工作多年,对集团内的 IT 系统大致清楚,业务知识有一定的储备,对组织内的职责权限也有个大概的认识,基于这些实际情况去设计架构,能够判断出业务中台应该从哪些业务场景作为突破口更能落地,中台系统应怎么样最大化支撑和引领业务的发展,做出来的产品更"接地气"。企业的业务中台一定是逐步完善和长期迭代出来的,而不是一步就设计出来的。

我们在实施中台架构的两年中发现,中台还干了一件很有意义的事。企业在多年的信息系统建设中或多或少会存在一些"僵尸系统",属于无人管理的状态,运维人员又不敢直接将之删除。中台架构遵循"厚中台、薄应用"的原则,统一了服务并使之通过业务应用层提供。如果某个系统在应用层没有使用任何服务,那它很可能是无效的,也不需要接入业务中台,可以直接被淘汰;已接入的系统通过中台的承上启下提供服务,有归口,由运营团队统一管理生命周期。

2.2.3 中台架构本质

上面的案例介绍了企业单个 IT 系统从无到有、从单一到全面的发展过程,这个过程可以理解为纵向的架构演进,图 2-12 展示了某集团企业 IT 架构的横向扩展。

图 2-12(a)所示的 4 个系统分别是由集团下属的 4 个成员企业独立建设的,集团的汽车运输公司在建设机场大巴系统时,很难主动和地勤公司航班延误服务人员沟通乘坐大巴的旅客的航班延误后的服务。

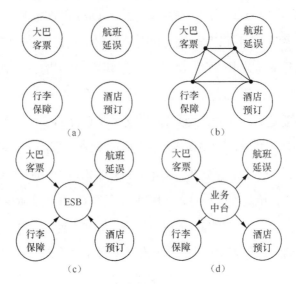

图 2-12

图 2-12（b）所示的 4 个系统在建成使用过程中多多少少会涉及多方交互，例如航班延误后地勤公司需要联系汽车运输公司安排车辆将航班延误旅客运输到酒店休息，此时这 2 个系统就需要做接口进行点对点对接。这里最大的问题是沟通协调，4 个系统在技术层面打通已经比较困难，更为困难的是 4 个系统对应的是 4 个不同的实体组织，实现图中的所有线条关系难度极大。

如图 2-12（c）所示，通过 ESB 实现了多个系统的对接，解决了点对点沟通成本大的问题，每个系统只需和 ESB 对接即可。但我们发现 ESB 仅仅从技术上弥补了多系统的业务交互的缺陷，每个系统还是在独立建设，最后再考虑 ESB 集成，这种方式并没有根本上解决跨组织的业务协作问题。从我的经验分析，ESB 很难适应需求的多变，而且 ESB 被当作技术集成工具，并不打算对业务进行整合和逻辑处理。

图 2-12（d）中箭头方向发生了变化，业务中台对外提供业务能力的支撑，是面向服务的架构，而不去做多系统的集成打通。各业务系统基于业务中台提供的旅客行程、个人信息、行李、联系方式、用户画像等能力构建自己的业务场景实现，各系统之间是不需要交互的，只需在业务中台获取相应的能力即可。这也就是业务中台最核心的价值。

2.3　业务中台实施过程

阿里给出的建议是，一个业务中台项目的建设周期在半年左右，这是经过大量项目实施后总结出来的。那这半年中都要具体做些什么工作呢？大概归纳一下主要有选择业务领域、规划方案和需求分析、设计架构和业务中心、开发上线、持续迭代，如图 2-13 所示。这个实施全过程一定要有业务应用的参与。

图 2-13

2.3.1 选择业务领域

一个大型集团企业涉及的行业和业务领域会非常多，从哪里开始 IT 系统的数字化转型是关乎成败的关键。企业不可能一下子全面实施数字化转型。让所有的系统一起上云，实现云架构和服务的在线化，这个目标太难了，也不现实，可能没有一家供应商能完成这样的事。阿里自己都经历了长达十几年的转型过程。

第 1 章介绍机场集团公司 IT 总体架构时有 3 个域：生产运行保障域、办公管理域和旅客服务域。生产运行保障域是保障每一架飞机安全准时落地和起飞，在市场上可能只有有限几家供应商能做这些系统，可见这类系统的目标第一位是安全稳定，需求几乎是不允许改变的，网络安全等级最高，能不交互的最好不要交互，显然在生产运行保障域进行中台建设是不合适也是不可行的。

办公管理域从成立开始就进行建设应用了，像 OA 系统、资产管理系统、人力资源系统等，这些系统都是相对稳定的成熟系统，基本以企业内部管理为主，并没有迫切的数字化转型的需求，可以把它们当作中台下面的一小部分后台系统考虑对接，所以这类系统也不适合企业在第一次进行业务中台建设时采用。

旅客服务域是直接面向旅客提供机场出行服务的系统组合，旅客的需求五花八门，个性化很明显，而且还要有及时的响应处理功能，互联网时代的高并发、高访问量问题也需要云化的 IT 架构解决。机场以前更多重视的是生产保障系统的建设和运维，对旅客服务考虑得比较少。以前人们认为机场是向航空公司提供业务，旅客是航空公司的旅客，这种认识导致机场在旅客服务域信息化水平较弱、信息系统较少，急需信息化赋能。基于这些背景，在旅客服务域进行数字化转型和业务中台的建设是比较合适的，也容易落地实施。

阿里云推荐中台建设采用"顾旧立新"的方式，逐步完成企业 IT 架构的数字化转型。

意思就是原来正常运行的系统不动、继续保留，对新建的系统采用业务中台架构进行建设实施，逐步将共享通用的能力沉淀到中台，实现"大中台、小前台"的架构，并为以后对旧系统进行改造、升级到中台架构奠定基础，最终实现企业整体业务中台化。

2.3.2　规划方案和分析需求

确认了企业数字化转型的业务领域后，并不能确定用什么方案进行转型。传统的ESB架构也是一种方案，毕竟中台对于传统企业是个新鲜概念，而且建设中台本身就有很大风险和不确定性。如果这时直接找中台的供应商进行项目的需求调研，那么不管业务适合不适合中台架构，最终肯定用中台的技术去实现。我们的建议是在确认了企业数字化转型的业务领域后，先找一家专业咨询机构开展咨询规划，通过1～2个月系统性的走访、调研来了解企业的业务流程、执行现状、组织结构和IT系统的运行情况，以输出的咨询报告为依据来决策用什么样的架构实施更为合理。中台的承建方是奔着项目快速开发、实施和上线运行的，没有动力也没有精力用大半年时间下沉到最底层的业务执行层去了解真实的业务执行情况。而咨询团队的唯一产出物是咨询报告中的建议和实施方案，可以最大化地还原业务场景，不需要考虑太多的落地细节，可设计最完善的系统架构。这样甲方先有了第一手数据，再和后期实施团队进行架构和方向的确认，心里就有底了。实施方只需对咨询报告里的需求进行确认即可，不需要重头进行调研和进行具有不确定性的漫长需求分析。不管是咨询方还是实施方进行需求开发，大概的流程和工作内容有调研分析、业务梳理和输出报告这3个阶段。

1．调研分析，即需求采集阶段

- 约定调研对象的主要领导进行专访，听听领导层对于自己业务的发展方向和对信息化的期望。
- 与相关业务骨干进行1～2轮沟通座谈，需要了解的内容大概包括业务场景的主要流程、业务服务对象情况、组织结构、用户角色、现有IT系统现状、与内外部系统的关联交互情况、对未来数据量的分析和评估等。
- 现场走访底层业务执行情况，确认与业务骨干在座谈时的结果是否一致。

调研安排要合理，必须由甲方信息化人员和咨询团队一起去业务单位走访，每一次的调研都需要形成详细的会议纪要，如图2-14所示。

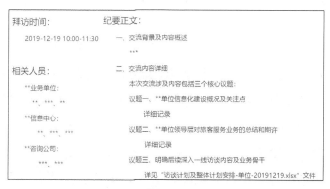

图 2-14

2．业务梳理，即设计阶段

- 整理调研结果，汇总分析问题，总结归纳业务流程，初步完成建模。
- 设计 IT 整体架构、业务核心流程、技术实现方案、项目实施进度。

利用图 2-15 所示的思维导图进行整理。

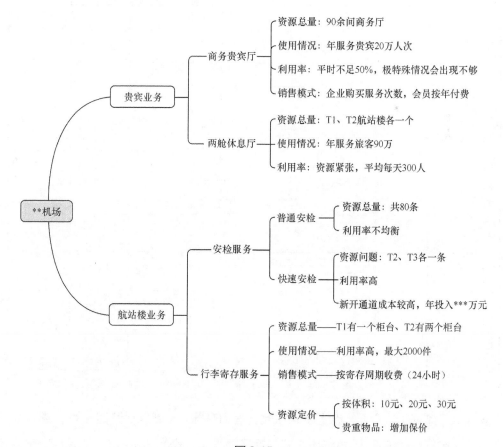

图 2-15

3．输出报告

- 报告提交与汇报，包括背景、目标、整体方案和专项方案等。
- 后续方案实施计划，包括有哪些系统、建设步骤、计划、功能需求列表等。

不管是规划方案还是分析需求，在此阶段最重要、最核心的就是搞清楚业务领域的操作流程细节、分工角色，必须搞明白谁在什么时候什么地点做了什么、怎么做的、前序和后续动作各是什么等。中台的业务中心一定是对具体业务功能的更高层次的抽象，只有非常清楚实现业务的场景和流程，才能保证抽象出来的模型是合理的、可行的。

如旅客服务域的服务对象主要包括到达旅客、中转旅客、出发旅客和接送机旅客，可以用图 2-16 所示的二维流程图描述出发旅客的大体业务流程。

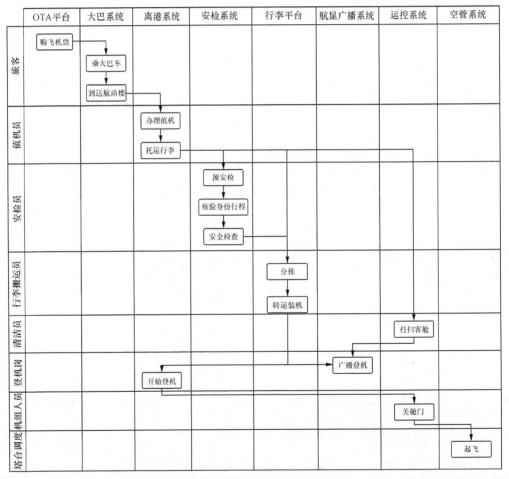

图 2-16

实际执行流程比这个要复杂得多，以此流程为基础大概就能找到相关的领域实体，如旅客、行李和行程（航班），机场所有服务都是围绕这 3 个实体进行的，如图 2-17 所示。

图 2-17

2.3.3　设计架构和业务中心

　　规划方案和分析需求后，就进入整体技术架构和业务中心的设计阶段：一方面分析所有收集到的业务需求，从中找到可以复用的共性业务功能，将它们从逻辑上划分为一个个业务中心；另一方面是有了这些业务中心概念后，应考虑如何快速敏捷地实现，具体需要完成的任务大概如下。

1．建立业务领域模型

　　业务领域模型是对企业每个业务模块的功能、该业务模块与其他业务模块的关系及业务边界的描述。上文我们已经找到了旅客服务域的 3 个实体是旅客、行李和行程（航班）。按照阿里的中台建设步骤，接下来应该对这 3 个领域实体进行细化，识别出周边所有相关的实体，基于实体再进行业务流程最优化为目标的用例图和时序图的设计，最终完成整个系统完整的业务领域模型。

　　我中台建设时并没有按照这种方式进行设计，这是一种用户驱动的方式，需按用户的需求去设计和匹配后台的数据和能力，这对于一个几十年的传统国有企业来说要求太高了。如果是互联网企业或从无到有、从简单到深入的新业务领域，按上面的方式完全是合适可行的。但甲方达不到这样的技术积累要求，也没有能力从这样的高度进行业务领域模型的抽象，而且机场行业对数据的依赖非常强，在数据层面完成不了闭环，为了系统的安全稳定，很多核心系统很难按用户的需求去调整升级，大多数情况都是以现有的、能获取到的数据为基础去做服务和应用系统。

　　基于企业自身的 IT 条件和数据环境进行调整，确定以数据为驱动，从后台给前台提供能力和数据并结合用户的响应，虽然不先进、不完美，但更容易落地。

2．建立业务数据模型

　　业务数据模型驱动和业务领域模型驱动没有本质的区别，也需要找业务实体、找实体关系、划分业务边界，只是业务领域模型驱动是从用户需求侧开始找，业务数据模型驱动是从后台数据侧开始找。也许两种方式产生的结果一样，但根据我个人的经验就算结果不一样，也只是粒度上的区别。业务数据模型驱动也许并不适合各位读者的具体情况，但我本人做过多年数据仓库和大数据平台的开发，对数据模型更熟悉，有了感情。我的判断依据是为了满足用户的价值需求，如果可以不太难地调动后台各种资源进行调整和升级，可以用阿里推荐的业务领域模型驱动进行设计；如果是技术和业务协调难，就建议用传统的业务数据模型驱动来设计。但这里也有个问题，承建方的业务中台设计人员一般更熟悉领域建模，而数据建模一般是数据中台的设计人员更擅长的，如果能碰到一位既懂业务应用又懂数据模型的设计人员就最完美了。

业务数据模型主要描述实体的关联关系，并不需要进行表设计及字段的设计，这些是在具体开发阶段完成的，图 2-18 所示为旅客服务域的业务数据模型。

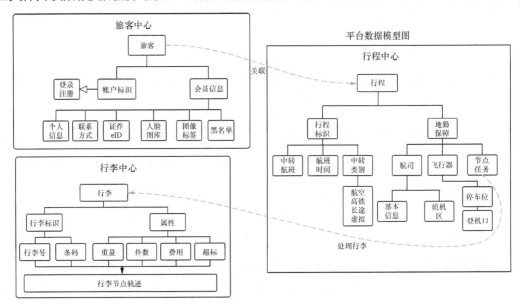

图 2-18

图 2-18 中只画了 3 个领域实体的细化和扩展，后面开发 demo 以实现这 3 个业务中心为例。旅客实体有自己的账号和会员信息，旅客如果坐飞机就有他的行程信息，如航班、时间、出发目的地等，有行李的旅客又会是行李实体。出行时机场会依据旅客的航班行程、行李等提供相应的服务产品给旅客，这些服务通过后台的流程驱动去实施，每个流程节点都需要相关的保障人员去执行，服务过程中需要和旅客建立沟通渠道和保持信息的传递，旅客在出行中咨询的问题可通过机场的知识库进行智能回复。

3．建立业务中心

业务领域模型或业务数据模型设计好后，实际上各业务中心就已经基本设计出来了。

业务中心和模型最好一一对应,就是在业务数据模型的基础上加了业务中心的概念。

业务中心初期不要设计太多。我们曾在设计阶段设计了 10 个业务中心,逻辑结构清晰,业务流程顺畅,但在开发阶段才发现多个业务中心导致工作量和开发量成倍增长,有太多的依赖关系。调用复杂而且还涉及分布式事务一直没有好的解决办法,所以在开发阶段又回过头来进行了业务中心的梳理合并,但合并一定要有强依赖的关系,有统一的出口。

4.设计业务中心的依赖关系

这个步骤最好找一个业务应用场景进行依赖关系的设计,可以通过时序图表示。为了更容易说明业务中心的交互关系,以旅客中转行李应用为例,如图 2-19 所示。中转旅客在机场申请行李免提,按行李免提的场景组装业务中心的相关能力。

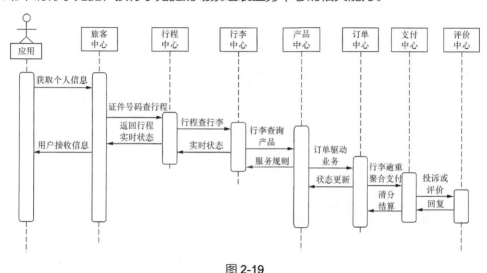

图 2-19

1. 在旅客中心找到旅客的证件号码等个人信息和联系方式。

2. 通过证件号码在行程中心查旅客的行程及航班实时状态。

3. 通过旅客的行程在行李中心查旅客的行李及实时状态。

4. 在产品中心定义行李免提产品以及相关的服务规则,如什么旅客、什么样的行程可以享受什么样的服务。

5. 如果行李超重或没有免费行李额,则使用支付中心的聚合支付和清分结算能力。

6. 通过订单中心进行线上和线下的服务流转,使用订单进行业务的驱动。

7. 在整个服务过程中旅客可以通过评价中心对服务产品和订单进行投诉或评价。

8. 旅客非常关心自己行李的实时状态,通过消息中心实时与旅客交互,推送最新的行李运输进度。

从图 2-19 可以看出一个业务应用是基于中台的业务中心串联起来的，从服务的提供和数据的支持一目了然。需要注意的是中台实施初期要明确有哪些应用应在中台实现，哪些应后期在中台逐步实现。建议在核心流程上能覆盖所有业务中心能力的应用先实现，应用的个数不能太多。

5．设计各业务中心的服务能力

服务能力是中台的核心功能，向下整合、向上共享复用就是对业务中心服务能力的共享复用。从图 2-19 中就可以抽取出各业务中心针对的中转应用的服务能力目录，相应的其他业务应用也用一样的方法进行服务能力目录的完善。这里的设计能力非常考验架构师的水平，因为之前已经把业务数据模型设计出来了，现在需要每个服务能力去业务中心的业务数据模型里找数据。这是个抽象的过程，而且要把每个业务应用场景用到的每个业务中心能力进行梳理设计。如有 3 个业务应用场景：旅客中转应用、航班延误应用、贵宾服务应用，它们都涉及用户的登录，但登录场景可能不一样，有的需要密码登录，有的需要验证码登录，还有第三方应用如微信、支付宝授权登录等，都需要架构师进行统一设计服务能力，再如中转旅客和贵宾旅客在会员中心的业务能力也是不一样的，贵宾里可能还有要客，他们和普通的贵宾服务又不一样。这样的会员中心的服务能力目录应该如何设计呢？表 2-1 为用户登录的用户中心能力目录的一部分。

表 2-1

一级分组	二级分组	接口编号	服务能力	详细说明	GTS	PTS
		YH1101	删除账户	通过账户ID删除帐户	是	
		YH1102	修改账户信息	修改账户信息		
		YH1103	修改或绑定手机号-后台修改	通过账户ID修改手机号	是	
		YH1104	修改手机号--C端修改	通过Token修改手机号	是	
		YH1105	密码修改	密码修改		
		YH1106	解锁账户	通过账户ID解锁账户		
		YH1107	我的二维码	根据账户ID生成二维码		
	账户管理	YH1108	生成验证码	根据手机号和应用Code生成验证码		
		YH1109	校验验证码	验证码不区分大小写		
		YH1110	身份认证	身份认证		
		YH1111	绑定第三方	绑定成功后将绑定信息返回给中台		
		YH1112	第三方登录验证	第三方登录验证		
		YH1113	认证token服务	认证token服务		
		YH1114	token延长时间	token延长时间		
		YH1115	退出登录	退出登录		
账户服务		YH1116	锁定账户	锁定账户		
		YH1117	通过openID获取账户信息	通过openID获取账户信息		是
		YH2101	添加账户	添加账户		
		YH2102	修改信息	修改工作人员信息，比账户信息多		
		YH2103	账户详情	通过账户ID查询账户详情		
	工作人员管理	YH2104	账号唯一性校验	校验手机号或者账户名称是否重复		
	（继承账户管理	YH2105	通过用户名密码登录	通过用户名密码登录		
	所有接口）	YH2106	通过验证码登录	通过验证码登录		
		YH2107	分页查询工作人员信息	分页查询工作人员信息		
		YH2108	查询工作人员账户列表	查询工作人员账户列表		
		YH2109	通过手机号获取账户信息	通过手机号获取账户信息		

| 版本 ▾ | 用户中心 ▾ | 会员中心 ▾ | 消息中心 ▾ | 航班中心 ▾ | 产品中心 ▾ | 订单中心 ▾ | 支付中心 ▾ |

读者应该都能看明白前面几列的意思。用户中心的能力目录分为上、下两级进行组织，每一个服务能力只能属于一个一级分组和一个二级分组，每个一级分组可以包含多个二级分组，每个二级分组又可以包含多个服务能力，每一个服务能力实际上就是一个业务接口，需要进行接口编号以及详细的说明。

最后两列是全局事务服务（Global Transaction Service，GTS）和性能测试服务（Performance Testing Service，PTS）。GTS 是标注出此服务能力接口是需要保证分布式事务的，如删除账户，不仅要把账户本身删除，还要保证把相关的证件信息、车辆信息、发票信息等都删除，如果有一个删除失败则整个服务需要回滚到初始状态。在微服务分布式环境下要实现这样的功能还不是太容易，我们没有能力研发分布式事务，所以使用了阿里云的分布式事务产品 GTS 解决。PTS 标注的服务能力接口是需要进行压力测试的，如用户通过 openID 获取自己的微信账号信息的服务能力，这个接口在日常的业务应用中使用量会非常大，而且要依赖第三方应用微信的接口，在设计阶段就需要考虑进去。

2.3.4　开发上线

设计工作完成后，就需要开发人员完成开发了。开发分为业务中心和业务应用两部分，各业务中心由单独项目团队进行开发，并为上层多个业务应用提供服务能力，但业务中心的需求又是通过上层所有业务应用的业务场景获取的。一个业务中心会支撑多个业务应用，所以在设计开发计划时，很可能业务中心和业务应用是同时开发、相互交错的关系。

各业务中心之间需要交互共同完成能力共享服务（阿里建议尽量减少业务中心之间的交互，而应该由业务应用在上层组合各业务中心的服务能力），业务中心与业务应用也需要交互调用。采用什么技术完成协作交互对于整个架构至关重要，目前主要有两种方案。

第一种方案是传统面向服务的架构（Service Oriented Architecture，SOA），采用 ESB。ESB 的出现是为了弥补以前建设的系统封闭、打破"孤岛"进行业务和数据的互联互通，它不关心业务系统内部是如何建设的，每个系统都自己设计、自己实施，不需要关心其他系统的业务逻辑，等系统都上线后再看如何进行对接，通过 ESB 实现接口的路由和集成。从架构层面看每个系统都是一个"烟囱"，ESB 只是给它们的相互通信进行了技术上的支持，如果采用这种方式建设业务中台会有个很严重的问题：ESB 没有业务整合的能力，数据和业务都不能下沉，也就没办法向上提供服务能力的支撑，难以实现业务在线化。还有一点，系统上线后如果不满足其他系统的调用需求，需要变更时比较困难，因为它的接口可能有多个系统在使用，很难做到接口级的适配。

基于以上分析，搭建业务中台不适合采用 ESB 进行建设。如我家里有天晚上突然断电了，发现是电费用完了，我赶快在微信上交了电费，等了 20 分钟还没来电；又在支付宝上交了电费，还是没来电；打客服电话，被告知需要在购电后一个多小时才可以。交了电费后要等这么长时间才能来电，这种极差的体验和 IT 架构有很大的关系。

第二种方案是目前主流的微服务架构。前文在介绍企业 IT 架构演化时简单介绍了微服务架构。采用微服务架构就像搭积木，每个微服务都是一个零件，使用这些零件组装出不同的形状。通俗来说，微服务架构就是把一个大系统按业务功能分解成多个职责单一的小系统，并利用简单的方法使多个小系统相互协作、互相配合，组合成一个大系统，为用户提供最终服务。

我开发过很多传统 IT 系统，它们经过多年的升级、完善，可能代码达到几十万行，没有一个人能全部清楚，很多开发小组一次次在上面集成新的功能，很有可能和别人的代码发生冲突。而微服务的架构完全相反，它是将以前集成的功能模块进行拆分，把一个大应用拆分为一些小服务，这些小服务都有专人负责独立的设计、开发、测试和部署。微服务架构的特点如下。

- 开发和运维灵活高效，依赖自动化。
- 微服务架构将大应用分解成彼此独立的小服务，自由选择适合的实现。
- 每个微服务专注于一件事，并将这件事做好，大大提高开发效率。
- 微服务架构将大量工作分解成易管理、更高效的小业务单元，可根据实际需要独立进行扩展。

传统 SOA 和微服务架构相比，说一种比另一种优秀是不太恰当的，很多时候应该去考虑技术架构适应的业务场景。对于多种异构系统、大型复杂的综合集成项目，应该使用 SOA 搭建统一平台、建立统一集成标准；对于电商类、移动应用类、需求变更快类项目，使用微服务架构更加适合。有人做大集成，有人费尽心思在做拆分。"分久必合，合久必分"完美地体现了 IT 架构的发展趋势。

微服务架构用到各种技术组件来配合协调工作，包括服务注册发现、分布式配置中心、负载均衡、服务容错、API 网关等，阿里云 EDAS 和 SAE 两个产品都已全部实现。EDAS 支持三大主流微服务架构——HSF、Dubbo、Spring Cloud。零代码侵入就能完成 Dubbo 和 Spring Cloud 应用上云，可有效降低运维成本。

- 基于成熟微服务框架快速构建应用。

- 借助阿里久经考验的微服务框架 HSF 在云上构建微服务应用。

- 支持原生 Dubbo 和 Spring Cloud 上云。

- 无须构建 ZooKeeper、Eureka、Consul 等微服务依赖的自建服务，极大降低运维成本。

- 内置灰度发布、流量控制、环境隔离等企业级高级特性

微服务这种"分而治之"的方案也带来了一些问题。虽然每个服务变得简单，易开发了，但服务之间的关系更复杂多变，要处理的服务依赖更多。所以微服务"微"到什么粒度，需要根据实际情况确定，后文将在业务中台 demo 中基于 HSF 讲解实际的开发和使用。

传统项目开发完成后会生成一个运行包，例如 Java 的 JAR 或者 WAR 包进行服务器部署。一般的流程是开发经理写好部署操作手册，编译打包文件，拿到测试人员签字的测试报告，一起发给部署工程师；部署工程师登录准生产服务器，按照操作手册在服务器上进行操作；测试工程师在准生产环境进行验证，通过后由部署工程师在生产服务器上再次执行部署。

但是微服务化后的项目，服务被进行了细粒度的拆分，甚至一个服务就可能是一个系统，部署一次可能有十几、几十个操作手册和打包文件，以及各个服务的测试报告。每个服务都需要负载多个实例，这样下来可能需要几十台服务器才能跑起来，这对于企业的系统发布、运维压力很大，甚至靠人力是完成不了的。

解决的办法就是将上线、打包、部署流水线化，依靠 CI/CD 持续集成进行自动化部署。整个硬件资源、技术平台也都需要自动化的运维，靠人力是不现实的。目前我们业务中台有 200 多台云服务器（Elastic Compute Service，ECS）、20 多台数据库服务器，没有一个专职的运维工程师和部署工程师，全靠自动化的运维和动态感知，这就是开发运维一体化。使用云效平台进行自动化流水线打包发布，使用云安全中心的 SaaS 产品保证安全、可靠、稳定。如果不使用云架构而用传统的 IT 架构，得需要更多专职运维人员三班倒进行保障。

2.3.5 持续迭代

业务中台的建设不是"一锤子买卖"，需要长期的持续迭代和完善，才能真正将应用

层的共性业务下沉、后台的核心能力抽象。不管是业务领域模型还是业务数据模型，都不是开发好就不变的。做中台其实就希望业务能变化，中台才能慢慢长大、成熟起来。持续迭代包括以下 3 个方面。

- 现有业务中台能力的提高和完善。
- 已有业务应用场景有新需求时的响应。
- 新的业务应用在业务中台上实现时的支持。

想拥有这样的能力，甲方只依靠承建方的研发能力是远远不够的。承建方为了使项目顺利验收，并不太希望业务有大量的变化。而业务中台应对变化的能力是它的重要能力，所以还得强调：单纯的项目制真不适合中台建设，甲方要有自己长期、稳定的技术团队做中台的技术支撑。

2.4 企业 IT 整体架构

上文主要介绍了业务中台的概念、建设步骤和实施内容，为了实现服务在线化，业务中台可不是组建个项目团队开发个系统这么简单。要快速、低风险地上线运行，我的经验是一定要有一个完整、成熟的技术平台做支撑。现在几大公有云平台都提供了相应的技术平台，相对来说在阿里云上建业务中台更加成熟，原因如下。

- 业务中台架构本身就基于阿里通过自己的业务整合总结出来的一套 IT 架构设计思想，它的技术平台（技术中台）的各类产品也是围绕这个架构思想而设计、完善的。
- 三大微服务架构中有两个是阿里自己的产品，而且 Dubbo 已经开源了多年，口碑和性能都还不错。
- 阿里的 HSF 微服务框架经过了淘宝等大量业务场景的考验，已经比较成熟，阿里自己的核心系统已经全部在阿里云上运行。
- EDAS 企业互联网架构对于三大微服务架构都支持，以后的扩展、对接比较方便，而且几乎不需要使用方进行运维。最新的 SAE 无服务器架构产品也已经支持三大微服务架构。
- 我对阿里云产品比较熟悉，阿里云上的服务和工单系统非常强大，提交的问题回复速度很快。出现线上问题还有钉钉群可直接对接。

图 2-20 所示为基于阿里云技术中台的企业 IT 总体云化架构设想。

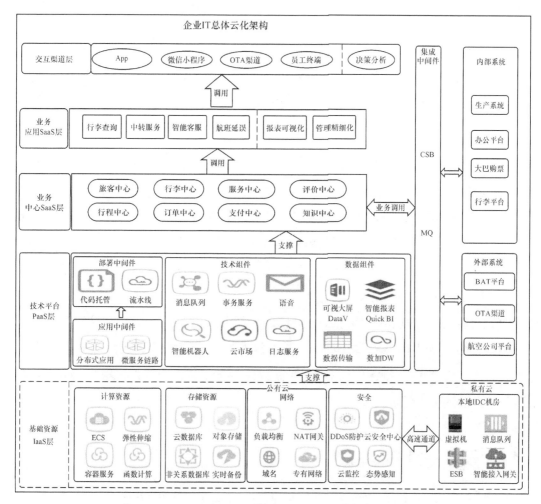

图 2-20

2.4.1　基础资源 IaaS 层

近几年，云计算基础资源在核心技术上逐步完善和成熟，特别是阿里云自主研发、服务全球的超大规模通用计算平台——飞天操作系统，它将遍布全球的百万级服务器连成一台"超级计算机"，以在线公共服务的方式为社会提供计算能力，资源服务租赁模式也逐渐深入人心。基础资源 IaaS 层实现计算能力弹性伸缩和软硬件自动化运维，保证可靠性和扩展性，具体业务应用不需要关心这一层，只需提资源需求如图 2-21 所示。

IaaS 是把 IT 基础设施作为一种服务通过互联网对外提供。用户不用自己构建硬件等基础设施，而是通过租用的方式来使用服务，包括服务器、存储和网络等。IaaS 相比传统的主机托管，在服务的灵活性、扩展性和成本等方面具有很大的优势。

图 2-21

- 提供平台计算资源 ECS、容器服务等，实现资源利用率最大化和运维自动化。
- 提供平台存储需求，包括关系、非关系数据库、实时备份以及对象存储等。
- 提供平台网络部署，包括虚拟私有云（Vitual Private Cloud，VPC）、负载均衡、公网 IP、域名证书、高速通道等保证网络的可靠稳定。
- 提供安全组件保证服务的实时可用和安全防护，包括 DDoS 防护、态势感知、云安全中心、云监控等。

基础资源 IaaS 层提供了资源云化、租赁计算能力、搭建混合云、弹性伸缩、即开即用、自动运维、高可用、高可靠等能力，这些能力我们定义为资源中台，也是最容易实现的中台，但仅仅停留在资源租用云化部署的层次，离云计算还有很大的差距，难以支持 IT 快速适应业务的变化调整。

2.4.2　技术平台 PaaS 层

技术平台 PaaS 层（见图 2-22）主要负责提供平台开发能力，包括技术开发需要的中间件能力，如项目部署、容器化、自动调度、MQ、性能测试、日志服务（Log Service，SLS）、代码托管、项目管理、机器人 AI 算法等，都可以直接用阿里云的技术中台，达到自动化和高可用。在业务中心和业务应用的开发时可以直接使用这些功能，而不用去关心如何实现、如何保障运维。并且提供了数据分析统计的中间件能力，包括 BI 智能报表、可视化大屏、数加平台等。

PaaS 将软件研发的平台作为一种服务，以 SaaS 模式交付给用户。PaaS 提供软件部署平台，抽象掉了硬件和操作系统细节，开发人员只需要关注自己的业务逻辑，不需要关注底层。PaaS 介于软件即服务与基础设施即服务之间。有了 PaaS 的支持，上层业务的开发变得更加敏捷，能够快速响应用户需求。

技术平台 PaaS 层也是必须要管控和治理的一部分，技术中台将大家都通用的技术能力聚合，由同一个团队负责防止"重复造轮子"，也是较容易实现的中台化。阿里云上的 PaaS 产品很丰富，多产品的集成和使用实现了一套完整、高可用的互联网架构，我们用到的产品如图 2-23 所示，在后文将结合 demo 案例介绍。

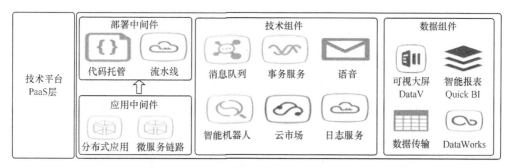

图 2-22

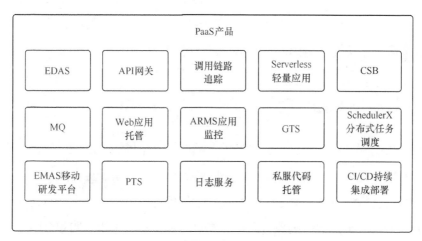

图 2-23

技术平台 PaaS 层就是云时代的操作系统，实现了研发平台化、使用透明化、运维发布自动化、运行容器化、技术组件化的能力，提供统一技术平台服务于上层应用，使开发规范和技术标准在 PaaS 平台上落地执行，进行统一运营和维护、统一认证培训。公司的 IT 基础架构由标准化的基础资源 IaaS 层和技术平台 PaaS 层组合形成互联网化的 IT 新架构，支持上层业务应用的快速开发和上线部署，这种模式颠覆了传统的 IT 架构模式。

2.4.3 业务中心 SaaS 层

业务中心 SaaS 层（见图 2-24）分为业务类和数据类，业务类将后台相关服务资源进行抽象、包装、整合，转化为前台友好的可复用、共享的核心能力，实现了后台业务资源到前台易用能力的转化，这就是业务中台。

图 2-24

数据类从后台及业务类将数据流入，完成海量数据的存储、计算、产品化包装过程，构成企业的核心数据能力，为前台基于数据的定制化创新和业务中台基于数据反馈的持续演进提供了强大支撑，这就是数据中台。

业务中心 SaaS 层基于业务需求的最终目标，设计各业务中心能力给上层的业务应用使用，通过对业务场景的抽象和封装，将通用的业务能力和数据对上层应用提供支持。实现了业务能力复用化、数据共享去孤岛、颠覆传统架构模式，业务中心 SaaS 层有企业的核心能力，需要自主可控，避免被任何第三方"绑架"。

2.4.4 业务应用 SaaS 层

每个业务应用都是具体的一个业务场景，解决某一个场景下的业务问题，需要基于业务中台进行开发，业务部门的新想法或用户的新需求，可以基于业务中台快速开发一个业务应用并上线试运行。业务应用 SaaS 层只需要考虑自己的业务场景，提出需求由业务中台提供能力，业务应用去组织和整合中台的能力来实现业务功能，如图 2-25 所示。

图 2-25

业务应用 SaaS 层符合"厚中台薄应用"的架构，实现了业务应用场景化和业务流程协同化。

2.4.5 交互渠道层

交互渠道层是最终用户使用的入口，包括旅客端的 App、微信小程序、其他 OTA 渠道，以及面向服务人员的员工终端和面向管理人员的决策分析，目前的小程序又加了一层基于小程序云的云函数开发，如图 2-26 所示。

图 2-26

交互渠道层实现了服务能力全开放和外部合作线上化。

基于以上5层的架构设计，通过服务复用、数据复用和能力复用最终实现企业的降本增效。

2.5 企业 IT 架构

基于整体云化架构设计的企业 IT 技术架构如图 2-27 所示。

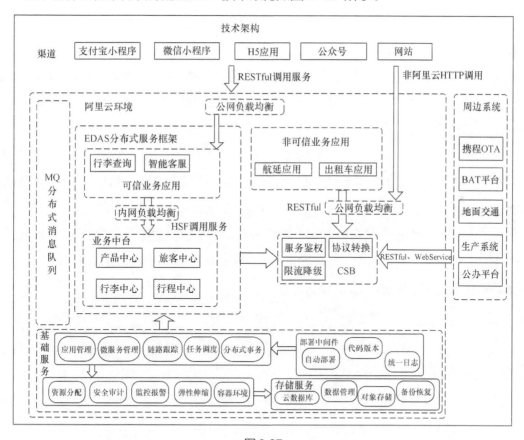

图 2-27

2.5.1 基础服务

基础服务主要是由阿里云提供的基础资源 IaaS 层和技术平台 PaaS 层提供服务，包括计算资源、存储服务、应用管理和自动化部署。前文已经介绍得比较清楚。

2.5.2 应用服务

业务中台和业务应用都作为独立应用部署于技术平台 PaaS 层上，业务中台对外提供高效的远程过程调用（Remote Procedure Call，RPC）接口，通过 HSF 微服务架构实现，并使用内网的负载均衡实现业务中台的多实例负载。业务中台需要与周边的外部系统进行交互，可使用阿里云的云服务总线（Cloud Service Bus，CSB）完成，通过 CSB 的服务鉴权、协议转换和限流降级等功能进行第三方应用的调用管理。

内部应用分为内部可信应用、内部非可信应用（需要鉴权或非 HSF 开发），内部可信应用基本都是自己的团队或信赖的团队开发的，技术标准和调用协议都遵循开发标准，所以这类系统无须鉴权，可以调用中台的所有服务能力，采用 HSF 开发完成。内部非可信应用一般由第三方厂家或成熟产品部署在阿里云或本地机房，这类系统有自己的系统标准和接口协议，所以 CSB 需要通过公网负载均衡进行调用交互，也是为了应用的鉴权，只开放内部非可信应用需要的接口能力。

业务应用提供的接口用 RESTful 协议配置到内网负载均衡上，然后经由 API 网关进行接口托管对渠道提供 RESTful 协议；同时 API 网关可以做到对外服务鉴权；最终提供给渠道方使用。阿里云上的 API 网关使用较复杂，尤其是调用方的签名以及文档不太友好。

内部应用只给自己的前台应用提供接口服务，自身已实现服务鉴权时可选择不使用 API 网关，而是直接配置到公网负载均衡上，直接对前台应用提供接口服务。为了安全起见最好在负载均衡上配置访问白名单。

2.6 微服务

2.6.1 ESB

2011 年我在某国有大型银行负责 ESB 的研发工作，该银行采购了 IBM 公司的总线产品，我们项目基于此产品进行个性化的接口研发、多年的 IT 系统建设，该银行构建了大量的信息系统，超过 70 多个业务系统，包括核心系统、保理系统、个贷系统、管会系统等。其架构如图 2-28 所示。

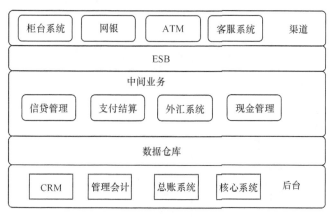

图 2-28

一方面这些 IT 系统基本都是采用烟囱式系统建设模式而建立的，银行也没有自己的研发团队，通过招投标进行采购以项目制的方式完成，使得企业内的各种系统纷繁林立，这些系统各种各样，最终的结果就是各个系统所采用技术平台、框架、开发语言、接口标准、通信协议各异，对接起来很困难；另一方面如前台的柜台系统需要分别和资金、信贷、卡甚至核心系统进行对接，网银系统、手机银行、呼叫中心也要进行同样的对接工作，这对于银行的协调工作量、开发工作量、成本都是极大的浪费，为什么相同的工作要做多次呢？

随着互联网的发展和银行业务不断扩展，系统之间需要大量的即时交互，SOA 正好可以有效解决以上的问题。行业内架构专家也都认为 ESB 是 SOA 架构的最佳实践。ESB 相比通过系统单方面"点对点"直接互通的模式，很好地避免了因为服务提供者服务接口的变化，需要调用此服务的调用者都进行修改的问题，而只需在 ESB 上进行一次调整，便去除了对服务接口变化带来影响的隔离。所有的系统厂商都基于 ESB 一个中心服务总线开发或改造对外的接口，这样的架构就不是点对点的直连方式，本系统的接口只需要开发一遍注册到 ESB 上，其他需要调用此接口的系统只需要在 ESB 上找到这个接口调用即可，不用再和提供接口服务的系统对接；ESB 的中间路由功能提供了各种技术接口（HTTP、Socket、JMS、JDBC 等）的适配接入、数据格式转换、数据裁剪、服务请求路由等功能，如图 2-29 所示。主要目的就是让企业客户的 IT 系统能基于 SOA 架构的产品（ESB）实现互联互通，同时提高开发集成效率，更快地实现 SOA 项目的落地。

- 加快了不同开发团队的接口协调效率，每个系统只需要保证在 ESB 上自己的接口标准且正常稳定，具体内部实现可以自己控制，这样开发效率也能提高。
- 经过 ESB 化的架构调整，银行的 IT 架构变得清晰，复杂度也降低了，对个人能力要求也降低了，各系统把精力都投到自己身上。

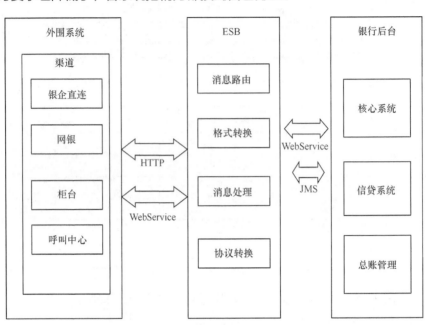

图 2-29

经过一年多的运行，ESB 在解决了系统交互问题后也暴露出新的问题，从上文分析的总线特点可知 ESB 只是做到了系统间的接口交互，而更重要的系统间业务协同功能并没有体现，需要各系统在线下再一次进行协调并在各自的系统实现。虽然 ESB 产品本身也是支持业务编排和组装的，但因为过于复杂很难在实际业务中使用。所以当时我们在 ESB 上面又开发了一套标准服务管理平台，将所有 ESB 的接口整合为统一的 HTTP，并对接口进行业务层面的整合，形成新的服务接口，供使用方调用，如图 2-30 所示。

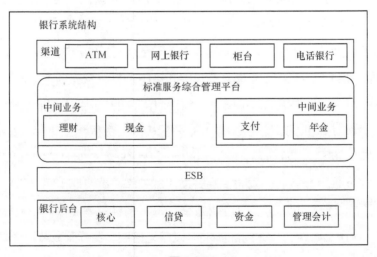

图 2-30

图 2-30 所示的架构中 ESB 的功能被完全技术化了，它可以看作是标准服务综合管理平台的一个接口组件，只是为了集成各方接口，最终的协调压力和大量不一致的需求压力都堆积到标准服务综合管理平台上，但当时这个平台又没有专门的实体组织独立运营，每周的例会焦点全在这个标准平台上，有人甚至觉得该平台就是个"鸡肋"，还不如直接请求 ESB 接口。先不管组织的问题，只从技术上来说该架构存在以下问题。

- 所有服务调用都通过标准服务综合管理平台再到服务总线，系统访问和计算压力都会非常大。ESB 产品也都可采用集群部署的方式进行压力的分担，该方式包含的功能非常多，比如服务发现、注册、路由、协议转换、接口监听等功能，使得 ESB 一般对服务器的要求比较高，对网络带宽要求高，对技术运维能力要求也高。
- 一次调用过程环节多，响应能力有限，一次服务请求需要经过 6 次的数据传输，这比起早期的点对点交互就太复杂和低效了，如图 2-31 所示。

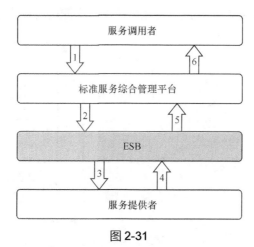

图 2-31

- 银行的业务越来越多向互联网 C 端用户直接开放，系统的响应能力和承载能力靠中心化的 ESB 架构压力会很大，很可能出现"雪崩灾难"。有并发的互联网企业几乎都没有选择中心化的 ESB 架构，而采用了微服务架构。传统企业在当下必然会走向互联网化，表现在 IT 架构上也必然向服务化升级。

2.6.2 微服务架构

在 IT 架构演化中通过案例介绍了微服务架构，本书的核心是微服务架构的实战，所以有必要完整全面地认识一下微服务和微服务架构。

微服务架构是当下 IT 架构设计的一种主流架构，它倡导将系统按业务功能拆分为细粒度的一个个服务，所拆分的每个服务都是一个独立的应用，这些应用由独立的开发团队进行设计、开发、测试部署和持续集成，并对外提供一致的接口，能独立承担对外服务的职能，通过此种思想设计的系统架构就是微服务架构。

如图 2-32 所示，将传统单体架构拆分成微服务架构，将旅客服务、行程服务和行李服务拆分为独立的应用对外提供标准的接口服务，每个服务有自己的运行环境和数据库，服务之间也通过高效的 RPC 进行通信。微服务架构的优势如下。

- 复杂的问题简单化，复杂的业务逻辑拆分为每个微服务应用，这些应用只专注于自己的业务功能，小团队即可实现，沟通协调少了开发效率也就高了。

- 扩展性更强，独立的团队进行迭代增量开发更加容易，单独部署可以随时编译上线和发布且不影响其他微服务。

- 包容性更好，独立的微服务架构可以选择最擅长的开发框架、开发语言，当技术落后时完全可以用新技术快速进行重构，而不像传统系统需要整个平台推倒重来。

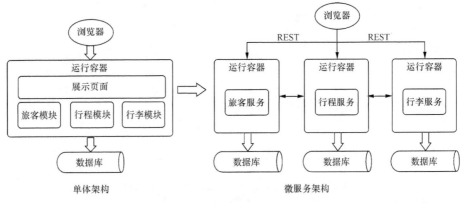

图 2-32

微服务有优势，但我说过对选择微服务架构进行旅客服务平台实施的担心，如下。

- 对架构师的架构能力和服务化拆分能力要求极高。

- 服务拆分后的相互协同工作量较大，数据的一致性有些难度。

- 对开发人员的技术能力要求高。

- 运维人员的压力很大。

微服务有很多优点也有明显的不足，如果进行微服务架构的建设如何才能取长补短呢？构建微服务架构有核心的两步：微服务的业务拆分和微服务框架的组装。

1. 微服务的业务拆分

微服务的业务拆分对应业务中心的设计，通过案例介绍得比较清楚了，需要强调的是企业 IT 系统的微服务化不是一蹴而就的，需要按照自己的实际情况不定期进行相应的调整。从业务的维度划分时涉及多个执行部门，这时就需要权衡哪些服务放在哪个业务中心更合适，而不能仅仅从理论去设计实现。比如我们在机场旅客服务中台上做中转应用时，中转旅客有自己的前段行程（旅客乘坐哪个航班，什么时间到达机场）和后段行程（旅客乘坐哪个航班，什么时间离开机场），这些数据和服务能力按理应该放在业务中台的行程中心里，由订单中心进行调用来保障中转业务流程的正常进行，但在具体实现时发现很难开发，因为中转的业务流程非常复杂，每一步都需要调用行程中心的旅客行程数据，这样导致出现了很多分布式事务需要解决。当时只能保证 20 个分布式事务的并发，因为系统很容易"卡死"，最后把中转相关行程服务放在订单中心，这样就不存在分布式事务的问题了。这只是微服务的边界问题，还有很多需要综合考虑的问题。

- 服务的粒度到底拆分到多细能合适当前和今后一段时间的业务发展。
- 服务对应的数据模型如何保证具有可扩展性。
- 服务的运营管理部门如何组织才能持续进行业务的不断沉淀和发展。
- 服务拆分后的开发和运维难度极大，如何保证持续迭代的能力和系统的稳定可靠。
- 服务之间的调用关系错综复杂，如何实现服务链路跟踪和服务实时状态监控。

2．微服务框架的组装

在具体实施时要注意主要的技术选型和组件，目前主流技术的微服务架构图如图 2-33 所示。

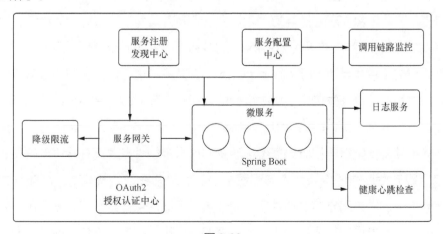

图 2-33

- 微服务实例开发：Spring Boot 是微服务开发框架的首选，轻量集成。

- 服务注册发现：服务提供方将自己的服务地址注册到服务注册中心，服务调用方从服务注册中心找到需要调用的服务地址。常用架构有 SpringCloud 的 Eureka（已停止更新）、Apache 的 Zoookeeper、HashiCorp 的 Consul 和阿里的 Nacos。

- 负载均衡：服务提供方都是以多实例的部署方式提供服务的可用性，使用负载均衡实现路由的负载分发。常用的实现有 SpringCloud 的 Ribbon 和 Loadbalancer。

- 服务容错：实现了熔断器，通过服务保护机制保证服务调用者在调用异常服务时快速地返回结果，避免大量的同步等待。目前的实现有 SpringCloud 的 Hystrix（已停止更新）和阿里的 Sentinel。

- 服务网关：就是 API 网关，将底层服务聚合后对外提供唯一入口，实现鉴权认证、智能路由、灰度发布和负载限流等。目前以 SpringCould 的 Zuul 和 Gateway 为主。

- 分布式配置中心：将配置信息注册到配置中心，实现程序包在开发、测试、生产环境的无差别性。实现有 SpringCloud Config、携程的 Apollo 和阿里 Nacos。

- 日志监控：服务日志数据收集并建立索引，使用 ELK 的较多。

- 健康检查：对各种硬件资源或者目标服务（例如 HTTP 端口，Spring 的 Actuator 端点等）进行定期的健康检查和告警，可以使用 ZMon 实现。

- 部署和持续集成：实现部署的自动化，通常采用 Jenkins 搭建自动化部署系统，并使用 Docker 进行容器化封装。

- 分布式调用链路监控：在微服务环境里将一次请求涉及到的所有服务串联起来，记录每次请求的完整调用链。可以快速查询错误异常和超时的调用链，以及性能的实时统计。实现有 SpringCloud 的 Sleuth 和 Twitter 的 Zipkin。

上面介绍的组件中都看到了 Spring Cloud 的影子，它提供了实现微服务架构的完整一站式解决方案，已经在国内众多大中小型的公司有实际应用。许多公司的业务线全部使用 Spring Cloud，但在我负责的项目中和本书后面的中台实施 demo 中都没有直接使用上面的任何组件，我觉得要把微服务架构涉及的这么多组件在生产环境中部署和运维比较困难，包括服务发现注册中心、服务配置中心、消息总线、负载均衡、服务网关、断路器、链路监控等。一方面是有些技术还不太成熟，不敢贸然使用；另一方面可能只有大型的互联网公司才有这样的技术积累和人力资源保障，传统国有企业自身的技术能力无法做这样的事，如果完全依赖乙方承建单位实现，后期的持续运维比较麻烦。

但是业务上的急迫需求需要我们做出选择，对于没有技术能力搭建微服务架构或者担心后期升级和运维的读者，推荐使用阿里云上的 EDAS 企业互联网架构产品，其使用 SaaS 化的微服务架构，不需要自己搭建也不需要运维，目前在云上已经支持三大微服务架构 Spring Cloud、Dubbo 和 HSF 的应用。在阿里云的帮助文档里可以看到相关的开发手册，阿里云提供的微服务引擎（Microservice Engine，MSE）实现了 Dubbo 和 Spring Cloud 的全托管和"开箱即用"。本书后面的 demo 是用微服务架构 HSF 实现的，它已经集成到 EDAS 环境中，关于 EDAS 在后文有专门讲解，接下来简单介绍一下 HSF，为后面的开发打基础。

2.6.3 分布式服务框架 HSF

HSF 是在阿里广泛使用的分布式 RPC 服务框架，集团内部称其为"好舒服"。HSF 为用户屏蔽了分布式领域中的各种复杂技术细节，如远程通信、序列化实现、性能损耗、同步与异步调用方式的实现等，统一了服务的发布与调用方式，从而帮助用户更加方便、快速地开发分布式应用。实现流程如图 2-34 所示。

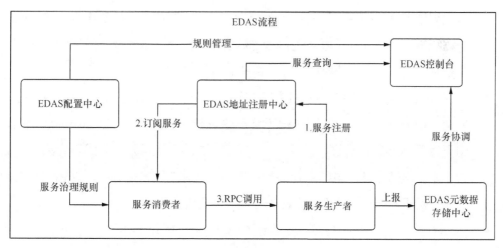

图 2-34

- 服务生产者：其是真正对外提供服务的应用实例，通常是个 Web 应用，一般采用多实例部署来保证服务的可用性，服务提供方默认绑定 12200 端口，用于接受请求并提供服务，同时在启动时将自己的服务地址信息发布到 EDAS 地址注册中心。比方说房东有一套房产打算卖出来，那么房东就是提供本套房源服务的服务生产者。

- EDAS 地址注册中心：HSF 依赖注册中心进行服务发现，如果没有注册中心，服务生产者就无法将自己的服务信息对外暴露，服务消费者也无法获取该服务。因此注册中心是服务信息的中介，为服务提供了注册与发现的功能。其在 HSF 中扮演了服务调用的指挥官，通过给服务消费者推送不同的服务生产者列表就可以轻易地调整服务调用的路由。无论是服务端还是客户端，都会利用这个地址来进行服务发现，房东有打算卖房的想法后，需要去中介平台上把自己的房源信息发布上去，房东需要提供房源的地址、面积、价格等信息，购房者也可以通过中介平台找到房东的出售信息。

- 服务消费者：服务消费者是使用和消费服务生产者提供的服务的，通常也是个 Web 应用，在服务消费者启动时将自己的地址推送给地址注册中心，通过地址注册中心订阅服务，根据订阅到的地址信息发起调用，地址注册中心不参与调用。购房者有自己的买房要求，通过中介平台找到合适的房源服务提供者的联系信息，直接和房东进行沟通，中介平台不直接参与双方的讨价还价。

- EDAS 配置中心：持久化的配置中心用于存储 HSF 服务的各种治理规则，在 HSF 服务调用中，配置中心承担了服务调用过程中对于服务调用的管控、服务路由权重、服务每秒查询数（Query per Second，QPS）阈值配置规则的保存，从而根据规则对调用过程的选址逻辑进行干预。配置中心给应用提供统一的配置设置和推送服务，通过服务消费者的购房条件随时将符合条件的房源和房东信息推给购房者。将虚假信息加入黑名单并推给双方。

- EDAS 元数据存储中心：元数据指 HSF 服务对应的方法列表以及参数结构等信息。元数据对 HSF 的调用过程不会产生影响，因此元数据存储中心是可选的。由于服务运维的便捷性，HSF 客户端在启动时会将元数据上报到元数据存储中心，方便服务运维。虽然中介平台不参与到具体的双方交易中，但它有必要自己记录一份双方的基本信息，以便于出现问题时进行协调。

- EDAS 控制台：EDAS 控制台打通了地址注册中心、配置中心、元数据存储中心等，为用户提供了服务运维功能，包括服务查询、服务治理规则管理等，提高 HSF 服务研发的效率、运维的便捷性。将房东、中介和购房者都进行了平台化和线上化。大家都在一个系统里实现所有的功能。

下面介绍服务生产者和服务消费者之间是如何进行交互的，HSF 是分布式 RPC 服务框架，支持多种服务的调用方式。

- 同步调用：这是 HSF 的默认方式，服务消费者发起调用后需要同步等待服务生产者的返回结果，购房者给房东打电话说明价格和交易方式，不挂电话一直等着房东的明确回复。就算其他购房者想加价购买，联系房东时也会因为一直占线不能沟通。

- 异步 Future 调用：不是所有的服务都必须马上需要结果，服务消费者在需要获取调用的返回结果时，通过 HSFResponseFuture.getResponse（int timeout）主动获取结果。买卖房产是件大事，双方都需要认真考虑，两边初步沟通后先挂断电话，回去和家人商量，购房者等了一天后主动给房东打电话问结果，如果没有想好，再过一段时间继续打电话询问结果。

- Callback 调用：Callback 调用利用 HSF 内部提供的回调机制，在指定 HSF 服务消费完毕拿到返回结果时，HSF 会回调用户实现，客户端通过回调通知的方式获取结果，这种情况就是双方在挂电话前，房东会问购房者的联系方式，并说明其考虑好后不管能不能卖给购房者，都会用该联系方式告诉购房者结果。阿里云上的短信服务就是以这种方式来获取最终短信的发送状态。

HSF 微服务应用的开发方式有以下两种。

- Ali-Tomcat：依赖 Ali-Tomcat 和 Pandora，提供了完整的 HSF 功能，包括服务注册与发现、隐式传参、异步调用、泛化调用和调用链路 Filter 扩展。应用须以 WAR 包方式部署。

- Pandora Boot：依赖 Pandora，提供了比较完整的 HSF 功能，包括服务注册与发现、异步调用。应用编译为可运行的 JAR 包并部署即可。

官网的两种方式推荐使用 Pandora Boot 开发 HSF 应用，实现服务注册发现、异步调用，并完成单元测试。相比使用 Ali-Tomcat 部署 HSF 的 WAR 包，Pandora Boot 部署的是 JAR 包。直接将 HSF 应用打包成 FatJar，这更加符合微服务的风格，不需要依赖外置的 Ali-Tomcat 也使得应用的部署更加灵活。Pandora Boot 可以认为是 Spring Boot 的增强。

第3章　端到端敏捷实施

在万物互联时代，行业发展速度快，用户需求变化快，系统更新迭代频率高，软件系统的实施交付能力成为企业的核心能力，这对于业务中台的建设是极大的挑战。传统固有研发模式早已满足不了业务的及时响应需求，读者可以尝试在项目实施中逐步引入 Scrum 敏捷运行模式，从实践中一点点积累和完善，形成适合企业自身的 IT 开发模式和体系。

3.1　传统瀑布模式

2012 年我取得了国家软件水平考试的项目管理师认证，系统地学习了项目管理知识体系（Project Management Body of Knowledge，PMBOK），包括从项目管理五大过程即启动、规划、执行、监控和收尾，到九大知识领域即项目整体管理、范围、进度、成本、质量、风险、沟通、人力资源、采购的管理，以及涉及的 44 个子过程和技术工具。当我作为项目经理全面负责一个完整的项目周期时，会遇到进度、成本和质量方面的偏差，计划和实际不相符等问题。公司也有 CMMI3 级的项目管理流程体系和制度，为什么还会出现问题呢？传统的项目开发模式有明确的上线工期，通过上线时间点倒推进度计划，我们安排了资深的需求分析师完成需求分析，用户也对需求确认签字了，但在验收时往往事与愿违，整个业务流程和用户想得并不一样，或者用户看到业务串联起来的完整链条后才发现自己提的需求并不合适，也有些情况是使用系统的人员和提需求的人员信息不对称导致系统无法使用等，最终项目一次次延期交付。在我十几年的从业经历中唯一的一个失败的项目就是以上这些原因综合的结果，相信很多读者都有过类似的经历。这是一种理想化的开发模式，就像瀑布一样只往下不往上，从下往上反馈少。

瀑布模式是比较传统的一种开发模式，特别是在 to B 领域，包括企业资源计划（Enterprise Resource Planning，ERP）、制造执行系统（Manufacturing Execution System，MES）、客户关系管理（Customer Relationship Management，CRM）、OA 等系统当中经常使用。通过招标采购的这类有非常明确实施工期的项目，大都采用瀑布模式开发。

3.1.1 模型图

瀑布模型如图 3-1 所示。

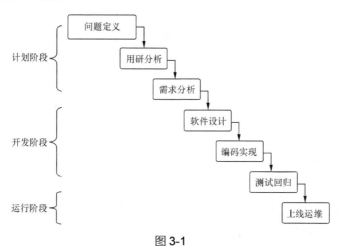

图 3-1

瀑布模型从计划、开发到运行这 3 个阶段非常明确，需要经历问题评估、方案计划、需求设计、开发实现、测试部署和使用维护环节。每个环节都是从上到下，严格按照时间先后进行，如同瀑布流水逐级下落，各环节都必须有产出物，然后才能进入下一个环节进行，各环节都有各自的角色分工，各自只关心自己的任务。

- 制订详细计划，通过里程碑和工作分解结构（Work Breakdown Structure，WBS）实施强管控。
- 可以按照开发流程严格执行标准，如软件开发流程化和质量标准的执行与落地。
- 每个环节必须完成规定的产出物和文档，对评审出的问题可以及早解决。

3.1.2 存在的问题

在项目实际运行中单纯的瀑布模式几乎行不通，原因如下。

- 瀑布只能往下流不能往上逆流，意味着不走回头路，出现返工代价会极大。
- 各阶段极少有反馈，项目结束时才能发现问题，很可能无法按期上线。
- 项目开始阶段很难把所有的需求都考虑清楚。
- 开发周期长，大量时间用于编写文档，但文档与代码及时同步比较困难。
- 甲、乙方都有开发流程和标准时，开发人员的工作量很大要适配两套标准。我参与过的一个平台建设中甲、乙方都执行 CMMI3 级，这样开发人员要写两套文档，评审两次，导致为了符合标准而写重复文档，效率很低。

举个开发周期的例子，工期如图 3-2 所示。

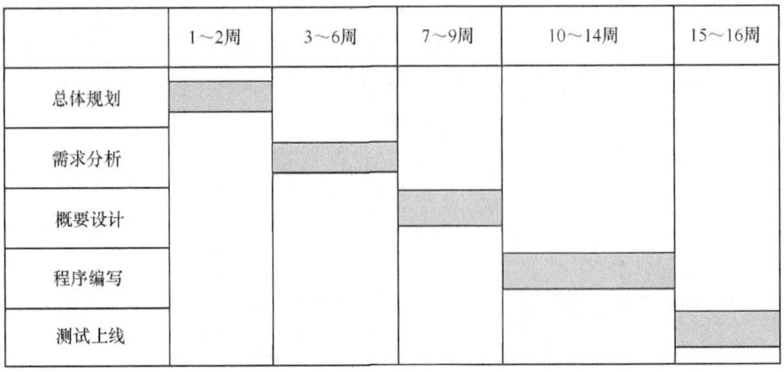

	1～2周	3～6周	7～9周	10～14周	15～16周
总体规划					
需求分析					
概要设计					
程序编写					
测试上线					

图 3-2

工期总共 16 周，假设在第 15 周时测试人员发现了一个问题，反馈给开发人员，如果是 bug，开发人员直接修改、提交测试即可；如果不是 bug，而是设计的问题，开发人员会反馈给软件设计人员进行重新设计后，再由开发人员完成开发，交由测试人员测试；如果设计人员发现不是设计的问题，而是需求不明确，再向上反馈……

这样的项目上线风险太大了，因为瀑布模式强调分工，所以有可能架构师在等产品经理提供确认的需求文档，开发人员在等待架构设计结果，测试人员在等待开发成果，用户在等待产品交付。这里环环相扣，类似电流串联工作，一个环节出错，就会造成"断电"，导致交付延期，后果可能就是互相推诿，严重的话可能会引发争吵，团队分崩离析。我也经历过这样的事情，很多的时间浪费在无效沟通上。

瀑布模式强调里程碑，重视文档，强调分工，避免变化，所有任务都需要规划和做计划，导致整体项目运行过程拖沓笨重，反应迟钝，所以对于面向 C 端的旅客服务领域系统建设，其要求及时响应用户的新需求和提供个性化的服务，这种开发模式并不适合。

3.2 敏捷迭代模式

诺基亚公司当年一定要保证手机不会出错，觉得质量没问题了才卖出去，当时的用户都是离线的，提供标准化的服务即可，这样耽误了创新时机。现在的手机到了消费者手里可以实时在线升级，快速改进。如小米操作系统每周五都要进行一次升级，我记得做第三方支付时出现过一天升级好几个版本的情况，今后企业的 IT 系统频繁更新可能也会成为常态。

3.2.1 敏捷的概念

敏捷开发借助互联网"浪潮"开始流行起来，这也是 to C 业务的特点决定的。互联网产品不可能一步规划到位，一般都是核心功能优先，比如微信先实现聊天功能，然后才是朋友圈、支付和小程序等功能，如图 3-3 所示。敏捷开发无疑更加贴近这种业务需求，如果纯用瀑布模式，估计"黄花菜都凉了"。

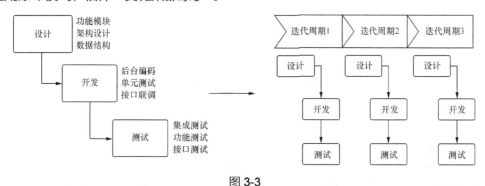

图 3-3

敏捷开发模型将一个软件项目分为多个周期进行开发，用一个周期比如两周时间实现一个简单的功能，但必须是一个可运行的版本，然后与业务需求方进行沟通确认，在第二个版本里规划改进并加入新功能，产出可运行的版本，再沟通确认，这样一次次迭代地进行软件的滚动完善。敏捷开发的特点如下。

- 迭代快，开发周期短，通过不断迭代完善产品和根据客户反馈快速改进。
- 快速尝试，避免过长时间的需求分析及调研。
- 面对面沟通交流，只写必要文档，每天出成果，效率高且易发现问题。
- 人员能力要求高，任务重，压力大。

3.2.2 敏捷运行模式 Scrum

Scrum 中整个开发周期包括多个小的迭代周期，每个小周期称为一个 Sprint，一般 3 周左右，使用产品的需求列表（Backlog）来管理产品和需求。Backlog 是一个按用户价值排序的需求列表，每一个需求都用讲故事的方式在业务场景下进行演示，故事讲完整了就说明这个需求是有效的，才能列入用户故事列表中。把项目拆分成用户故事是实施敏捷的基础，在每个迭代过程中开发团队从产品 Backlog 中挑选最有价值的需求进行开发，全体成员坐在一起开 Sprint 计划会议，评审这些故事，并确定哪些故事编入本次迭代的实现中，哪些往后放，最终形成迭代任务列表。进入开发阶段，其中最重要的就是每日站会，开发完成后进行测试和 bug 的修复，预发布可运行的版本，将业务人员集合起来进行评审演示，迭代周期结束会有个回顾会议和评审会议，反思本迭代的得与失，以便在接下来的迭代中改进。

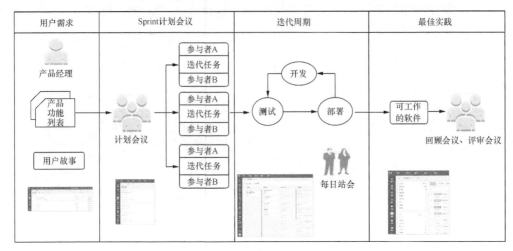

图 3-4

传统瀑布开发是半成品堆积而且缺乏快速反馈的过程，需求只考虑功能而很少考虑场景和用户体验。敏捷开发是基于用户故事的业务价值的持续交付过程。瀑布开发和敏捷开发不是天然分割的，只是针对业务各有侧重，应该是你中有我，我中有你的混合体，既然各有利弊，那么中间的这个平衡点如何拿捏就非常重要，如何在前期设计的时候既能不过渡导致交付延迟，又能兼顾后续的演进和变化导致的修改可控，这需要项目负责人具有丰富的实战历练和审时度势的判断力。

业务中台的开发模式推荐以 Scrum 敏捷迭代为主，瀑布模式为补充。我们在整个敏捷开发的过程中使用阿里云的云效平台管理，因为没有自己的研发团队，主要靠外包人员完成代码开发工作，这样人员初期很难满足敏捷对开发人员全栈能力的要求，所以在开发过程中也要重视文档的同步落地、人员的能力培养、质量的过程检查等瀑布模式的工具和方法。开发人员对敏捷开发有一定的体会和经验后再逐步深化敏捷开发。

3.2.3　确定迭代周期

产品经理需要根据上个迭代周期的完成情况来创建新的迭代周期，需要完成以下任务。

- 确定本次迭代的周期时间段，最多不超过一个月，3 周较合适。
- 上个迭代版本没有完成的需求和任务需要转移到本次迭代中继续开发，并重新修改预计完成时间和进行人员的调整。
- 之前挂起的需求和任务是否在本次迭代中打开继续进行。

3.2.4　Sprint 计划会议

确定了迭代周期，产品经理（我们这里是业务经理）将本次需要实现的需求以用户故事的方式整理出来，并画出原型图，然后同架构师、开发人员、测试人员召开 Sprint 计划会议，大家进行评审和讨论需求的完整性、数据依赖关系、可实现性、估算工时等。主要完成以下工作。

- 确定本次迭代的 Backlog。
- 确定 Backlog 中的实现优先级。
- 开发人员对每个需求项进行再确认，把需求分解成一个个的开发任务，包括 UI、前端、接口、业务中台微服务、数据来源等。
- 对每个任务项进行工期的大概估算，我们的经验是每个任务项的工作量不要超过一天，该估算相对比较准确。

3.2.5　代码开发

开发人员和产品经理对于需求的理解都确认一致后，就进入代码开发阶段，开发人员完成业务数据流转图，每个需求都有一个开发负责人，我会要求他完成用户端、业务应用、中台服务和后台数据源的整体数据交互图，以及前/后端接口的定义。对于敏捷开发来说可能这一步不需要，但我们有自己的特殊性。开发人员都是外包进来的，一方面开发能力参差不齐，不确定在 Sprint 计划会议上的需求开发人员确实完全理解；另一方面考虑到外包人员流动性比较大，可避免离职时交接风险。

- 前/后台先定义接口，使用 mock 等技术，按照统一的接口标准并行工作，不像以前的开发方式前台必须得等到后台的接口开发完成后才能进行开发。
- 保持小团队作战，在开发过程中的任何问题都当面直接沟通，相互有歧义再找架构师或产品经理确定，我们有 3 个研发团队，做业务应用的、业务中台服务的、还有数据仓库的。之前每日站会是各开各的，在接口协调中矛盾时有发生，为了解决团队配合问题，我行驶了甲方权力，业务中台开站会时其他团队负责人也要参加，做到信息共享和同步。
- 研发负责人是研发团队的最后屏障，在研发过程中免不了经常会有变更，如新的需求加进来，确定的逻辑要修改。一方面计划会议的时候就要反复推敲用户故事的可行性，我们很少按业务方提的需求一次性完成，都是先开发基础的变更可能性小的需求，上线使用一段时间再完善。另一方面有了变更产品经理先和架构师充分沟通清楚事情的来龙去脉，架构师基于现有系统功能找到替代或变通的办法，然后在下一个迭代周期去考虑实现。我的经验是用户提的需求很多都经不起推敲，所以尽量减少需求对当前迭代周期的影响。

- 开发人员完成代码开发后，需要自己进行单元测试，在开发环境没问题后，跑流水线将代码部署到测试环境，测试人员在测试的过程中把测试问题提交到 bug 工具进行跟踪处理，bug 必须在迭代周期内被处理完。我们用阿里云云效里的测试管理，因为是分布式架构和前 / 后端分离的开发方式，环境配置都很复杂，所以对测试人员的要求也比较高，测试人员要能做黑 / 白盒测试、能部署、能写 SQL 语句、能写自动化测试的脚本。

3.2.6　每日站会

坚持每天早上组织晨会，目的是让所有人员的信息共享、对等，做到整个实施过程的透明化和可视化（传统的项目开发都是黑盒过程，不可见），每个人都知道其他人当天在干什么，和自己有什么交互依赖关系，整个项目和每个迭代的进度情况大家都比较清楚，如果谁的任务出问题拖了后腿大家也都能及时了解并协助解决。每人在站会上轮流发言，没有拘束，大家随意一点怎么站都行，但不能坐着。站会内容包括：

- 自己昨天的工作情况，完成的内容，是否提交，是否提测；
- 今天的计划，准备完成的工作；
- 遇到什么问题，需要什么帮助和协调；
- 具体细节实现上的问题需要会后单独讨论。

每日站会上经常能发现开发人员对需求理解上的差异和技术实现上的问题，这样能够提前发现和处理。站会一般控制在 15 分钟内。项目组刚成立的时候大家都用贴纸在白板上进行各阶段的流转，但我经常在外边开会和处理一些其他工作，常常不在办公室就看不到项目进度；后来把整套的敏捷流程都进行了线上化，开始用 Teambition 进行敏捷过程管理，体验很好，尤其是移动端体验更好；后来使用了阿里云的云效平台进行 PaaS 平台的管理和部署，正好云效里也有敏捷这一块的管理，就都迁移到云效了，但这个云效的应用体验不好，基本不可用，而且项目协作会涉及外部的团队人员，但云效只能在阿里云平台内部使用，在线技术文档也无法对外分享。2019 年阿里云收购了 Teambition，双方进行了整合，目前已经可以在阿里云的云市场购买 Teambition，我们已经重新使用 Teambition 进行项目管理。

3.2.7　评审会议

在本次迭代中的所有测试 bug 被处理完后，相关的开发人员在评审会议中演示功能。作为业务中台的项目，都是提供业务服务的接口，所以评审会议更多的是进行代码的评审，每个人将自己写的相关代码讲一遍，其他人来评审，这样对自己和其他人都是一种提高的方式。比如我们在项目初期没有明确定义返回结果的结构，导致前端要处理多个人的返回结构，经过代码的评审统一为标准的返回结构。一般评审会议在上线前一天进行。

对于业务应用功能则需要进行前 / 后端的演示，并邀请相关业务部门的人员参加，在会上评审可运行的产出物，这比瀑布模型的原型评审更加可视化、场景化，更加真实。

3.2.8　回顾会议

迭代周期上线完成后召开回顾会议，每名成员都在会议中参与讨论。

- 本次迭代过程中做得好的有哪些？
- 本次迭代过程中做得不好的有哪些？
- 某一个人讲完后其他人可以发表自己的意见和建议。

我们在项目初期执行得比较好，定期组织回顾会议，20 多个迭代完成后就没有严格按要求进行，现在大概是两个迭代进行一次回顾会议。

实施敏捷研发的目的是让项目整体开发过程从传统的黑盒变为白盒，从不可见变为全程可视化。项目在任何一个时间点都能有一张画布完整展示出项目的阶段、进度和实时状态，甚至每个开发人员的工作内容都可以体现出来，实现了开发流程的端到端拉通。结合中台架构的建设从每个迭代周期一步步快速增量完成，在每个迭代周期内尽量减少并行开发的需求量，集中精力完成核心业务中心的开发。从经验看用传统的瀑布模式开发中台项目不适合，业务中台的建设本身就有很大的风险，如果不能在前期及早发现问题，等到上线前再发现架构的问题调整的难度非常大，因为中台是全面的、整体的对企业 IT 架构的重构。

3.3　高效研发团队

重要的事要重复多说几遍。建设业务中台是有很大风险的。除了微服务技术架构本身较复杂外，还包括企业的业务下沉共享需要大量的协调工作。业务中台不是靠架构师就能完成的，它是在企业使用过程中逐步完善的，需要不断迭代，所以必须有长期稳定的研发团队才能支撑起来。

3.3.1 自主设计、研发外包

传统企业在进行信息系统建设中大多采用瀑布模式，业务方只参与需求的前期确认，项目验收后交付使用，业务人员经过一段时间的使用才能逐步了解和熟悉整个系统的情况。这时业务人员对系统有了认识，就有了与实际情况匹配的想法和改进需求，而此时承建方的架构师和核心的开发人员可能早已去实施其他项目了，支持力度有限，而且此时如果发现是架构上的问题则更难以调整。基于这样的风险和隐患，为了保证项目的持续性，在建设业务中台时我们借鉴了很多大银行的研发组织方式，采用自主设计、研发外包的模式进行中台的建设。

研发外包是开放式创新环境下企业整合外部技术资源、降低研发成本、提高创新绩效的一种新型研发模式，对于单一的功能由外包团队根据需求完成开发即可，对于需求复杂依赖较多的应用，由项目甲方和第三方共同设计实施，并由外包人员参与到开发工作中，组成联合的项目研发团队。这种研发团队的优势如下。

- 加快系统上线的周期。甲方是最懂业务的，如果能够全程参与到端到端的全周期，对技术和业务架构进行评审把关，项目的质量和进度是有保障的。
- 按需求采购。中台的核心是微服务化的业务中心，前期需要后台设计开发人员，后期在应用开发中需要大前端、UI 和接口开发人员，采用外包方式可以灵活有效地配置人力资源，做到人的能力和事的复杂程度匹配，最优化配置开发资源。
- 核心技术自主掌握，不依赖于第三方。采用这种方式的根源是有太多项目后期无法进行持续的迭代更新，对于甲方除了界面显示其他都是黑盒、不可见的，而且现在 IT 人才流动非常大，承建方当时的开发人员离职后就没人能说清楚这个项目，更不用说更新了，最终的结果就是重建系统，又开始新的循环。如果有了甲方自己的人员参与到项目开发中，就算是以外包的方式，只要把项目管控好，相关文档与实际情况及时同步，甲方是完全可以自主掌控的。在实施中台项目时有 8 个业务中心，其中有 2 个业务中心由我们自己的外包研发团队完成，在项目上线验收的时间点也就是与承建方交接项目的时间点，验收的标准就是自有研发外包团队能够完全接手承建方的所有内容，并能持续地完善，也能搭建新的业务中心，所以我们的业务中台项目没有第二期、第三期的情况，项目完成上线后我们的外包研发团队通过敏捷的研发模式不断地对其完善和更新。
- 有利于产品创新。大型集团的业务需求五花八门，如果有好的想法，通过外包研发团队很快就能上线试错，信息部门真正做到最大化地满足业务部门的需求，而且信息部门接收全集团的各个零碎需求，进行细致的分析研究，从数据和业务流程上提出自己的优化方案，提升自己的地位，实现技术引领业务的目标。基于业务中台能力在2020年新冠肺炎疫情期间我们上线了旅客健康申明、全集团员工健康打卡、境外输入布控这3个业务应用，并且都是多租户方式开发一套系统，集团下的所有机场的账号可直接使用，平均一个应用从提出需求到上线大概需3天时间，也就是基于业务中台10天上线了3个业务应用，而且一直在持续迭代完善。

3.3.2 研发团队结构

要实现敏捷的项目研发，团队的组成结构和相互的有效协作是重要的影响因素，有多方参与的研发团队结构还是比较复杂的，沟通成本也极大，如图3-5所示。

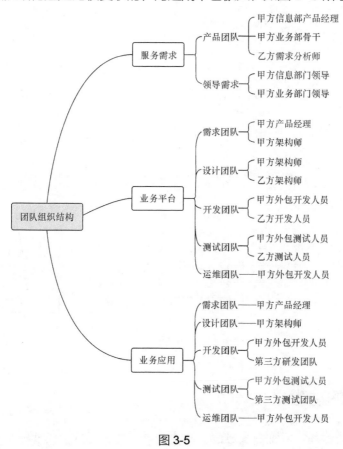

图3-5

矩阵型的团队结构通过敏捷的方式组织起来，形成一个个小组完成任务，这里涉及的人员有甲方信息部门的人员，甲方业务部门的人员，承建方的需求、设计、开发、测试人员，甲方的外包研发团队，第三方业务应用的开发团队。这么多的人员的沟通协调并不是一件容易的事，除了敏捷迭代充分沟通，还必须要借助技术手段和工具进行整体和细节的项目过程管理。

3.4 云效项目管理

云效是阿里云提供的 IT 项目研发平台，从需求、开发、测试、发布、运维、运营、里程碑和风险管理，全流程实现端到端的项目管理和 DevOps 研发工具的支持，如图 3-6 所示。云效将战略解码、敏捷研发、持续集成、持续交付、DevOps 等理念引入研发项目，帮助企业从产品创新迭代和研发效能上进行快速升级。

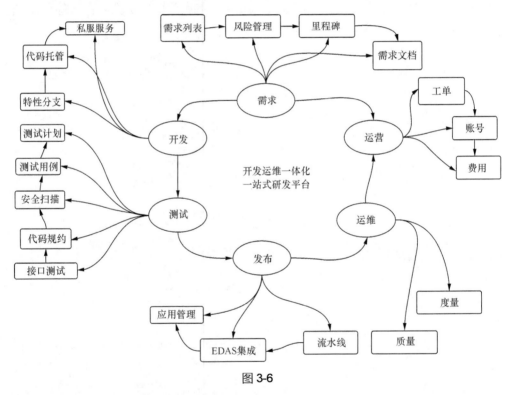

图 3-6

3.4.1 云效的功能

- 敏捷项目管理：以项目为维度，管理需求、任务、缺陷、迭代、里程碑、风险和文档，提供多种工具如 Scrum、看板等，可多人同时协作沟通。
- 应用全生命周期管理：与中间件、Docker 容器、EDAS 无缝集成，落地 DevOps

开发运维一体化，以应用为单位，申请、创建和配置软件运行所需资源、环境和中间件服务，提供变更、发布、监控和运维等应用全生命周期管理服务。

- 持续交付流水线：采用 Git 云端代码托管，从代码提交、集成、构建到测试环境、预发、线上环境的部署与发布验证的持续交付流水线，从质量和安全上把关。

3.4.2 创建云效用户

云效有一套单独的用户体系，但是云效里的用户首先必须是阿里云的子账号，所以首先登录到阿里云控制台去创建一个阿里云子账号作为云效的管理员。用淘宝、支付宝、微博或钉钉账号都可以登录阿里云控制台，这里登录的用户称为主账号，如图 3-7 所示。一般来说一个公司最好只用一个阿里云主账号，方便资源和费用的管理。

图 3-7

进入控制台在企业菜单里选择人员权限管理，如图 3-8 所示。

图 3-8

选择内部人员新增一个阿里云子账户，后面要把这个子账户导入云效，并成为云效平台的管理员，如登录名称为 kkh，显示名称为康康虎，如图 3-9 所示。

图 3-9

新用户已经添加为阿里云的子账户，但还不是云效的用户，注意概览里有该子账号的登录地址需要记下来（见图 3-10），因为所有的子账号都是通过这个地址登录的，而不能在主账号登录的地方登录。

图 3-10

需要为添加的阿里云子账号授权使用云效的权限，如图 3-11 所示。

图 3-11

3.4.3　创建企业

云效平台管理企业的 IT 信息系统建设，首先需要创建一个企业，在阿里云产品中找到云效，单击立即使用即可开通，这里用主账号登录，如图 3-12 所示。

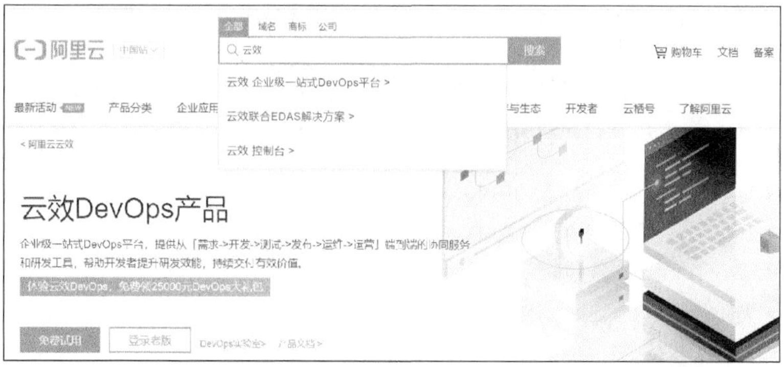

图 3-12

进入企业管理页面，因为之前没有企业，所以会自动弹出立即创建新的企业界面，如图 3-13 所示。

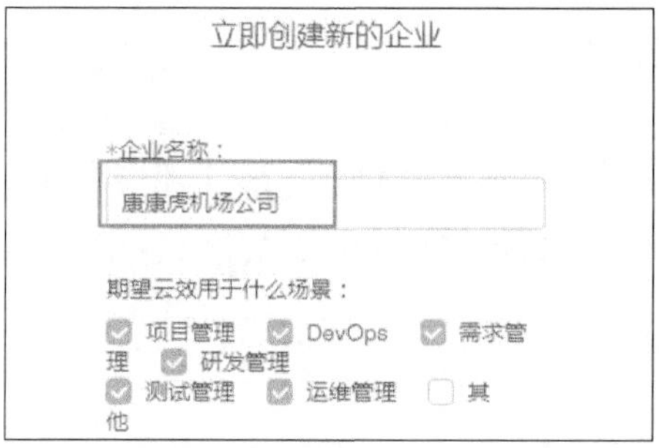

图 3-13

云效支持管理多个企业，非常适合集团化的企业项目过程管理。企业创建完成后，将刚才控制台新增的阿里云子账号 kkh 康康虎添加到企业成员中，如图 3-14 所示。

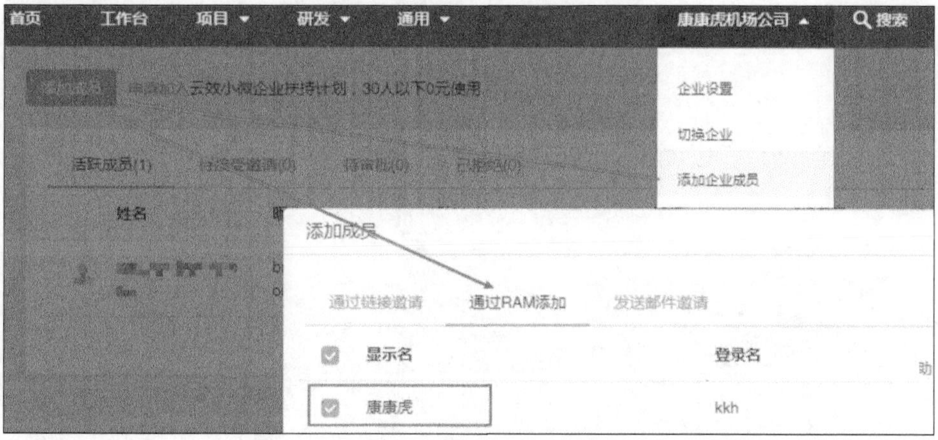

图 3-14

将该子账号设置为云效管理员，这样就可以由子账号去管理整个云效平台，如图 3-15 所示。因为主账号只有一个，拥有所有的资源权限和账务权限，所以一个企业最好有一个人可以使用主账号，其他人用子账号进行分级管理。

图 3-15

用同样的方法给所有参与人员分配阿里云子账号，并加入云效的企业成员。

3.4.4　创建项目

开通了云效，创建了企业并分配了管理员，接下来就在企业里创建项目。云效管理员用浏览器访问阿里云 RAM 子账号的登录地址，如图 3-16 所示。

图 3-16

进入云效管理台，可以看到刚才创建的企业，进入即可，如图 3-17 所示。

图 3-17

此时云效需要登录的账号先绑定邮箱（见图 3-18），完成后自动进入首页后再新建项目。

图 3-18

绑定后新建项目，选择研发项目、录入项目名称、选择公开性，如图 3-19 所示。

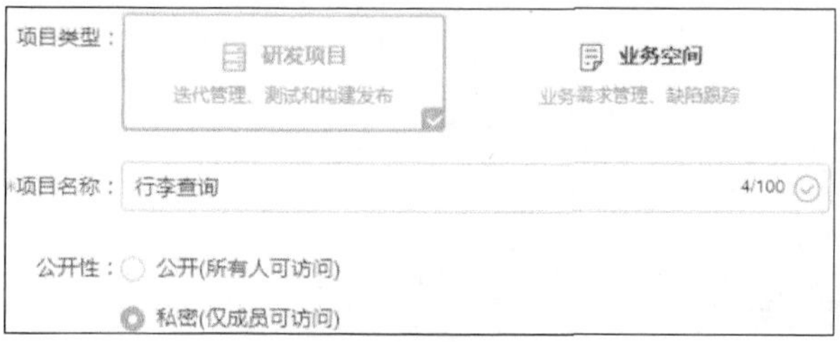

图 3-19

确定后就进入了项目首页，如图 3-20 所示。

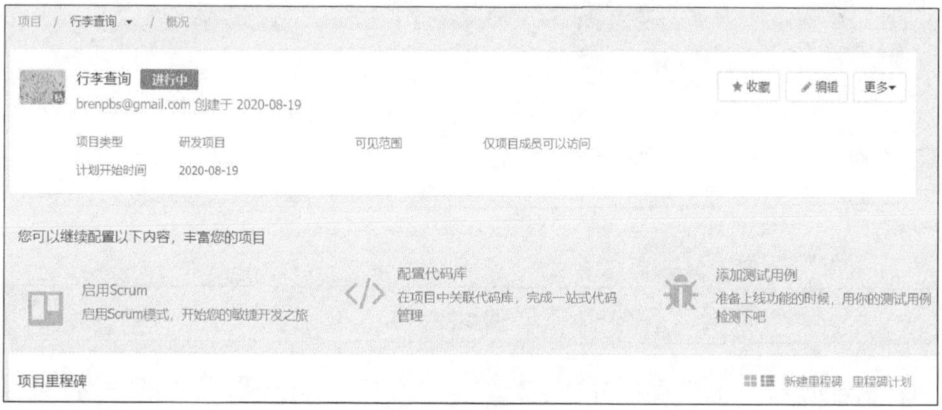

图 3-20

3.4.5　添加项目成员

创建项目的子账号 kkh 会自动成为此项目的成员（见图 3-21），还需要将其他阿里云子账号添加到云效中该项目的成员中，方法和添加云效管理员相同。这里不太好理解，一个开发人员要有阿里云的子账号，先将子账号添加到云效的企业里，再将子账号添加到云效的企业的项目里。

图 3-21

3.4.6　启用敏捷模式

项目首页启用 Scrum 敏捷方式进行项目的管理，并指定人员的角色，如图 3-22 所示。

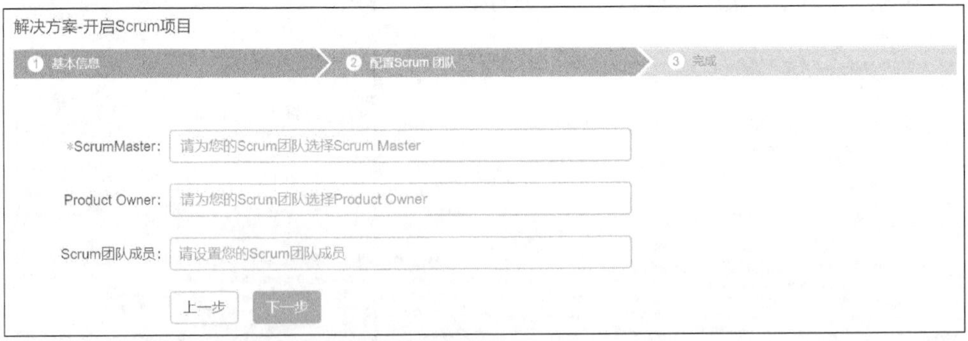

图 3-22

选择迭代周期，一般 3 周左右但也不固定，可以根据自己的项目情况设置和调整，如图 3-23 所示。

图 3-23

这样就默认创建了 3 个迭代周期，如图 3-24 所示。

图 3-24

3.4.7 需求任务管理

任何 IT 项目的开发都是从需求开始，再到实现需求，所以要在云效的需求管理中明确要解决什么问题，通过故事卡片的方式把每个需求用故事讲完整，形成闭环，即在云效里新增一个需求，如图 3-25 所示。

图 3-25

描述需求的名称、用户在什么场景下使用、具体的需求说明、原型设计图、需求负责人、迭代的周期和计划工期等，可以按自己习惯的方式描述。

需求也可以分解为多个子需求。下面直接对需求进行任务分解，将需求描述为一个个的用户故事，形成故事列表，也就是 Backlog 和子 Backlog。对于任务管理来说，每一个任务都是对实现需求的工作分配和安排，类似于我们传统项目管理中的工作分解结构，任务可大可小，合适迭代周期的进度和质量控制即可。一个任务也可以分解为多个子任务，比如某个功能需要前端工程师做页面就是一个子任务，后台工程师开发接口也是个子任务，如图 3-26 所示。

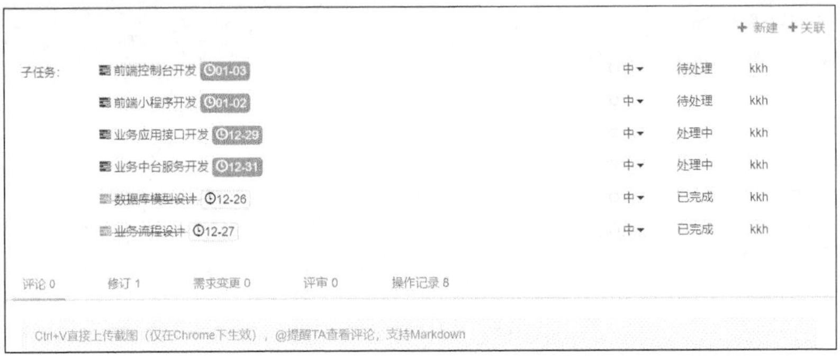

图 3-26

3.4.8　迭代管理

迭代是敏捷开发的概念，用来明确规划在开始和结束时间之间需要实现的需求、需要修复的缺陷和需要完成的任务。一般来说都是通过迭代进行项目的推进和管理，每一个迭代就是一个完整的 PDCA 闭环，从需求、设计、开发、测试、可运行几个阶段进行周期性循环。打开迭代菜单，从不同的维度和样式进行展示，如图 3-27 所示。

图 3-27

每个人都可以通过看板对自己负责开发的任务和每个任务的进度一目了然，如图 3-28 所示。

图 3-28

- 用户和业务方提出需求和缺陷，由产品负责人统一管理，经过分析、评估、拆分和各角色 PK 后，确定优先级，在计划会议（排期会议）上和研发团队排期，进入迭代周期。
- 开发人员在迭代周期里对自己负责的需求进行任务拆分、拉代码变更分支，并且每天更新进度和状态。
- 需求实现后进入测试验证，将已完成的需求状态自动设为完成。
- 迭代完成后，如果有未完成的工作，移到下一个迭代周期。

3.4.9 缺陷管理

当系统没有按前期的设计执行或者开发人员在编写代码时遗留了 bug，会导致上线后有缺陷需要处理，需求管理在测试过程发现的缺陷也需要处理，云效项目支持直接录入缺陷，可规划到迭代周期中解决，如图 3-29 所示。相关状态在云效的帮助文档中比较全面。

图 3-29

3.4.10 其他功能

上文都是从项目管理的维度进行介绍，下文简要介绍云效核心的研发维度功能。

云效应用对应的就是一个可运行的项目，如行程中心，如图 3-30 所示。

图 3-30

通过流水线自动将应用发布到运行环境，如图 3-31 所示。

图 3-31

所有项目代码可托管到阿里云 Git 库里，如图 3-32 所示。

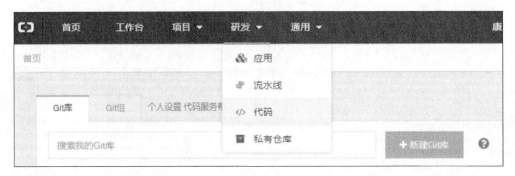

图 3-32

对公用的、通用的代码发布 Maven 仓库和坐标管理，如图 3-33 所示。

图 3-33

通过定义测试用例和测试计划系统性地完成测试工作，如图 3-34 所示。

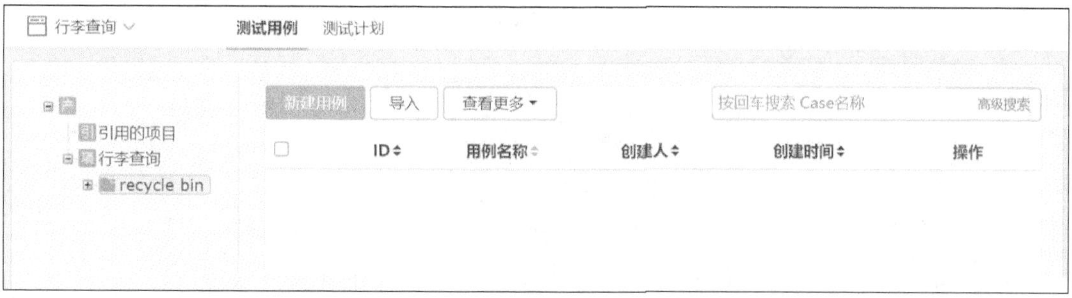

图 3-34

以上功能是使用云效的核心，我会通过 demo 的实现在各章逐步引入。云效的以下几个功能我个人觉得还有待提高。

- 阿里云移动应用里没有对云效进行支持，目前在移动端能用到的就是钉钉里的云效插件，体验较差几乎不可用，希望以后能集成到阿里云应用或单独应用，期待能和 Teambition 完美整合。

- 云效里的在线文档书写很方便，体验也不错，但是无法对外共享发布，如果外部对接方想查看相关文档，还得要求第三方注册个阿里云账号才能分配权限分享，这样太封闭难以使用。

- 更新变化有点大，如流水线的新版和旧版配置变化较大，需要一定的学习时间。

- 没有 PC 版，任务状态发生变化不能及时获取，只能登录后台查询，如果能像微信或钉钉在桌面直接弹出消息提醒，体验就很好。

以上这些不足我都是和 Teambition 进行比较得出的，目前我们中台敏捷项目管理都已经使用 Teambition 管理，云效只保留了应用、流水线、私服、代码仓库等运行环境和研发维度的功能。图 3-35、图 3-36 所示为将项目管理迁移到 Teambition 中。

图 3-35

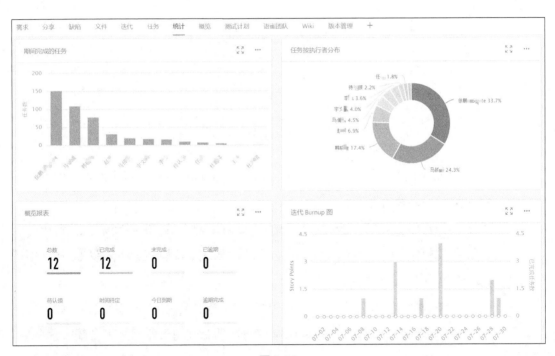

图 3-36

目前最新的云效 2020 版已经发布，界面和操作流程基本与 Teambition 一致。

第4章 业务中台设计

本章将通过实现一套前 / 后端分离的完整 demo 来最大化、最真实地还原业务中台应用功能开发的全生命周期。通过本章的学习，读者能够了解一般的互联网应用开发组织方式、角色分工、开发流程、协同配合及中台代码的编写等核心内容。

4.1 开发模式确定

以前 MVC 的三层开发模式在互联网时代很难满足多应用场景的需求，最近我参与开发的几个业务应用基本看不到 View（视图）层，所有的请求响应都是 JSON 格式，后端应用只作为数据的提供者和接口的执行者，至于接收者想用这些数据干什么，那是它们自己要处理的事，也许是在前端展示页面，也许是进行数据的二次加工。而且前端技术发展得非常快，时不时就会冒出来新技术、新框架，现在的交互要求全渠道实现，如 PC 端、公众号、H5 端、应用端、小程序端、穿戴设备、可视化大屏、智能机器人等都需要前端的适配。所以整个系统开发在框架上需要将原来 MVC 的三层模式进行颠覆性的升级。

4.1.1 MVVM 前端架构

我们在中台项目前端开发中采用了 MVVM 的软件架构模式，它比 MVC 多了 ViewModel（视图数据模型）层，核心是数据驱动。在 MVVM 中 View 层和 Model（模型）层是不可以直接通信的，ViewModel 层向上与 View 层进行双向数据绑定，向下与 Model 层通过接口请求进行数据交互，起到承上启下的作用，实现了 View 层的分离和解耦，如图 4-1 所示。

- 开发解耦合，后端负责业务逻辑，前端负责 UI 实现，前 / 后端并行开发。
- 代码的层次和结构更加清晰，更加简单、易读、易升级。
- 数据绑定实现了数据的一致性。当 Model 层发生变化时，ViewModel 层会自动更新，View 层也会自动更新。

图 4-1

4.1.2 开发流程

开发模式和开发框架的变化相应地反映在开发团队的组织结构上，基于业务中台进行功能开发的大概流程如图 4-2 所示，最左边一列是所有参与开发的人员角色，如产品经理、接口工程师、部署工程师等，最上边一行是系统划分，如应用前端层、业务中台层、数据层等，图中的方框内是某个角色在某系统上要完成的任务。

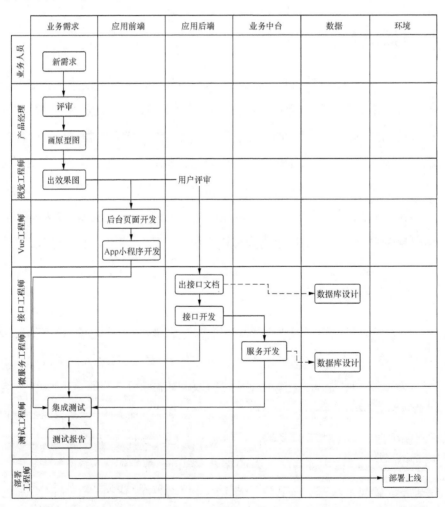

图 4-2

- 业务人员作为需求方会提出具体需求或者公司领导会有一些想法需要"落地"，以及机场的旅客通过小程序反馈建议。

- 产品经理收到需求后需要根据现有的资源进行分析和评审，如果可行就画出原型图，使用原型设计工具墨刀、Axure 来描述基本的功能和操作步骤。

- 产品经理将原型图和需求说明交给视觉工程师，视觉工程师使用 Photoshop 等工具去设计效果图，并与前端 UI 工程师沟通，知晓前端技术是否可以实现设计的交互效果。

- 最终用户对完成的效果图评审后就进入开发过程，架构师或研发经理需要进行整体的业务流程设计、数据流向设计，以及前端、中台、后端的各种协调和安排。

- 接下来应用前端（移动应用、小程序等）的设计开发、应用后端的接口设计开发、业务中台的设计开发都可以同时进行，它们之间只要提前将相关的接口协商好即可。

- 各角色的开发工作完成后在测试环境进行联调和集成测试，由测试人员出测试报告，等待上线时间点。

- 部署工程师从 Git 等代码库获取不同分支环境的代码，预生产或准生产环境需要先部署，并出相应测试报告，没有的话就直接在生产环境验证需求是否可以实现。

说了这么多到底如何做呢，我们就从需求开始吧！

4.2　业务需求说明

4.2.1　原型设计

某一天正在和开发人员 PK 的产品经理小王，接到了机场客户服务部主任的电话，该主任反映机场出行的很多旅客都会询问自己的航班状态和托运行李实时状态，业务部门尤其是客服中心柜台的工作量很大，提出是否能在机场旅客服务小程序上实现航班和行李状态的查询，而且旅客担心自己的行李被暴力搬运导致破损，还建议对自己的行李进行视频直播。小王挂断电话后开始梳理业务场景：航班和行李是旅客乘坐飞机的两个核心信息，直接影响旅客在机场的服务体验，这些实时数据在集团数据中心，实现起来应该并不难，但是旅客想要看到自己行李的视频直播；这个需求体验很好，但是机场目前还没有在行李流程上全程使用高清视频设备，而且旅客用小程序看视频实现起来还有一定的风险，所以决定先实现第一个查询航班和行李状态的功能，视频直播功能可等待资源满足条件时再予以考虑。

下午小王打开原型设计工具墨刀，发现自己的文件数不够了，就只能换个工具，于是又打开了在线流程工具 processon，开始在线完成航班和行李查询的原型图。作为产品经理，他对这些工具使用得非常熟练，一会儿就画完了，如图 4-3 所示。

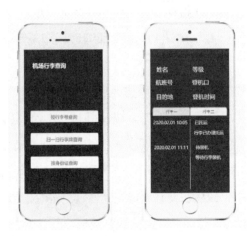

图 4-3

4.2.2　原型评审

小王带着设计好的原型图去找产品总监，总监看到后觉得这个想法很好，但是给旅客的体验不太友好，于是给小王提出了改进意见。他认为旅客进入小程序后应该直接看到自己的航班行程和行李信息，而不需要先输入身份证号码这么烦琐，还会导致体验不流畅。小王不知道怎么获取旅客的身份证信息，因为机场只能通过证件号才能识别到该旅客。开发人员说支付宝小程序通过授权可以获取旅客证件号，但微信小程序目前没有对外开放这个授权，旅客基本都用微信，这可怎么办？小王求助了架构师，初步方案有两种，第一种使用人脸库通过小程序扫脸识别身份，但有个问题是第一次乘飞机的人没有人脸信息，匹配不上，方案不可行；第二种通过光学字符识别（Optical Character Recognition，OCR）技术自动识别旅客证件号码，虽然不能做到极致的体验，但至少可以减少旅客的操作步骤。小王觉得第二种方案是目前最可行的。

4.2.3　实现效果

重新调整了原型图后（实际就是在输入框后面加了个 OCR 按钮），小王将原型图和相关需求文档交给视觉工程师小微进行效果图的设计，如图 4-4 所示。

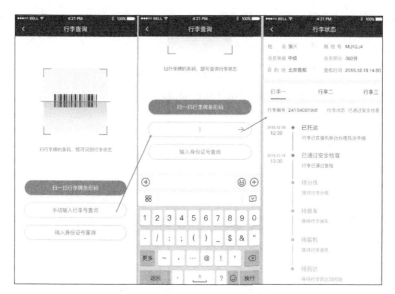

图 4-4

4.2.4 需求确认

小王对小微设计的效果图非常满意，自己心里就想为什么我画的原型图这么丑呢？有时间得好好学学。小王马上将效果图发给了机场客户服务部的主任，主任看了后也很满意，如果按这个开发出来完全满足主任提出的需求，不过主任又提出新想法，很多旅客到机场后都打印了登机牌，除了证件查询外可不可以直接扫登机牌也能查询，小王没有犹豫，立即答应通过敏捷开发分版本逐步上线。能够这么快通过需求确认小王，说明是很有经验的，一般来说只要有原型图就可以进行确认功能需求，但机场这边的业务人员对原型图不是太了解，他们可能根本看不懂你画的是什么，所以小王是等真实效果图出来再确认的。接下来就要开发排期，安排迭代版本、分解任务、确认上线时间。需要给这个应用起个名字，就叫行李查询应用吧。

4.3 业务设计

业务设计一般有两种方式：第一种是页面驱动，页面中需要什么数据和字段由前端工程师确定，将需要的数据和字段反馈给后端的接口开发人员，接口开发人员根据前端需要的数据结构进行数据库和接口文档的设计；第二种是数据驱动，先进行数据模型的设计，把数据库结构需要哪些表、表里有哪些字段设计出来，然后根据这些数据开发接口，提供给前端人员使用。

具体使用哪种方式没有标准，要按自己的具体情况来定。现在这个需求，旅客的界面用来查询信息，但查询的信息并不是旅客以前录入进去的，而是机场本来就有这些数据，我们的系统要从不同的数据源将相关的数据获取到，再展示给旅客，所以这种场景下以第二种方式更为合适。架构师依据产品经理提交的需求文档和原型图进行业务流程、数据模型、接口的设计。

4.3.1　业务流程梳理

关于业务流程图，我习惯基于角色进行流程设计，目的就是搞清楚什么样的角色、在什么时间点、在哪个系统、做什么操作。图4-5所示为根据上面的需求梳理的二维业务流程图。

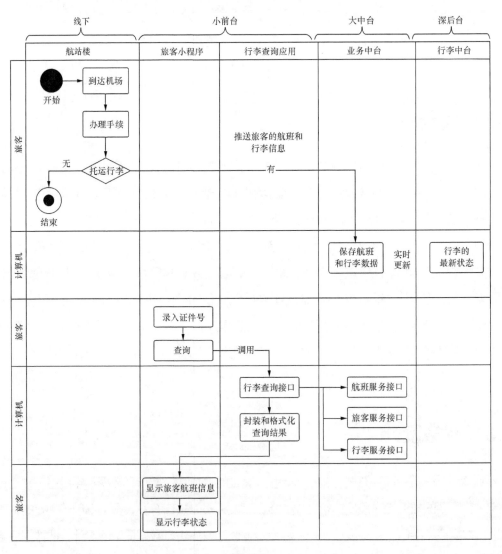

图 4-5

- 旅客来到机场后需要办理值机手续，如果有行李需要办理托运交接。
- 完成行李托运后，机场的后台系统"行李跟踪平台"会实时将旅客的行李和航班数据推送到业务中台，业务中台内部可能有不同的业务中心保存相关数据。
- 行李从航站楼转运到航空器的过程中会有各种状态的变化，行李跟踪平台也会实时将数据推给业务中心，比如行李交运、分拣、装车、装机等。
- 旅客打开微信小程序，可以通过录入身份证号码、OCR证件照识别、扫描登机牌等几种方式查询行李，录入相关信息后单击查询，小程序将请求行李查询接口。
- 行李查询应用收到小程序的请求，验证无误后将请求信息拆分为多个请求，每个请求对应业务中台的不同服务，比如旅客会员等级信息去请求中台的旅客中心相关服务接口、航班信息去请求中台的行程中心相关接口、行李信息去请求中台行李中心相关接口。
- 业务中台里每个业务中心的每个服务接口就是一个微服务，行李查询应用收到所有的中台响应后，进行查询结果的封装和格式化。
- 行李查询应用将结果返回给小程序端，在小程序端展示旅客航班、行李信息等。

4.3.2 数据模型设计

目前业务的实体关系图如图 4-6 所示。

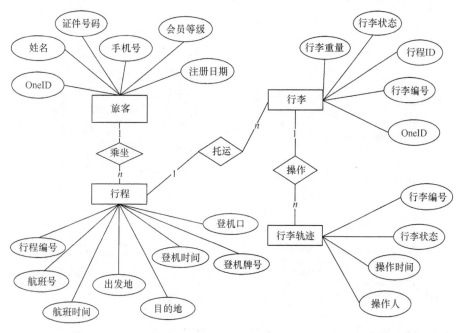

图 4-6

基于目前的业务分了 4 个实体类型，分别为旅客、行程、行李及行李轨迹，每个实体对应自己的属性，也就是之后设计的表结构及字段。实体间的连线代表是一对一（1:1）或者是一对多（1:n）的关系。

- 矩形框：表示业务实体，在框中显示实体名。
- 菱形框：表示实体间关系，在框中显示关系。
- 椭圆形框：表示实体的属性，在框中显示属性名。
- 连线：表示实体与属性之间、实体与关系之间有联系，并在直线上标注关系的类型。

将上面的实体关系图转换为物理数据模型，如图 4-7 所示。

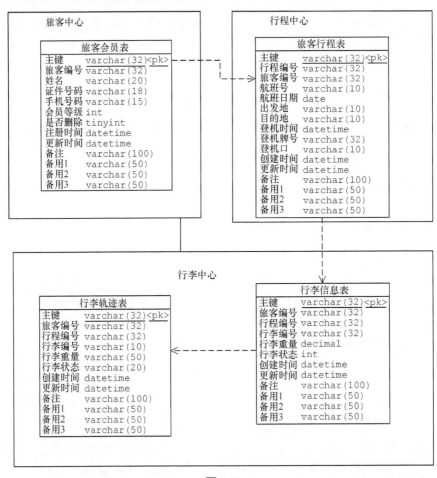

图 4-7

4.3.3 能力目录设计

有了业务中心的物理数据模型，各业务中心能够提供的服务能力和接口就能表示出来了。

本 demo 涉及的服务能力如表 4-1 所示。

表 4-1

序号	一级分组	服务编号	服务能力	开发人员	事务一致GTS	并发要求PTS	说明
1		101	根据OneID查询旅客	yww	否	是	根据业务OneID查询旅客信息
2	旅客服务	102	根据参数查询旅客列表	yww	否	是	根据旅客姓名、身份证号、手机号等查询旅客信息
3							
4		201	按旅客查询行程信息	kkh	否	是	按旅客编号和航班日期查询单个行程
5	行程服务	202	按条件查询旅客行程列表	kkh	否	是	根据旅客编号查询行程
6							
7		301	按旅客行程查询行李信息	hxy	否	是	按行程ID查询行李详情
8	行李服务	302	根据行李号查询行李轨迹	hxy	否	是	按行李编号查询行李轨迹
9		303	新增行李信息	hxy	否	是	根据行程添加行李信息
10		304	新增行李轨迹	hxy	否	是	根据行李编号添加行李轨迹

+ ≋ 版本 ▾ 业务中心 ▾ 旅客101 ▾ 旅客102 ▾ 行程201 ▾ 行程202 ▾

　　行程服务提供两个能力，按旅客查询行程信息提供给小程序端使用，按条件查询旅客行程列表提供给后台管理端使用。表 4-2 规定了行程中心相关入参、出参、方法名的命名规范等。

表 4-2

1. 接口基本信息	
接口名称	按旅客查询行程信息
接口描述	按旅客编号和航班日期查询
接口状态	正常
接口类型	对外
请求协议	HSF
接口地址	正式：
	测试：
2. 接口定义	
组别	ipss-trip
类名	com.happy.ipss.trip.api.service.TripInfoService
入参类名	com.happy.ipss.trip.api.dto.TripInfoFindDTO
出参类名	com.happy.ipss.trip.api.dto.TripInfoDTO
方法名	findTripInfo
3. 业务错误编码	
8400	参数错误
4. 服务业务逻辑	
5. 变更记录	
接口版本	变更内容
0.0.1	新增

S ▾ 业务中心 ▾   旅客101 ▾   旅客102 ▾   行程201 ▾   行程202

　　旅客服务为我们提供通过OneID查询旅客的能力，表4-3规定了旅客中心相关入参、出参、方法名的命名规范。

表4-3

1.接口基本信息	
接口名称	查询旅客详情
接口描述	根据业务OneID查询旅客信息
接口状态	正常
接口类型	对外
请求协议	HSF
接口地址	正式：
	测试：
2.接口定义	
组别	ipss-passenger
类名	com.happy.ipss.passenger.api.service.PassengerInfoService
入参类名	com.happy.ipss.passenger.api.dto.PassengerInfo.PassengerInfoFindDTO
出参类名	com.happy.ipss.passenger.api.dto.PassengerInfo.PassengerInfoDTO
方法名	findPassengerInfo
3.业务错误编码	
8400	参数错误
4.服务业务逻辑	
5.变更记录	
接口版本	变更内容
0.0.1	新增

　　行李服务提供通过旅客行程或行李号来查询旅客行李详情和轨迹的能力。表4-4和表4-5规定了行李查询相关入参、出参、方法名的命名规范等信息。

表4-4

1.接口基本信息	
接口名称	查询旅客行李详情
接口描述	按旅客行程查询行李详情
接口状态	正常
接口类型	对外
请求协议	HSF
接口地址	正式：
	测试：
2.接口定义	
组别	ipss-luggage
类名	com.happy.ipss.luggage.api.service.luggageInfoService
入参类名	com.happy.ipss.luggage.api.dto.luggageInfo.luggageInfoFindDTO
出参类名	com.happy.ipss.luggage.api.dto.luggageInfo.luggageInfoDTO
方法名	findluggageInfo
3.业务错误编码	
8400	参数错误
4.服务业务逻辑	
5.变更记录	
接口版本	变更内容
0.0.1	新增

表 4-5

1.接口基本信息	
接口名称	根据行李号查询行李轨迹
接口描述	按行李编号查询行李轨迹
接口状态	正常
接口类型	对外
请求协议	HSF
接口地址	正式：
	测试：
2.接口定义	
组别	ipss-luggage
类名	com.happy.ipss.luggage.api.service.luggageOperationInfoService
入参类名	com.happy.ipss.luggage.api.dto.luggageInfo.luggageOperationInfoFindDTO
出参类名	com.happy.ipss.luggage.api.dto.luggageInfo.luggageOperationInfoDTO
方法名	findluggageOperationInfo
3.业务错误编码	
8400	参数错误
4.服务业务逻辑	
5.变更记录	
接口版本	变更内容
0.0.1	新增

4.3.4　应用接口设计

业务应用也有自己的数据库，比如行李查询应用需要记录旅客的查询记录，什么时间、用什么方式、使用什么终端查询的行李，这些信息对于中台没有意义，在应用层存储即可。

为了简化开发我们只提供一个行李查询接口，可以按证件查询某个人的会员信息、行程信息和行李信息，该接口也支持查询所有人的信息（不输入证件号时）。

4.4　环境准备

接下来在本地搭建中台开发环境。

4.4.1　JDK 本地安装

JDK 是整个 Java 运行环境的核心，用1.8 版本更稳妥，因为中台项目用到的第三方组件非常多，版本太高有不匹配的风险，所以选择通用的1.8 版本。其安装步骤如下。

1. 在 Oracle 官网下载相应安装文件，默认安装即可，如图 4-8 所示。

Windows x86	201.17 MB	⬇ jdk-8u251-windows-i586.exe
Windows x64	211.54 MB	⬇ jdk-8u251-windows-x64.exe

图 **4-8**

2. 安装完成后配置环境变量 JAVA_HOME 和 Path，如图 4-9 所示。

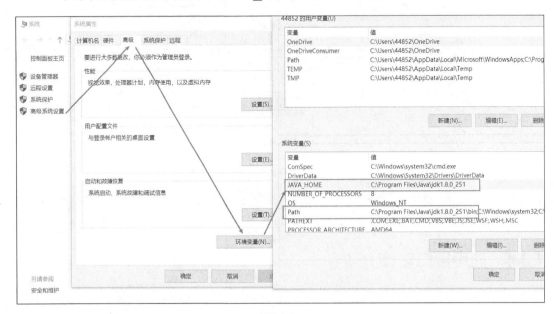

图 **4-9**

3. 执行测试命令 java -version，如图 4-10 所示。

```
选择C:\Windows\system32\cmd.exe

C:\Users\renbo>java -version
java version "1.8.0_251"
Java(TM) SE Runtime Environment (build 1.8.0_251-b08)
Java HotSpot(TM) 64-Bit Server VM (build 25.251-b08, mixed mode)

C:\Users\renbo>
```

图 **4-10**

4.4.2 Maven 本地安装

Maven 可对项目构建过程进行全流程管理，包括从依赖包的管理到源码的编译、测试、打包、运行、部署。

在 Apache 官网下载相应安装包，解压到非空、非中文目录，目录下新建目录 repo 来存储下载的依赖 JAR 包，如图 4-11 所示。

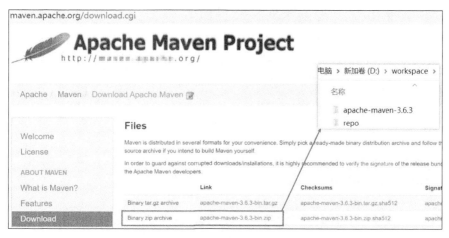

图 4-11

在 Maven 的配置文件 settings.xml 里增加一行（见图 4-12），配置路径用来存放下载的 JAR 包，这个路径就是新建的目录 repo 的本地路径。

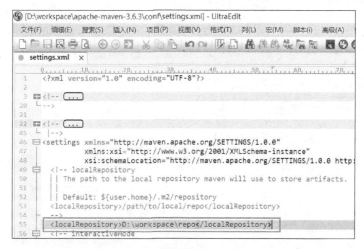

图 4-12

配置环境变量 MAVEN_HOME 和 Path 路径，如图 4-13 所示。

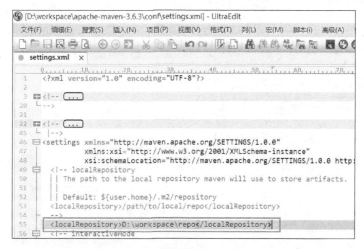

图 4-13

执行测试命令 mvn -version，如图 4-14 所示。

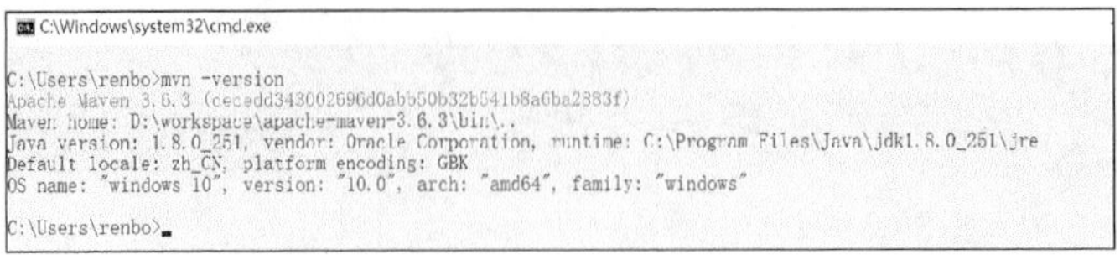

图 4-14

4.4.3 阿里云私服配置

中台项目会用到很多第三方组件 JAR 包，Maven 项目中的 pom.xml 定义了要依赖的 JAR 包坐标，每个开发人员的计算机中都有一个本地的 Maven 仓库，本地项目先去本地仓库找 JAR 包，如果没有就会在网络上的中央仓库找，有时候还会使用到公司内部的一些开发包，如公司的基础平台类 JAR 包，显然把这些包放在外部是不合适的，而且这些内部的基础平台项目也可能在不断地更新。

公司可在局域网里找一台有外网权限的计算机，搭建 Nexus 私服服务器，在私服上面有个 Maven 仓库，开发人员在本机找不到的 JAR 包先连到这台私服上找而不是去中央仓库找，如果私服上没有则它自动访问 Maven 的远端仓库去下载。阿里云的云效里已经免费提供了私服服务，不需要自己搭建 Nexus。下文将介绍云效的私服使用方式。

云效管理员进入云效平台单击私有仓库即可开通私服，默认分配了两个仓库，分别存放 RELEASE 发布版和 SNAPSHOT 测试版，如图 4-15 所示。

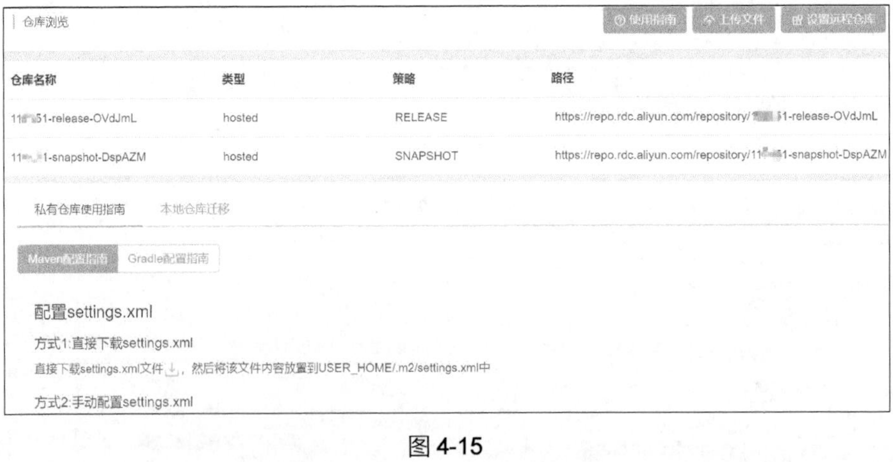

图 4-15

在本地 Xaven 配置私服地址时，将图 4-15 中阿里云私服配置时下载的 settings.xml 里的内容复制到本地 Maven 配置文件 settings.xml 中，对配置文件的解读如下。

配置 server，如图 4-16 所示。

```
<servers>
    <server>
        <id>rdc-releases</id>
        <username>AHj--e</username>
        <password>eBF£_Ti ?8</password>
    </server>
    <server>
        <id>rdc-snapshots</id>
        <username>AHj-2e</username>
        <password>eBF8-i_?8</password>
    </server>
</servers>
```

图 4-16

配置 mirror，如图 4-17 所示。

```
<mirrors>
  <mirror>
    <id>alimaven</id>
    <name>aliyun maven</name>
    <url>http://maven.aliyun.com/nexus/content/groups/public/</url>
    <mirrorOf>central,!rdc-releases,!rdc-snapshots</mirrorOf>
  </mirror>
</mirrors>
```

图 4-17

配置私服地址，如图 4-18 所示。

```
<profile>
    <id>nexus</id>
    <repositories>
        <repository>
            <id>central</id>
            <url>http://maven.aliyun.com/nexus/content/groups/public</url>
            <releases> (...)
            </releases>
            <snapshots> (...)
            </snapshots>
        </repository>
        <repository> (...)
        </repository>
        <repository> (...)
        </repository>
        <repository> (...)
        </repository>
    </repositories>
    <pluginRepositories>
        <pluginRepository>
            <id>central</id>
            <url>http://maven.aliyun.com/nexus/content/groups/public</url>
            <releases> (...)
            </releases>
            <snapshots> (...)
            </snapshots>
        </pluginRepository>
        <pluginRepository> (...)
        </pluginRepository>
        <pluginRepository> (...)
        </pluginRepository>
        <pluginRepository> (...)
        </pluginRepository>
    </pluginRepositories>
</profile>
```

图 4-18

配置 EDAS 私服地址，中台项目使用了阿里云 PaaS 平台的微服务框架 HSF，HSF 目前还没有开源，在公有仓库找不到相应的组件 JAR 包，需要配置阿里云提供的 JAR 包地址即可自动获取。图 4-19 所示的代码也可以在阿里云文档里搜索"配置 EDAS 的私服地址"得到。

```xml
<profile>
  <id>edas.oss.repo</id>
  <repositories>
    <repository>
      <id>edas-oss-central</id>
      <name>taobao mirror central</name>
      <url>http://edas-public.oss-cn-hangzhou.aliyuncs.com/repository</url>
      <snapshots><enabled>true</enabled></snapshots>
      <releases><enabled>true</enabled></releases>
    </repository>
  </repositories>
  <pluginRepositories>
    <pluginRepository>
      <id>edas-oss-plugin-central</id>
      <url>http://edas-public.oss-cn-hangzhou.aliyuncs.com/repository</url>
      <snapshots><enabled>true</enabled></snapshots>
      <releases><enabled>true</enabled></releases>
    </pluginRepository>
  </pluginRepositories>
</profile>
</profiles>
```

图 4-19

配置 activeProfiles 激活私服配置，如图 4-20 所示。

```xml
<activeProfiles>
  <activeProfile>nexus</activeProfile>
  <activeProfile>edas.oss.repo</activeProfile>
</activeProfiles>
```

图 4-20

验证配置是否成功，运行 mvn help:system，自动下载 Maven 自身依赖的系统 JAR 包，如图 4-21 所示。

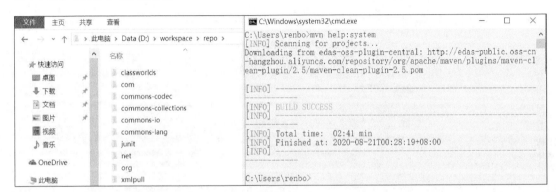

图 4-21

看到已经不从中央仓库取 JAR 包了，而是从阿里云的公共仓库和私有仓库获取。在本地已经有下载的 JAR 包。如果读者只是在本机测试，则只需要配置 EDAS 的私服地址即可。

4.4.4　阿里云 Git 托管配置

本书项目使用 Git 进行代码分支管理，相对于传统的 SVN、CVS 集中管理最大好处是分布式。操作流程如图 4-22 所示。

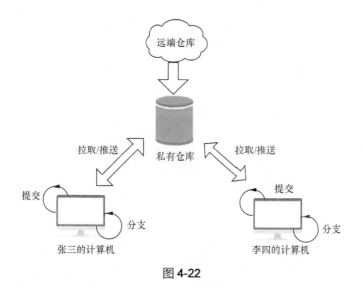

图 4-22

1．分支开发

假设你准备开发一个新功能，但是需要两周才能完成，第一周你写了 50% 的代码，如果立刻提交，由于代码还没写完，不完整的代码库会导致别人完成的工作不能上线发布。如果等代码全部写完再一次提交，大家看不到你的开发进度，还存在丢失代码的风险。现在有了分支就不用怕了。你创建了一个属于你自己的分支，别人看不到你的分支，他们还继续在原来的分支上正常工作，而你在自己的分支上工作，想提交就提交，直到开发完毕。这些工作都是在本地的 Git 环境进行操作，最后再一次性合并到远端的分支上，这样既安全又不影响别人工作。以下是我们自己总结的分支管理。

- 主干分支（master 分支）：代码库仅有一个主干分支，保存线上正式版本的发布代码，开发人员永远不在这个 master 分支上开发，但本地 master 分支要时刻与远端 master 分支同步，如图 4-23 所示。

　　例如工程师元芳向 master 分支合并了代码，就意味着此项目有一个待发布的新版本。只有计划发布的版本功能在 develop 分支上全部完成，而且测试没有问题了才会合并到 master 分支上。部署工程师在 master 分支上发布后会及时在 master 分支上打标签（Tag）。

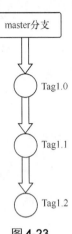

图 4-23

- 开发分支（develop 分支）：它是日常开发用的分支，但实际并不直接在此分支上开发。团队中所有人都基于这个分支建立自己的本地分支开发，正式发布时就在 master 分支上对 develop 分支进行合并，所以需要本地 develop 分支与远端 develop 分支同步。develop 分支只是用来中转代码，把 feature 分支先合并来，再合并到 master 分支。develop 分支用来对接测试环境代码，如图 4-24 所示。

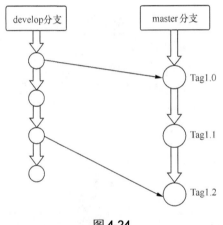

图 4-24

- 功能分支（feature 分支）：为了开发某种特定功能，从 develop 分支上拉出来的分支，开发完成后要再并入 develop 分支。如果这个功能只是一个人开发，那么 feature 分支就在本地存储，不用推送到远端仓库。基本流程是：从远端 develop 分支拉取代码到本地 develop 分支→根据本地 develop 分支生成 feature 分支→在 feature 分支上开发→测试→提交本地→切换到 develop 分支→从远端 develop 分支拉取代码到本地 develop 分支→ feature 分支合并至本地 develop 分支→解决冲突（如果有的话修改本地 develop 分支）→推送至云效的 develop 分支→删除本地 feature 分支，如图 4-25 所示。

　　例如元芳要开发一个注册功能，那么他就会从 develop 分支上创建一个 feature-register 分支，在 feature-register 分支上将注册功能完成后，将代码合并到 develop 分支上。这个 feature-register 分支就完成了它的使命，然后删除。项目经理看元芳开发效率很高，于是说："元芳，你顺带把登录功能也做了吧。"元芳就会重复上面的步骤：从 develop 分支上创建一个名为 feature-login 的分支，喝杯咖啡继续开发，1 小时后登录功能写好了，元芳又会将这个分支的代码合并回 develop 分支后将其删除。测试人员在 develop 分支上完成测试后，项目经理将 develop 分支的代码合并到 master 分支上发布生产环境。

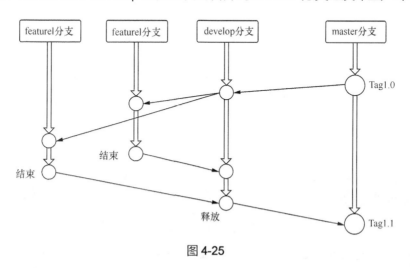

图 4-25

- 还有一条预发布分支（release 分支）在图 4-25 中没有画出来，每次测试时从 develop 分支拉出来 release 分支，此时的 develop 分支需要达到发布状态，本次发布的所有 feature 分支必须在这个点及时合并到 develop 分支。release 分支可以做一些小改动，也不影响 develop 分支的继续开发及提交，测试完成后 release 分支的修改需同步至 master 分支和 develop 分支，然后删除 release 分支。因为我们的中台项目并不是完全的互联网产品，也没有专职的部署工程师，分支太多会导致管理和合并的工作量都很大，所以只是使用 develop 分支在线下控制来实现预发布功能。

- bug 分支（fixbug 分支）：为修复线上特别紧急的 bug 而准备，fixbug 分支是从 master 分支上分出来的。修补结束以后，再合并进 master 和 develop 分支。fixbug 分支只在本地使用来修复 bug，一般不需推送至远端仓库中，合并完成后删除即可，如图 4-26 所示。

某天夜里元芳正在家睡觉，突然项目经理打来电话："元芳，线上出了个大问题，大量用户无法登录，客服电话已经被打'爆'了，你紧急处理一下。"元芳先找到 master 分支上 Tag1.0 的地方，然后新建了 hotfix-v1.0.1 分支，就修复 bug 去了。经过一个多小时的奋战，终于修复了，然后元芳改了版本号，发布了新版本，并将这个分支分别合并回了 develop 与 master 分支后删除了这个分支。

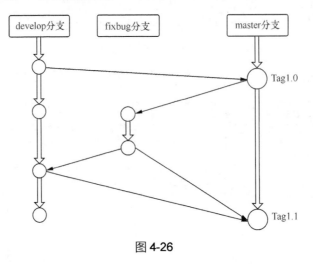

图 4-26

分支开发的要求如下。

- 自己的 feature 分支只提交本地即可，不要推送到远端。
- 每天上班先拉最新 develop 远端分支，保持本地分支和远端 develop 分支一致，再切回自己的 feature 分支。
- 本地一般建立一个自己的 feature 分支即可，两个任务没直接关联可建立多分支。

2．开通 Git 远端仓库

目前 Git 的使用方式有很多，包括 GitHub 和 GitLab 都是基于 Web 的 Git 库。对于公司自己的项目使用 GitLab 搭建更合适，如果是开源项目推荐用 GitHub。本书的完整代码发布在码云 Gitee 上。实际上不需要自己搭建 Git 服务器，阿里云已经提供了免费的 GitLab 服务，在云效开通即可使用，如图 4-27 所示。

图 4-27

创建 Git 组，每个 Git 库必须属于一个组，如图 4-28 所示。

图 4-28

创建 Git 库，可见性选 Private，如图 4-29 所示。我记得刚开始使用阿里云的 Git
库时能看到很多公司的源码，就是因为选择了 Internal 导致有阿里云的账号都能看到这些
公司的源码，公有云的内部和公司内网不是一个概念。

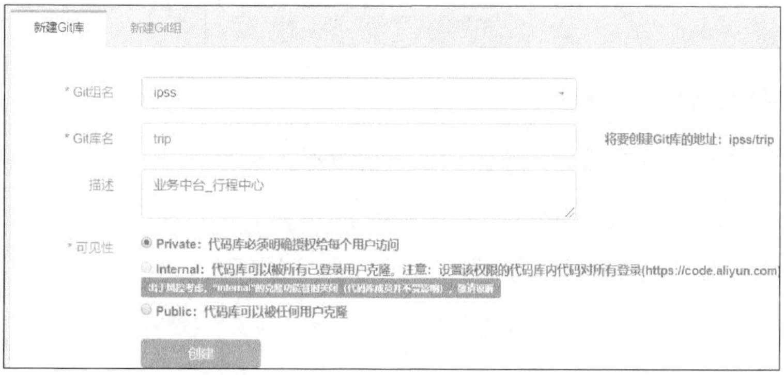

图 4-29

添加开发人员，开发人员已经在前文有了阿里云子账户，加入了云效企业成员中，也添
加为具体的项目成员，但是现在还不能直接添加到 Git 库里，因为阿里云的云效账户没有和
Git 库的账户开通，我们得先让开发人员通过自己的邮箱绑定 Git 库的账户才可以加到阿里云
的 Git 库里。绑定邮箱后需要使用子账号登录阿里云，然后录入邮箱地址，如图 4-30 所示。

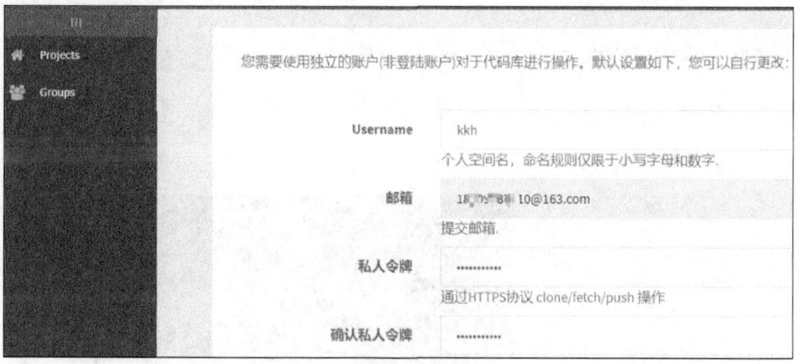

图 4-30

完成绑定后，进入 Git 项目将子账号加到 Git 项目里，如图 4-31 所示。

图 4-31

3．Git 客户端安装

一般通过 Git 客户端来操作 Git 库，而不需要登录云效，所以先安装 Git 客户端，而 Git 服务端就是上文云效提供的阿里云代码服务。

在 Git 官网下载安装包，默认安装即可，如图 4-32 所示。

图 4-32

验证安装成功，在桌面单击鼠标右键，在弹出的快捷菜单中单击 Git Bash Here，出现运行命令框，如图 4-33 所示。

图 4-33

在命令行输入 Git 用户名和邮箱地址，用户名可以自己设置，如图 4-34 所示。

图 4-34

生成公钥和私钥，Git 下拉和推送代码时使用的是安全外壳（Secure Shell，SSH）协议，因此需要用户配置自己的公钥和私钥，输入图 4-35 所示的命令后按 Enter 键即可，生成后记住公 / 私钥的生成地址。

图 4-35

用开发人员的子账号登录云效，在代码的个人设置中配置生成的 SSH 公钥，如图 4-36 所示。

图 4-36

复制上一步本地生成的公钥文件的全部内容，如图 4-37 所示。

图 4-37

在云效里保存即可，如图 4-38 所示。

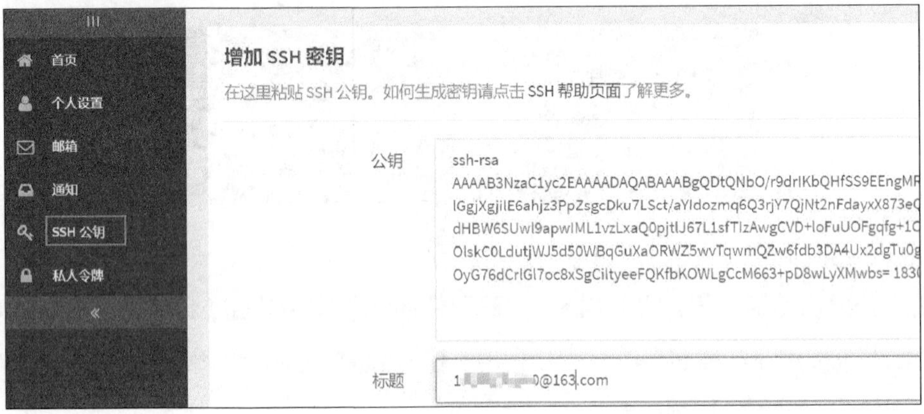

图 4-38

安装完 Git 工具后，用命令行还是不太方便，再安装图形工具 TortoiseGit 来方便操作 Git。

下载 Git 图形化操作工具 TortoiseGit，包括安装包和语言包，如图 4-39 所示。

图 4-39

两个包默认安装即可，完成后选择中文（简体）（中国），如图 4-40 所示。

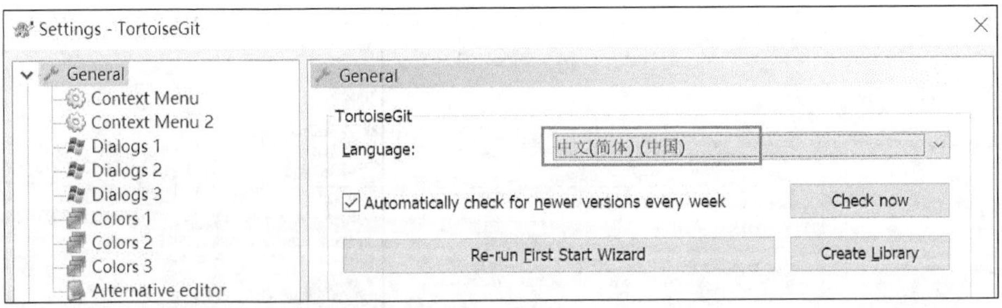

图 4-40

检查 Git 的用户名和邮箱是否自动带出来，如图 4-41 所示。

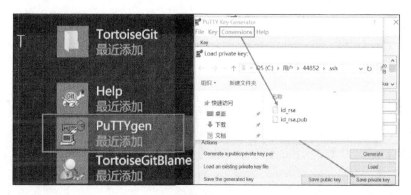

图 4-41

设置服务器通信秘钥，在开始菜单找到 PuTTYgen，导入安装 Git 时生成的私钥，如图 4-42 所示。

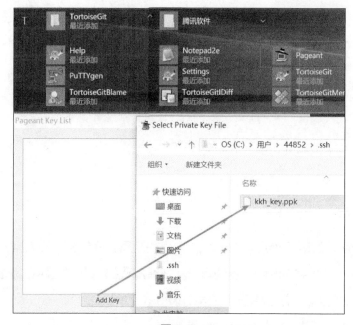

图 4-42

将上一步保存的私钥配置到工具中，如图 4-43 所示。

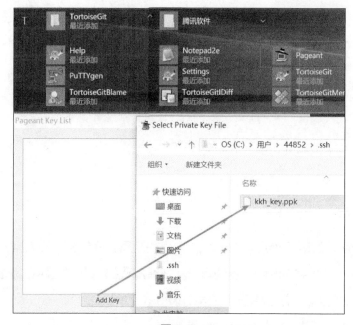

图 4-43

修改网络命令为 Git 的 SSH 命令，如图 4-44 所示。

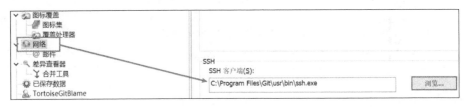

图 4-44

测试，在云效 Git 里新建测试项目，复制 Git 库里的地址，如图 4-45 所示。

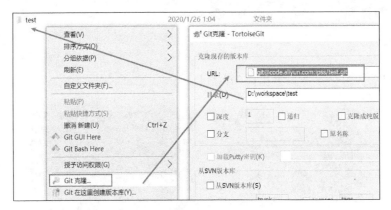

图 4-45

克隆项目代码成功则说明配置完成，如图 4-46 所示。

图 4-46

如果读者只在本机测试，那么此内容可以不考虑。

4.4.5 IDEA 本地安装

我开发 Java 项目用了十几年的 Eclipse 开发工具，刚转到 IDEA 集成环境时有点不适应，在逐渐熟悉 IDEA 的过程中发现其确实在智能代码、自动提示、J2EE、版本工具、JUnit、代码分析等方面非常适合开发人员开发 Java 项目。

在官网下载相应版本，如图 4-47 所示。

图 4-47

默认安装后启动，配置 Maven 地址，如图 4-48 所示。中台项目的 JAR 包和生命
周期都是通过 Maven 进行管理的，将自己安装的 Maven 配置到 IDEA 里，而 IDEA 自
带的 Maven 一般不推荐使用。

图 4-48

隐藏自动生成的配置文件，IDEA 会在项目里生成自身的一些配置文件，如图 4-49
所示。

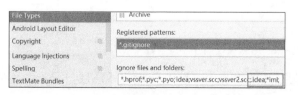

图 4-49

安装常用插件，如 Lombok、Maven Helper 等，插件安装完成后重启 IDEA 即可，
如图 4-50 所示。

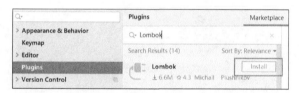

图 4-50

对于英文不太好的读者，IDEA 也为其提供了汉化的插件，如图 4-51 所示。

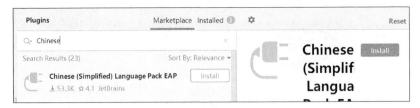

图 4-51

4.4.6 轻量级配置及注册中心安装

中台的业务中心最终会部署到阿里云的 EDAS 环境里，EDAS 提供了完整的微服务运行环境，但在本地开发时是连接不到阿里云的 EDAS 环境的，可以在本地部署轻量级配置及注册中心实现微服务应用的注册、发现和配置管理，完成业务中心在本地的代码开发。

在阿里云文档 EDAS 里下载轻量级配置及注册中心，如图 4-52 所示。

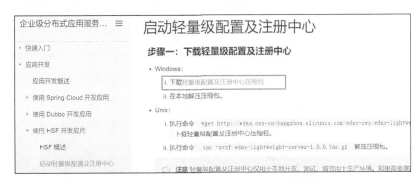

图 4-52

启动轻量级配置及注册中心，下载的压缩包解压后打开 bin 目录，运行 startup.bat 即可，如图 4-53 所示。

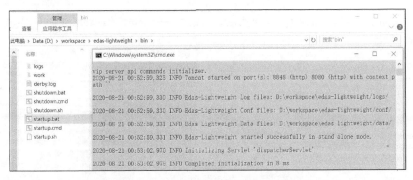

图 4-53

HSF 微服务是通过固定的域名（jmenv.tbsite.net）注册服务的，在本地开发时需要将此域名配置到本地的 hosts 地址里，服务才能找到注册地址。如果将轻量级配置及注册中心安装到局域网的其他计算机上，则 hosts 的 IP 地址配置为局域网安装轻量级配置及注册中心的服务器 IP 地址。Windows10 中 hosts 文件需要加上用户授权才能修改，如图 4-54 所示。

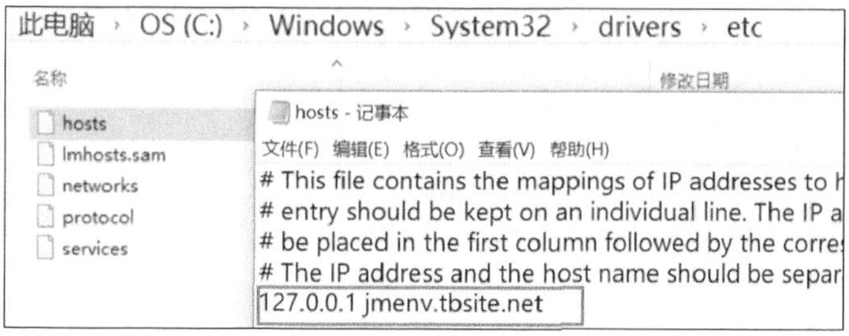

图 4-54

验证安装正常，在浏览器访问 jmenv.tbsite.net:8080 或 127.0.0.1:8080，如图 4-55 所示。

图 4-55

4.4.7　安装 Node.js

前 / 后端分离是目前开发的主流技术，下文的环境、框架及工具都是支持前端页面开发的，Node.js 是一个基于 Chrome V8 引擎的 JavaScript 运行环境，可以理解为运行在服务端的 JavaScript。中台的后台管理端是使用 Vue 开发的，需要用到 Node.js 环境。

官网下载安装包，如图 4-56 所示。默认安装后，测试是否正常，如图 4-57 所示。

图 4-56

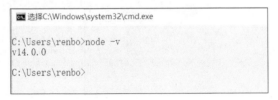

图 4-57

配置本地仓库，如图 4-58 所示。

图 4-58

配置淘宝镜像，如图 4-59 所示。

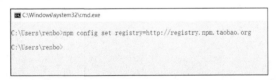

图 4-59

升级 npm，如图 4-60 所示。

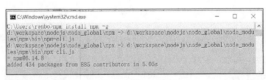

图 4-60

配置环境变量，如图 4-61 所示。

图 4-61

4.4.8　安装 Vue

Vue 是一套构建 UI 的渐进式框架，只关注视图层，采用自底向上、增量开发的设计，通过尽可能简单的接口实现响应的数据绑定和组合的视图组件。整个中台的后台页面都是基于最新 Vue 框架开发。

安装 Vue 环境，运行 npm install vue -g（这里的 -g 是指安装到 global 全局目录去），如图 4-62 所示。

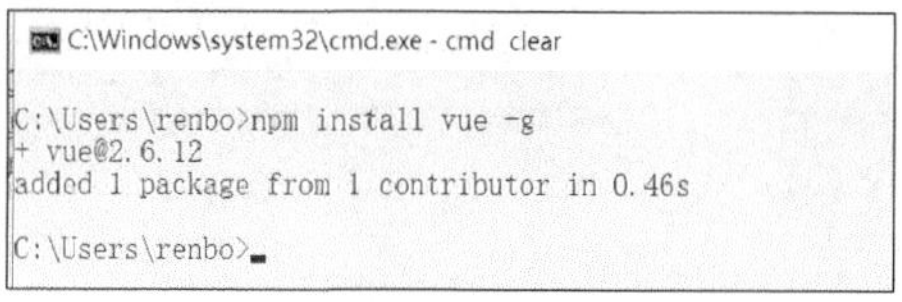

图 4-62

设置环境变量 path，如图 4-63 所示。

图 4-63

安装 Vue 路由器，运行 npm install vue-router -g，如图 4-64 所示。

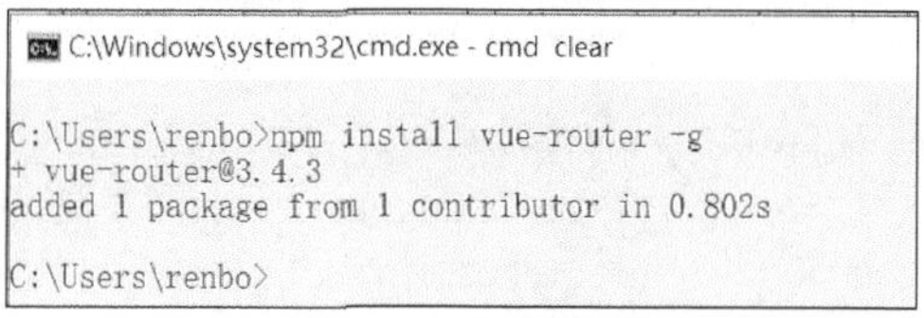

图 4-64

安装 Vue 脚手架，运行 npm install vue-cli -g（内置模板包括 webpack 和 webpack-simple），如图 4-65 所示。

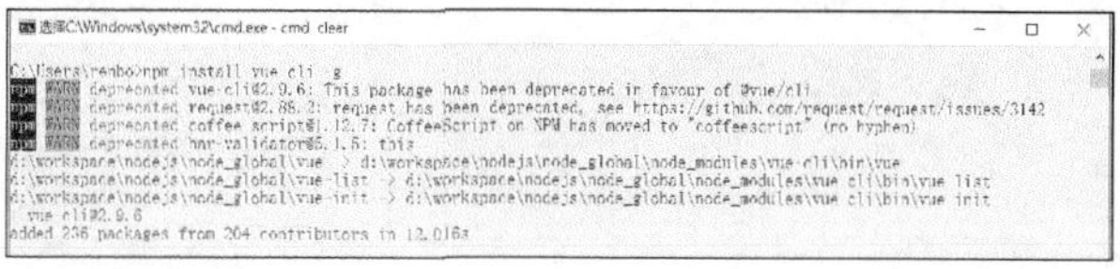

图 4-65

4.4.9　安装 VS Code

在前端开发中，Visual Studio Code（VS Code）是一个非常友好的开发工具，其开源免费，智能提示功能强大，支持很多插件的扩展。

下载后默认安装即可，如图 4-66 所示。

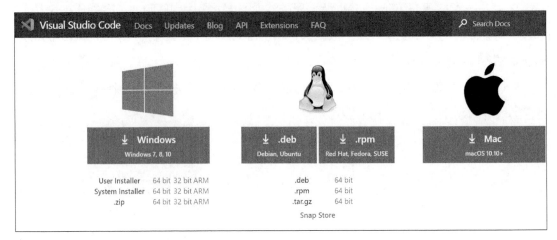

图 4-66

安装中文语言包，如图 4-67 所示。

图 4-67

配置语言环境，如图 4-68 所示。

图 4-68

选择 zh-cn 即可。

重启运行，如图 4-69 所示。

图 4-69

配置终端窗口权限，以管理员身份运行 VS Code，运行图 4-70 所示命令后 npm 等命令就可以在 VS Code 运行了。

```
问题   输出   终端   调试控制台

Windows PowerShell
版权所有 (C) Microsoft Corporation。保留所有权利。

尝试新的跨平台 PowerShell https://aka.ms/pscore6

PS C:\Users\renbo> set-ExecutionPolicy RemoteSigned
PS C:\Users\renbo> get-ExecutionPolicy
RemoteSigned
PS C:\Users\renbo> []
```

图 4-70

4.4.10　新增开发人员

本地开发环境已经搭建完成，开发人员需要在本地进行开发测试。我们总结一下一个新的开发人员加入团队后在阿里云上的配置和开通相关功能的流程。

- 用主账号登录阿里云来创建开发人员的子账号。
- 给子账号授权云效权限。
- 进入云效后将开发人员添加到云效企业成员中。

- 用阿里云子账号（云效管理员）登录阿里云。

- 进入云效项目管理后将开发人员添加到项目成员中（参与人）。

- 开发人员用子账号登录阿里云，进入云效时绑定邮箱。

- 开发人员在云效代码管理中再次绑定邮箱。

- 用阿里云子账号（云效管理员）登录阿里云。

- 进入云效代码管理后将开发人员添加到 Git 组中（开发人员）。

- 进入云效代码管理后将开发人员添加到 Git 项目库中（开发人员）。

- 开发人员通过 Git 库绑定的邮箱克隆项目，在本地开发调试后提交服务器并推送到远端 Git 库。

第5章 中台代码实现

本章用一个简单的案例实现了行程中心、旅客中心和行李中心这三个业务中心。业务中心是业务中台的核心能力，在业务中心的上层实现了行李查询应用，行李查询应用通过高效的 RPC 调用业务中台的 HSF 服务接口，上层渠道实现了旅客微信小程序，它调用行李查询应用实现旅客的行李查询，后台实现了 Vue 管理端页面，它也调用行李查询应用接口。通过本案例，读者可以完整全面地了解中台项目的代码实现。

5.1 公共项目依赖

业务中心都采用 Spring Boot 进行开发，每个业务中心由不同研发团队负责，所以需要将代码框架统一配置，并对依赖库进行集中管理。各业务中心有些公共的、通用的代码，如果将其在每个业务中心都实现一遍，会造成代码复用低、开发效率低，所以需要新建一个公共项目 ipss-common 集成通用的代码给业务中心共享、复用。在公司里这样的项目应该由专门的基础平台组进行实现和维护。

5.1.1 创建项目 ipss-common

创建 Maven 项目，删除 test 和 resources 目录，不需要配置文件。版本号"20.04.25-SNAPSHOT"代表按修改日期来定义版本，各业务中心的项目需要使用此版本号才能进行正确引用，如图 5-1 所示。

在 pom.xml 文件（见图 5-2）里定义项目坐标并引入依赖项，此文件主要作用如下。

- 定义了 ipss-common 项目的坐标，其他项目即可用此坐标引用该项目的构件。
- 引入所有业务中心的共有依赖，如 lombok、Mybatis、日志依赖等 Maven 坐标。
- 配置云效的 Maven 私服地址，此项目会发布到两个私服里，一个用于测试环境私服，另一个为正式环境私服。

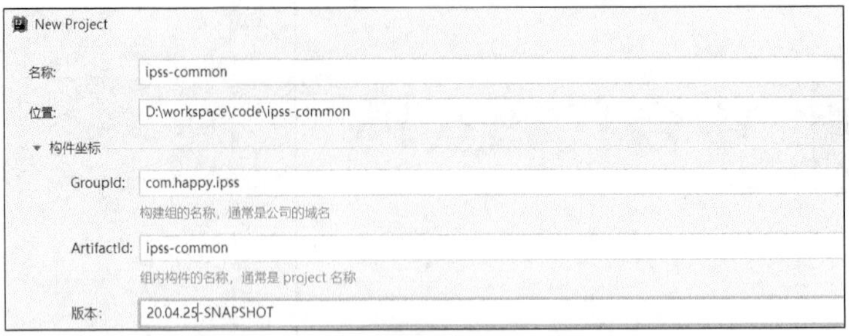

图 5-1

图 5-2

如果 MySQL 的驱动版本高于 5.1.27，那么项目驱动使用 com.mysql.cj.jdbc.Driver；如果使用 com.mysql.jdbc.Driver，在部署 EDAS 时会出问题。

5.1.2　请求基础分页参数类

很多业务中心的功能页面都会涉及分页查询的功能，需将分页参数抽取到公共项目中，如图 5-3 所示。

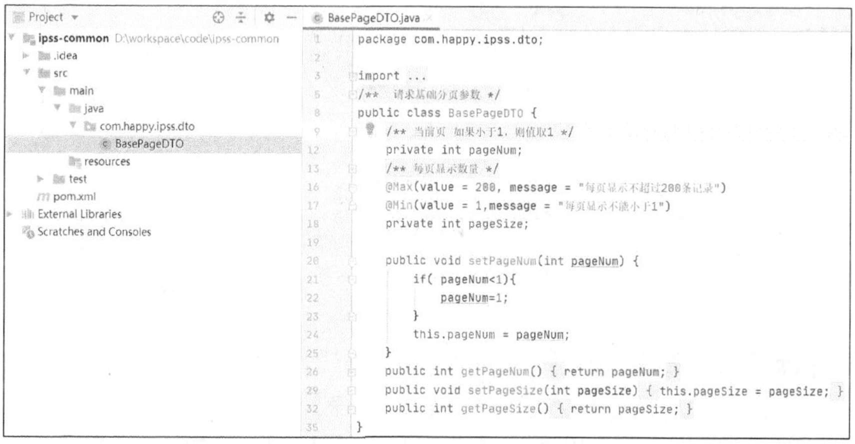

图 5-3

5.1.3　返回分页对象封装类

将分页查询的结果进行封装，包括分页参数和数据列表，如图 5-4 所示。

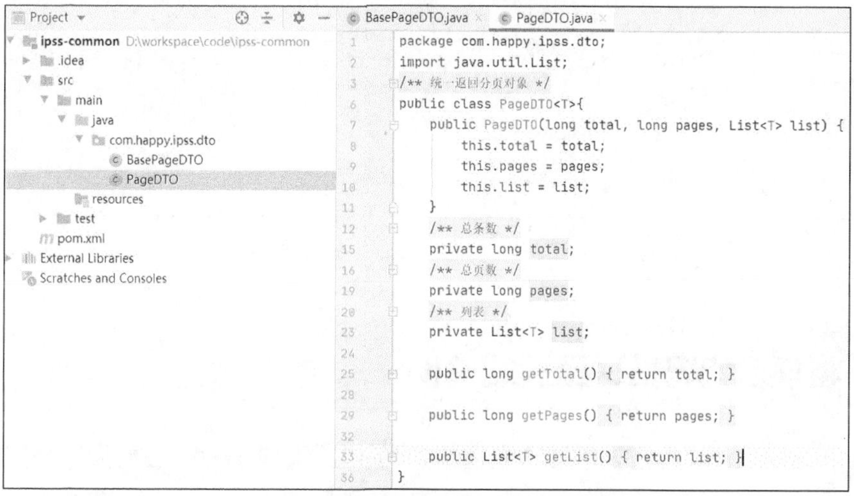

图 5-4

5.1.4　参数校验异常类

请求参数的异常信息需要返回给调用方，将异常信息进行封装，如图 5-5 所示。

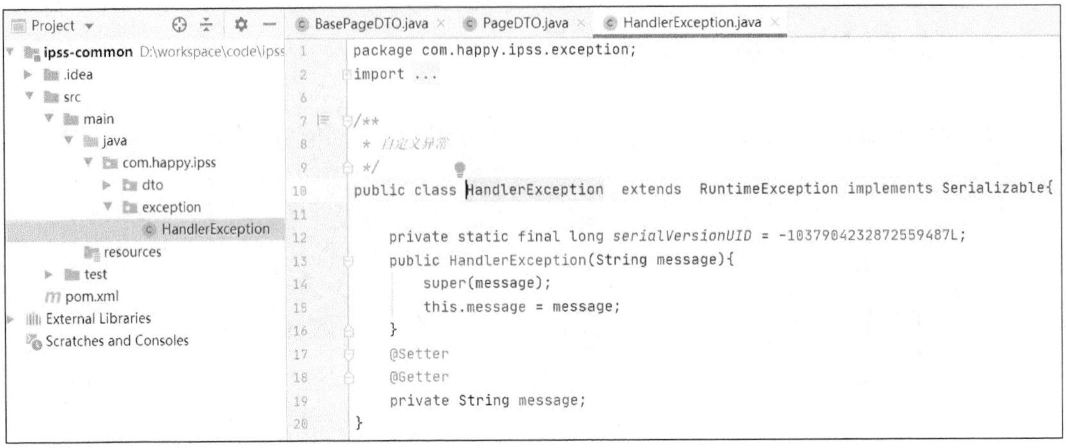

图 5-5

5.1.5　自定义异常类

处理异常信息需要返回给调用方，将异常信息进行封装，如图 5-6 所示。

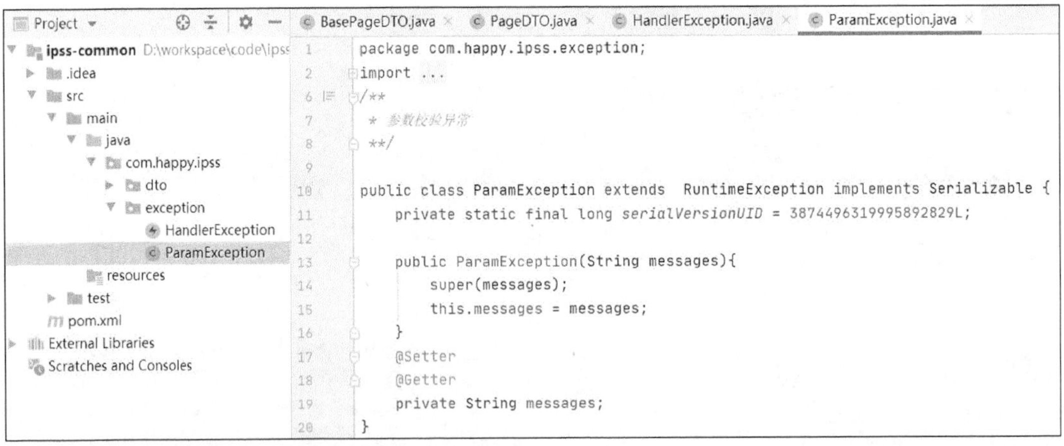

图 5-6

5.1.6　将项目代码推送至远端 Git

项目 ipss-common 需要被推送至远端 Git 库进行版本管理，注意后期在修改项目时需要在 develop 分支上开发，测试通过后合并到 master 分支进行发布。

在云效平台的代码模块创建 ipss-common 项目，每个 Git 项目都需要所属一个 Git 组，在创建 Git 项目前需要先创建 Git 组，如图 5-7 所示。因为是在公有云上托管代码，和本地搭建 GitLab 版本库不一样，所以一定要选择 Private，不然你的代码会被其他人看到和下载。

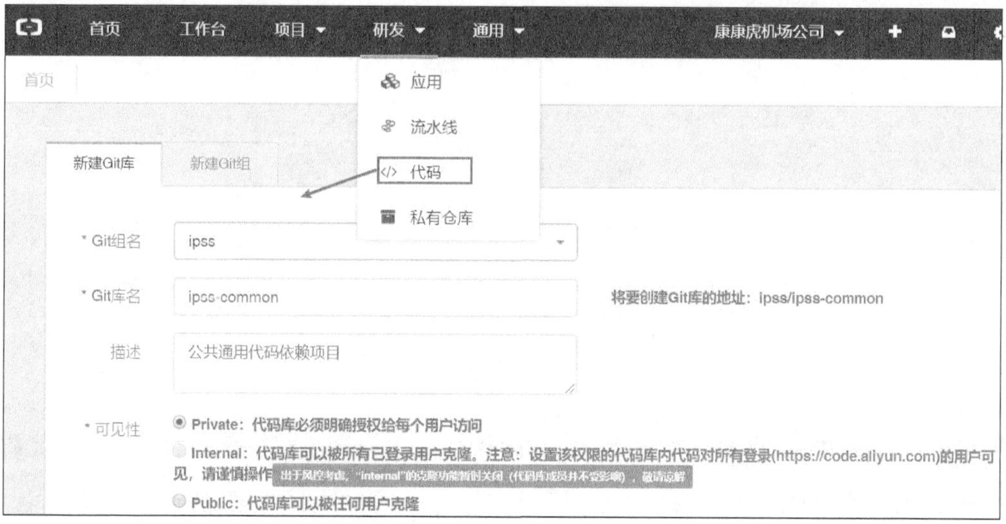

图 5-7

给此项目添加开发人员权限，如图 5-8 所示。

图 5-8

在本地创建 Git 库，将项目代码上传到远端 Git 库时要忽略不需要控制版本的文件，如图 5-9 所示。

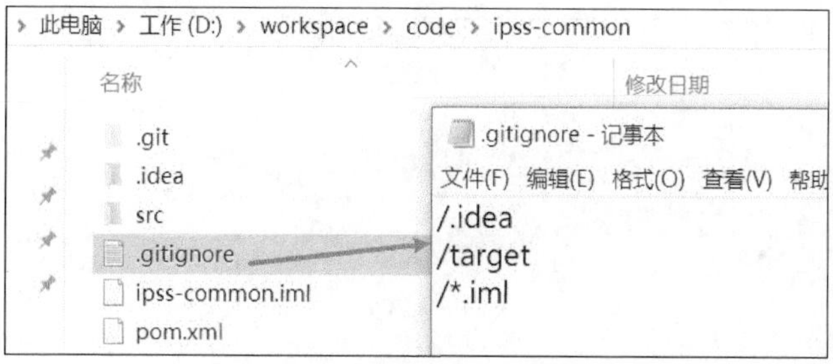

图 5-9

将项目代码提交到本地的 Git 库，如图 5-10 所示。

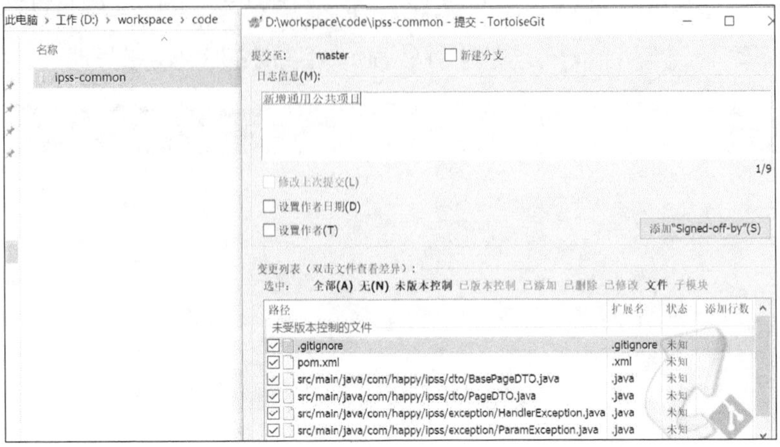

图 5-10

将项目代码推送到远端的 Git 库 ipss-common（第一步已经在云效上创建了代码库 ipss-common），如图 5-11 所示。

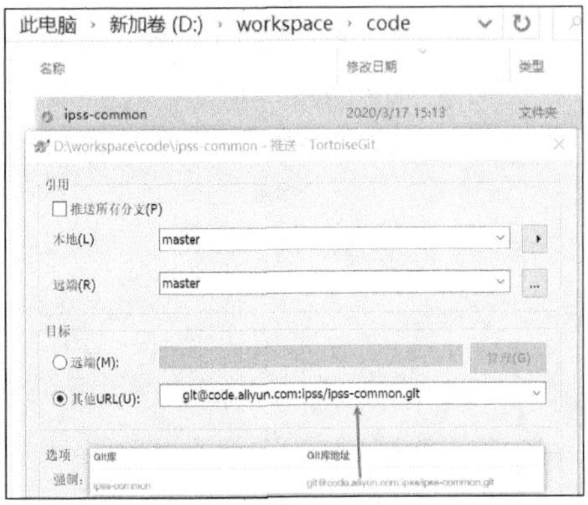

图 5-11

采用分支模式开发，后期在 develop 分支上进行日常开发，所以先在本地创建 develop 分支，如图 5-12 所示。

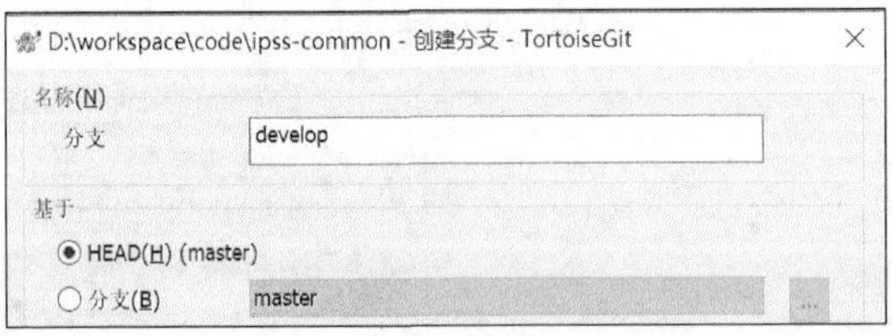

图 5-12

将 develop 分支推送到远端代码仓库，如图 5-13 所示。

图 5-13

查看远端仓库结构，如果有两个分支，就说明公共项目开发完毕，如图 5-14 所示。

图 5-14

5.1.7　项目发布到阿里云私服

通用的公共代码需要发布到私服，这样其他项目才能找到并使用，各项目通过 Maven 坐标引用公共代码后，ipss-common 的 JAR 包会自动从私服下载到项目里直接使用。如果读者只是在自己的计算机上做测试则不需要发布，以前传统项目开发中，公司自己的 JAR 包经常会互相传来传去，造成更新困难、版本混乱。这里有 3 种发布方式。

第一种方式是 ipss-common 项目的 pom.xml 里已经配置了私服地址，所以在项目里运行 deploy 命令直接发布到 maven 私服里即可，如图 5-15 所示。

图 5-15

ipss-common 项目已经被传到 Maven 仓库，如图 5-16 所示。

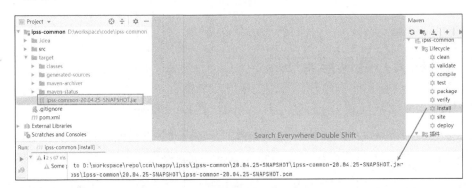

图 5-16

第二种方式是将项目生成的 JAR 包，通过私服后台手工上传到 Maven 私服，如图 5-17 所示。

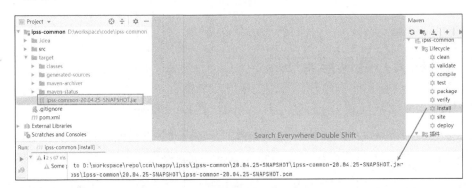

图 5-17

第三种方式是在项目部署时通过云效平台的流水线自动化部署，将在后文 EDAS 部分讲解。

5.2　行程中心实现

行程中心对外提供旅客的航班行程服务。创建聚合项目 ipss-trip，在 ipss-trip 下创建两个子模块分别是接口定义模块 api 和接口实现模块 provider。分模块开发的好处是其他业务中心或业务应用在使用行程中心的服务时，只需要引入行程中心的 api 子模块的坐标即可，不需要关心具体的实现类，符合面向服务、面向接口编程的思想。

5.2.1 创建行程中心的项目框架

创建 Maven 项目 ipss-trip，删除 src 目录只保留 pom.xml 文件，打包方式为 pom，将此项目作为聚合项目，如图 5-18 所示。

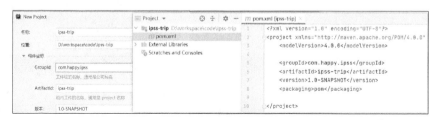

图 5-18

创建子模块 api，将其作为业务中心接口层对外暴露服务，如图 5-19 所示。删除 test 和 resource 目录。

New Module	
Parent:	ipss-trip
名称:	api
位置:	D:\workspace\code\ipss-trip\api
▼ 构件坐标	
GroupId:	com.happy.ipss
	构建组的名称，通常是公司的域名
ArtifactId:	ipss-trip-api
	组内构件的名称，通常是 module 名称
版本:	20.04.25-SNAPSHOT

图 5-19

创建子模块 provider，其是基于业务中心的子模块 api 的实现，如图 5-20 所示。

New Module	
Parent:	ipss-trip
名称:	provider
位置:	D:\workspace\code\ipss-trip\provider
▼ 构件坐标	
GroupId:	com.happy.ipss
	构建组的名称，通常是公司的域名
ArtifactId:	ipss-trip-provider
	组内构件的名称，通常是 module 名称
版本:	20.04.25-SNAPSHOT

图 5-20

行程中心的项目目录结构如图 5-21 所示。

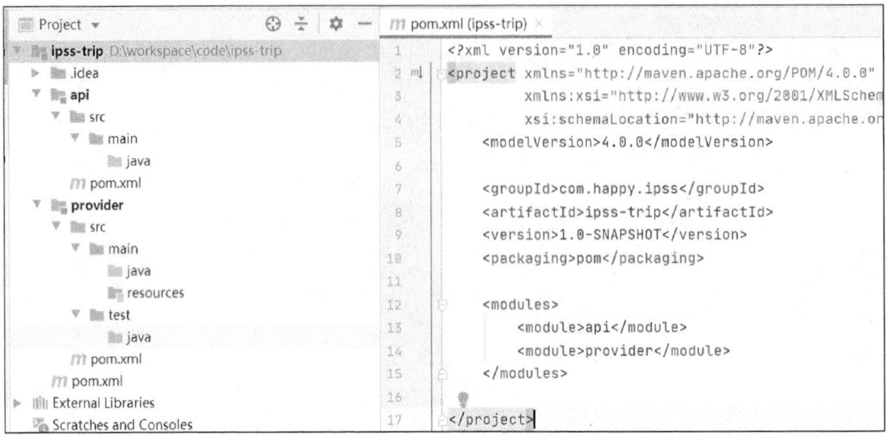

图 5-21

5.2.2 子模块 api

配置子模块 api 的 pom.xml 文件，定义坐标版本、打包方式为 JAR、引入项目依赖 ipss-common 和私服配置，如图 5-22 所示。

```
▼<properties>
    <maven.compiler.source>1.8</maven.compiler.source>
    <maven.compiler.target>1.8</maven.compiler.target>
    <project.build.sourceEncoding>UTF-8</project.build.s
    <project.reporting.outputEncoding>UTF-8</project.rep
  </properties>
▼<parent>
    <groupId>com.happy.ipss</groupId>
    <artifactId>ipss-trip</artifactId>
    <version>1.0-SNAPSHOT</version>
  </parent>
  <groupId>com.happy.ipss</groupId>
  <artifactId>ipss-trip-api</artifactId>
  <version>20.04.25-SNAPSHOT</version>
  <packaging>jar</packaging>
  <description>行程中心服务接口</description>
▼<dependencies>
  ▼<dependency>
      <groupId>com.happy.ipss</groupId>
      <artifactId>ipss-common</artifactId>
      <version>20.04.25-SNAPSHOT</version>
    </dependency>
  </dependencies>
▼<distributionManagement>
  ▼<snapshotRepository>
      <!-- maven测试私服地址 -->
      <id>rdc-snapshots</id>
      <name>Internal Snapshots</name>
    ▼<url>
        https://repo.rdc.aliyun.com/repository/1[redacted]-sn
      </url>
    </snapshotRepository>
  ▼<repository>
      <!-- maven生产私服地址 -->
      <id>rdc-releases</id>
      <name>Internal Release</name>
    ▼<url>
        https://repo.rdc.aliyun.com/repository/1[redacted]-
      </url>
    </repository>
  </distributionManagement>
▼<build>
  ▼<plugins>
    ▼<plugin>
        <groupId>org.apache.maven.plugins</groupId>
        <artifactId>maven-compiler-plugin</artifactId>
        <version>3.8.1</version>
      ▼<configuration>
          <source>8</source>
          <target>8</target>
        </configuration>
      </plugin>
    </plugins>
  </build>
```

图 5-22

定义按旅客信息查询旅客行程的查询条件 DTO 类，如图 5-23 所示。

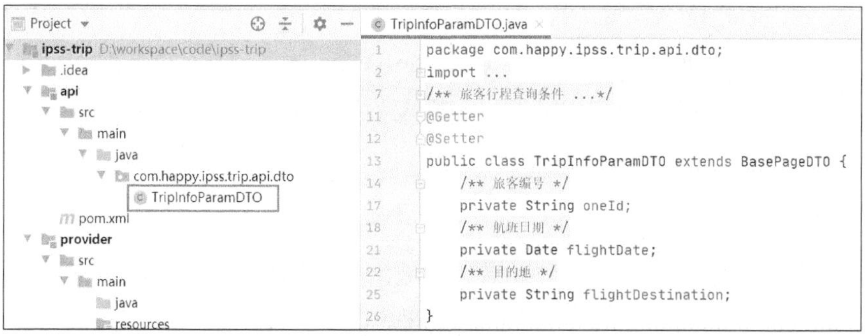

图 5-23

定义该查询结果返回 DTO 类，如图 5-24 所示。

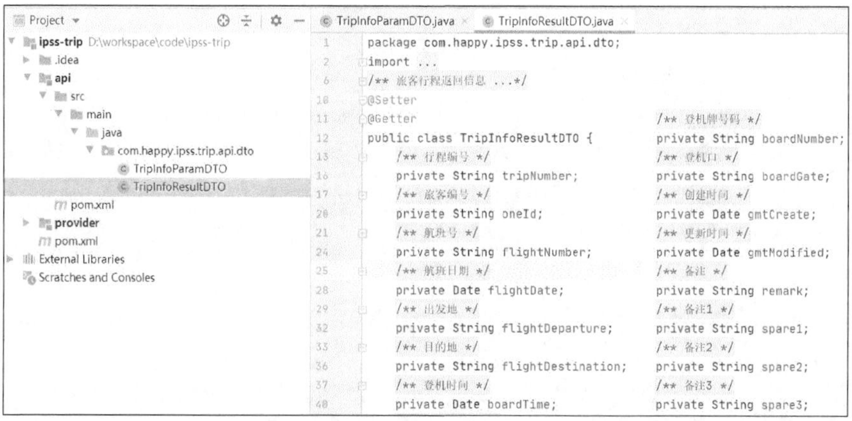

图 5-24

定义查询服务接口，如图 5-25 所示。

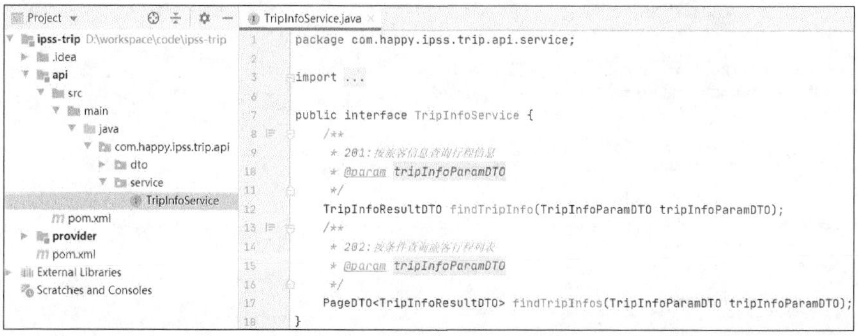

图 5-25

行程中心的子模块 api 开发完成。

5.2.3　子模块 provider

配置子模块 provider 的 pom.xml 文件（见图 5-26），provider 是主要业务逻辑的具体实现模块，引入的依赖较多，开发时需要哪些依赖就引入哪些依赖。

- 引入子模块 api 作为接口类使用。
- 引入项目 ipss-common。
- 各业务中心的子模块 provider 要引入 Spring Boot 和 HSF 相关依赖。
- 通过 spring-boot-dependencies 方式定义为 Spring Boot 项目，这种方式无须继承父模块 spring-boot-starter-parent。

```xml
<modelVersion>4.0.0</modelVersion>
<parent>
    <groupId>com.happy.ipss</groupId>
    <artifactId>ipss-trip</artifactId>
    <version>1.0-SNAPSHOT</version>
</parent>
<groupId>com.happy.ipss</groupId>
<artifactId>ipss-trip-provider</artifactId>
<packaging>jar</packaging>
<version>20.03.17-SNAPSHOT</version>
<description>行程中心服务</description>
<properties>
    <maven.compiler.source>1.8</maven.compiler.source>
    <maven.compiler.target>1.8</maven.compiler.target>
    <project.build.sourceEncoding>UTF-8</project.build.source
    <project.reporting.outputEncoding>UTF-8</project.reporti
</properties>
<dependencies>
    <dependency>
        <groupId>org.springframework.cloud</groupId>
        <artifactId>spring-cloud-starter-pandora</artifactId>
        <version>1.3</version>
    </dependency>
    <dependency>
        <groupId>com.happy.ipss</groupId>
        <artifactId>ipss-common</artifactId>
        <version>20.03.17-SNAPSHOT</version>
    </dependency>
    <dependency>
        <!-- 查询分页pagehelper -->
        <groupId>com.github.pagehelper</groupId>
        <artifactId>pagehelper-spring-boot-starter</artifactI
        <version>1.2.4</version>
    </dependency>
    <dependency>
        <groupId>com.alibaba.boot</groupId>
        <artifactId>pandora-hsf-spring-boot-starter</artifactI
    </dependency>
    <dependency>
        <groupId>org.springframework.boot</groupId>
        <artifactId>spring-boot-starter-web</artifactId>
    </dependency>
    <dependency>
        <groupId>com.taobao.pandora</groupId>
        <artifactId>taobao-hsf.sar</artifactId>
    </dependency>
    <dependency>
        <groupId>com.happy.ipss</groupId>
        <artifactId>ipss-trip-api</artifactId>
        <version>20.04.03-SNAPSHOT</version>
    </dependency>
    <dependency>
        <!-- 健康检查actuator依赖 -->
        <groupId>org.springframework.boot</groupId>
        <artifactId>spring-boot-starter-actuator</artifactId>
    </dependency>
    <dependency>
        <groupId>org.springframework.boot</groupId>
        <artifactId>spring-boot-starter-test</artifactId>
        <scope>test</scope>
    </dependency>
    <dependency>
        <groupId>com.taobao.pandora</groupId>
        <artifactId>pandora-boot-test</artifactId>
        <scope>test</scope>
    </dependency>
</dependencies>
<dependencyManagement>
    <dependencies>
        <dependency>
            <groupId>org.springframework.boot</groupId>
            <artifactId>spring-boot-dependencies</artifactId>
            <version>2.1.6.RELEASE</version>
            <type>pom</type>
            <scope>import</scope>
        </dependency>
        <dependency>
            <groupId>com.taobao.pandora</groupId>
            <artifactId>pandora-boot-starter-bom</artifactId>
            <version>2019-06-stable</version>
            <type>pom</type>
            <scope>import</scope>
        </dependency>
    </dependencies>
</dependencyManagement>
<build>
    <plugins>
        <plugin>
            <groupId>org.apache.maven.plugins</groupId>
            <artifactId>maven-compiler-plugin</artifactId>
            <version>3.8.1</version>
            <configuration>
                <source>1.8</source>
                <target>1.8</target>
            </configuration>
        </plugin>
        <plugin>
            <groupId>com.taobao.pandora</groupId>
            <artifactId>pandora-boot-maven-plugin</artifactId>
            <version>2.1.11.8</version>
            <executions>
                <execution>
                    <phase>package</phase>
                    <goals>
                        <goal>repackage</goal>
                    </goals>
                </execution>
            </executions>
        </plugin>
    </plugins>
</build>
```

图 5-26

增加项目核心配置文件 application.yml，如图 5-27 所示。

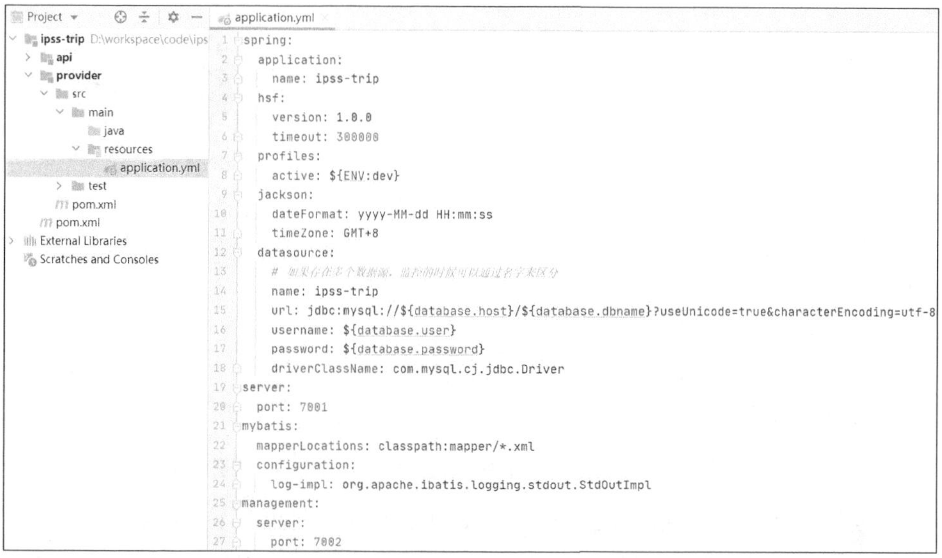

图 5-27

- 配置项目名称为 ipss-trip。
- HSF 微服务调用的时间为 300000 毫秒。
- 默认取 develop 分支的配置文件，生产环境会配置运行变量 ENV 为 pro。
- 配置 JSON 处理工具 Jackson 的日期格式和时区。
- 配置 MySQL 的数据源，这里会通过变量 ENV 的值来适配生产或测试的参数值。
- 配置项目的启动参数为 7001。
- 配置 Mybatis 的文件扫描路径。
- 配置 HSF 的服务端口为 7002。

新增测试环境的配置文件，数据库是阿里云的云数据库 RDS MySQL，URL 是阿里云提供的外网域名，如图 5-28 所示。使用此数据库连接前需要对行程中心的数据库进行初始化，包括创建数据库、表和用户。

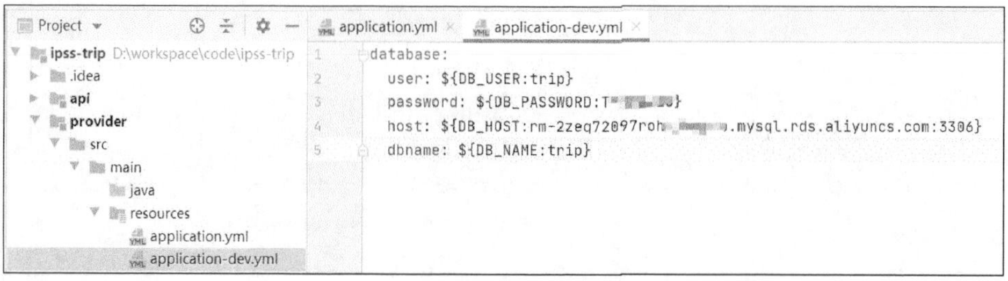

图 5-28

新增生产环境的配置文件，数据库是阿里云的 RDS MySQL，URL 是阿里云提供的外网域名，如图 5-29 所示。

图 5-29

这两个文件可通过文件扩展名区分是生产环境还是测试环境的配置文件。

新增日志的配置文件，只配置了一个控制台来输出目标，后面将不再使用本地的日志，会集成到阿里云的日志服务里，在第 8 章再进行改造，如图 5-30 所示。

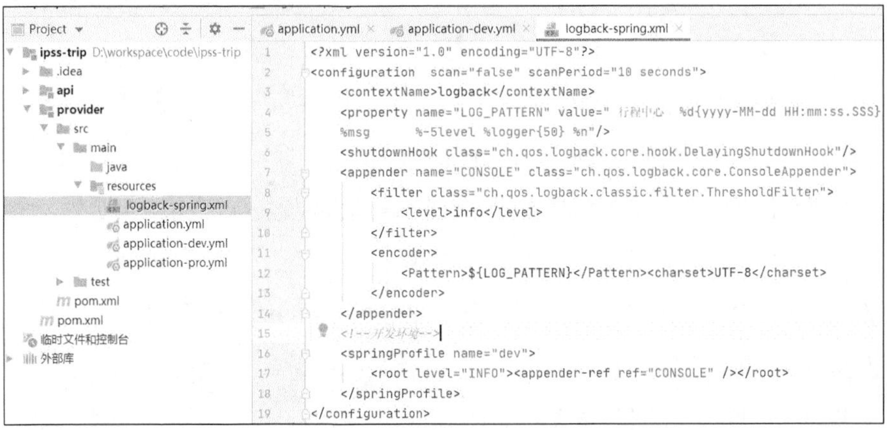

图 5-30

新增项目启动类，Spring Boot 项目使用了阿里云的 HSF，依赖 Pandora 容器，如图 5-31 所示。

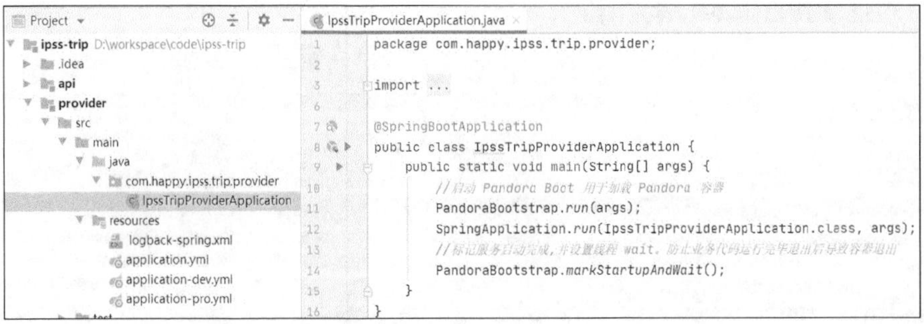

图 5-31

尝试启动时，运行正常没报错，注意一定要先启动轻量级配置及注册中心再启动 Spring Boot 项目，如图 5-32 所示。

图 5-32

用浏览器测试后发现运行正常，Actuator 是健康检测工具，ipss-common 项目已经引入此依赖，如图 5-33 所示。

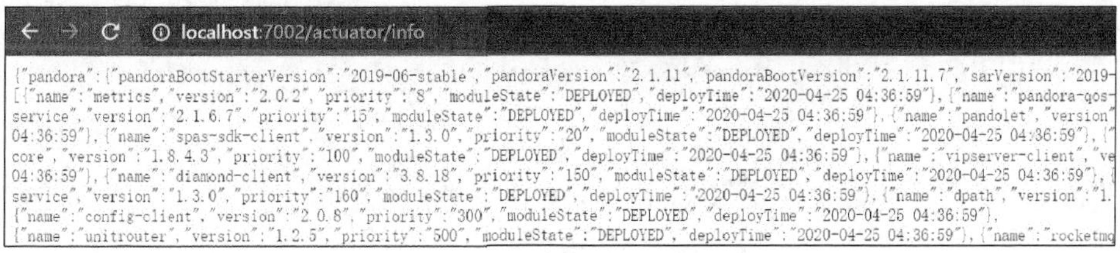

图 5-33

新增分页查询封装类，如图 5-34 所示。

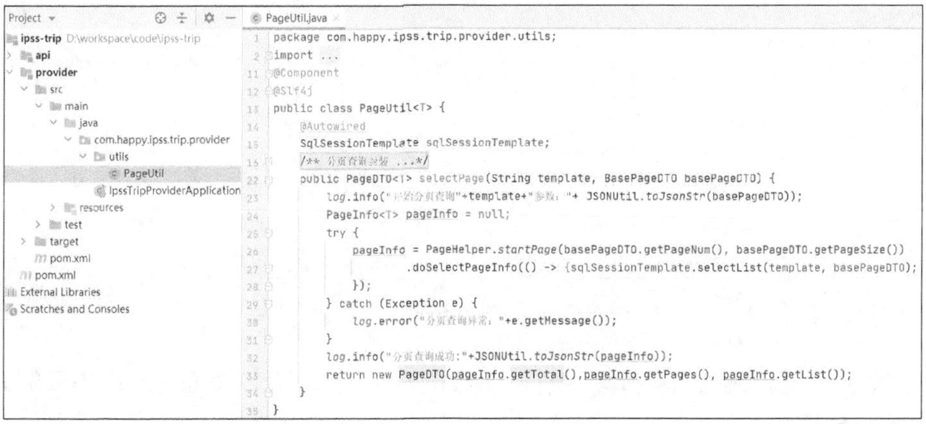

图 5-34

新增接口实现类，实现了子模块 api 中的接口，并注入执行 SQL 语句的 sqlSessionTemplate，如图 5-35 所示。

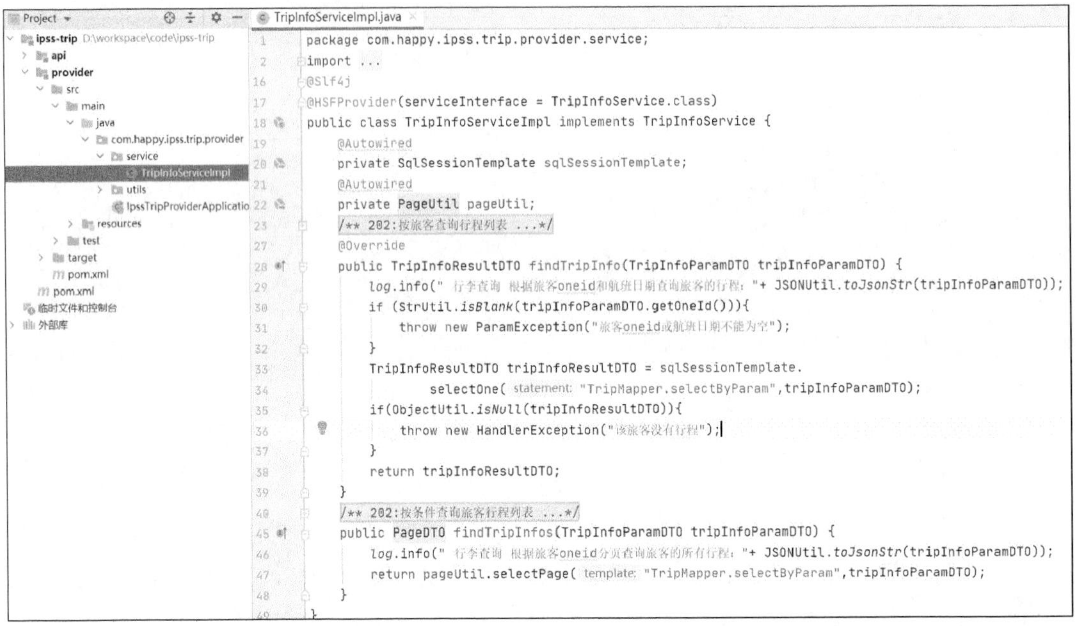

图 5-35

新增 Mybatis 的 SQL 文件，如图 5-36 所示。

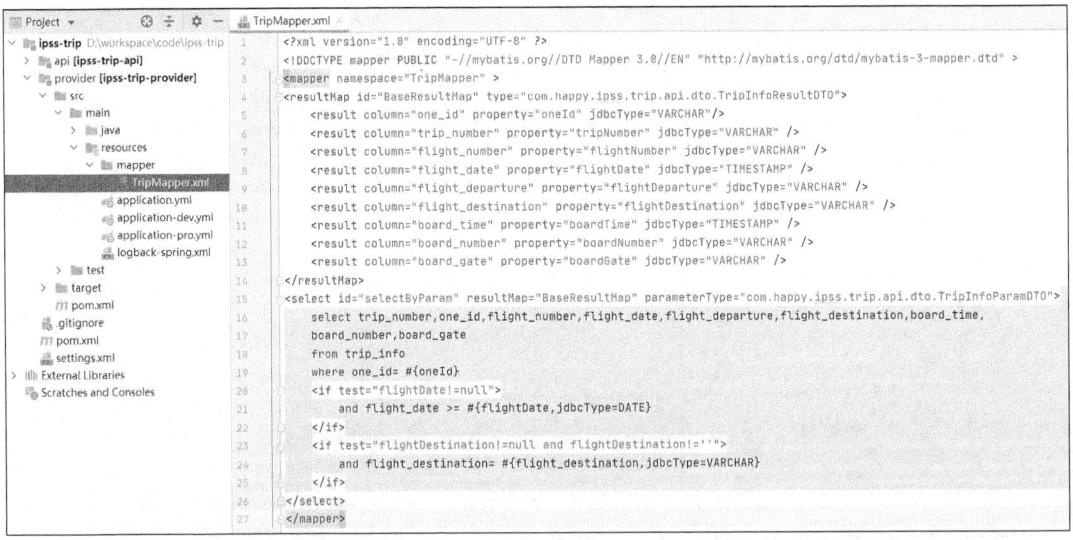

图 5-36

新增单元测试，先在数据库里增加测试数据，再通过 Web 页面登录阿里云的 RDS，如图 5-37 所示。

图 5-37

直接在管理台增加几行测试数据，如图 5-38 所示。

图 5-38

RDS 的使用在后文专门进行讲解。在此处先新增单元测试类，如图 5-39 所示。

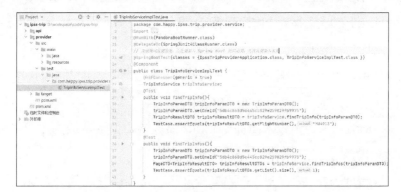

图 5-39

如果单元测试类报错，那么需要把 HSF 的 IP 地址配置到运行环境参数里，如图 5-40 所示。

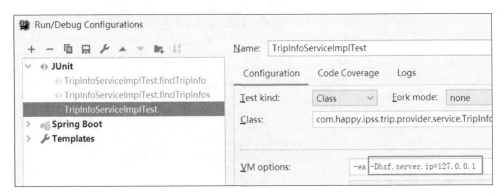

图 5-40

执行通过，如图 5-41 所示。

图 5-41

运行行程中心项目，下载的轻量级配置及注册中心版本必须配置启动参数，要不然启动时会报错。因为多个业务中心都在一台计算机测试，所以需要在启动时配置以下参数防止端口冲突。行程中心参数配置：-Dhsf.server.ip=127.0.0.1 -Dhsf.server.port=12200 -Dpandora.qos.port=12201 -Dhsf.http.port=12202，如图 5-42 所示。

- -Dhsf.server.ip：指定 HSF 服务的 IP 地址。HSF 服务运行在本机其 IP 地址就是本机的 IP 地址。
- -Dhsf.server.port：指定 HSF 的服务端口，默认为 12200 端口。如果在本地启动多个 HSF 项目，就需要修改此端口。
- -Dpandora.qos.port：指定 Pandora 监控端口，默认值为 12201 端口。如果在本地启动多个 HSF 项目，就需要修改此端口。
- -Dhsf.http.port：指定 HSF 暴露的 HTTP 接口，默认值为 12202 端口。如果在本地启动多个 HSF Provider，就需要修改此端口。

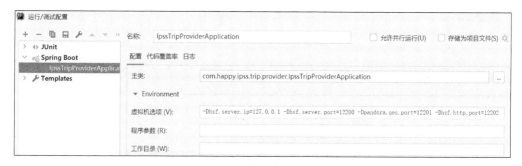

图 5-42

启动后，在轻量级配置及注册中心可以看到 HSF 接口被注册了，如图 5-43 所示。

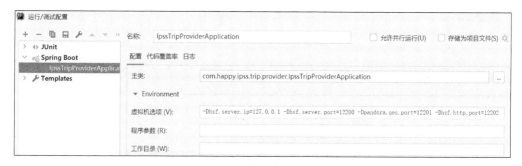

图 5-43

5.2.4 推送项目代码到远端 Git 库

将项目代码推送到远端代码 Git 库前，可忽略不需要管理的文件，如图 5-44 所示。

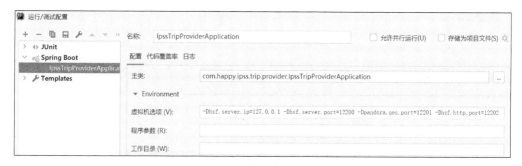

图 5-44

将项目代码推送到本地的 Git 库，如图 5-45 所示。

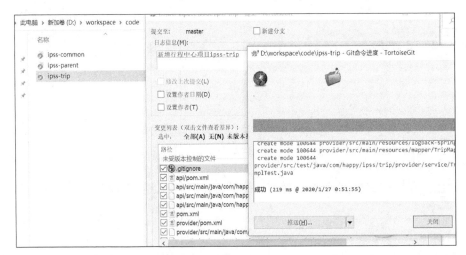

图 5-45

要推送到远端的 Git 库，前提是在远端 Git 库创建 ipss-trip 库，如图 5-46 所示。

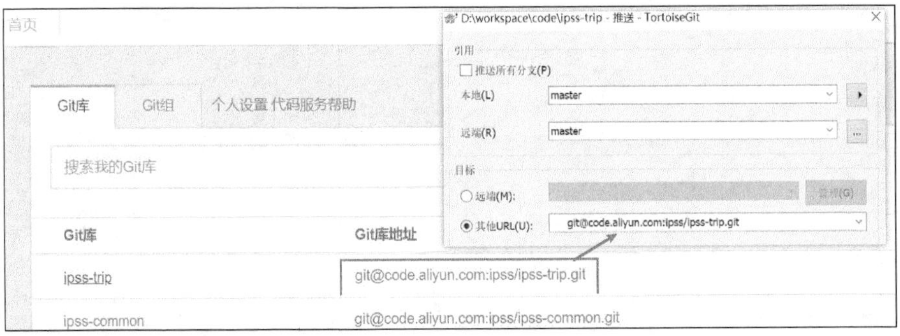

图 5-46

采用分支模式开发，后期在 develop 分支上进行日常开发，所以先在本地创建 develop 分支，如图 5-47 所示。

图 5-47

将 develop 分支推送到远端代码仓库，如图 5-48 所示。

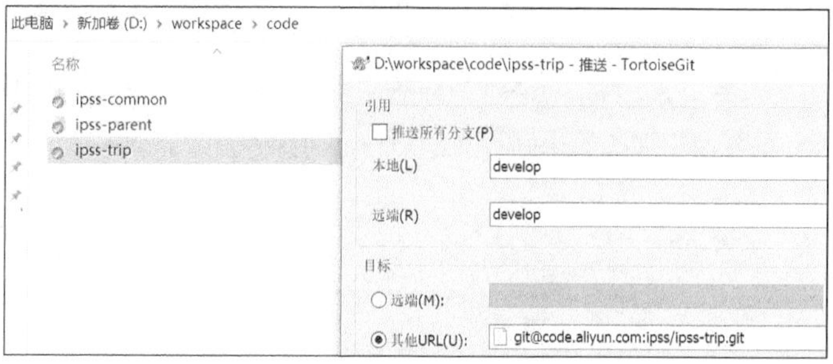

图 5-48

查看远端代码仓库结构，发现有两个分支，如图 5-49 所示。

图 5-49

行程中心就开发完毕，第 8 章将介绍使用流水线将其自动发布，HSF 接口也可以通过在线接口文档发布出去。

5.2.5 子模块 api 发布到阿里云私服

业务应用使用业务中台服务时，可通过调用各业务中心的接口实现。我们需要将业务中心的子模块 api 发布到私服上，业务应用和其他业务中心只需引入该 api 的 Maven 坐标即可调用服务，如图 5-50 所示。

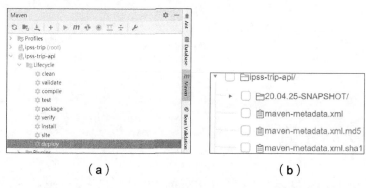

（a）　　　　　　　　　　　　（b）

图 5-50

每个业务中心是按父工程和子模块的方式开发的，阿里云 EDAS 部署业务中心可能会出现在私服里找不到子模块 api 的情况。这里将子模块 api 的父工程 ipss-trip 也一并发布到私服上，要实现这个功能还需要将私服地址配置在父工程的 pom.xml 文件里，配置内容和子模块 api 里私服的配置一样，如图 5-51 所示。

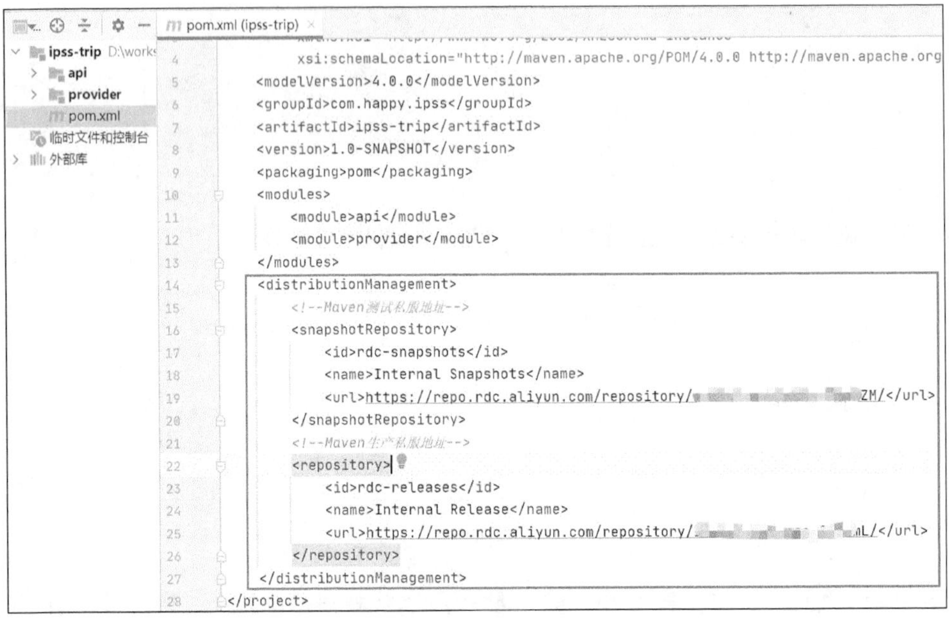

图 5-51

部署命令可以将测试环节跳过，如图 5-52 所示。

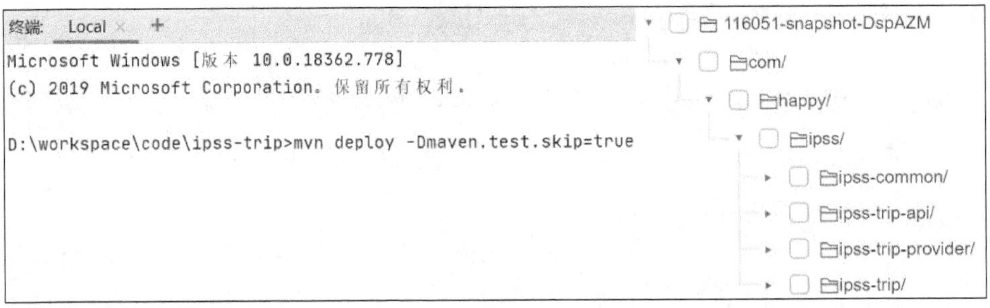

图 5-52

5.3 旅客中心实现

旅客中心对外提供旅客的个人信息服务。创建聚合项目 ipss-passenger，在项目下创建两个子模块，分别是接口定义模块 api 和接口实现模块 provider。旅客中心和上面的行程中心搭建方式基本一样，这里只列出重点代码和配置。

5.3.1　项目目录结构

旅客中心的项目目录结构如图 5-53 所示。

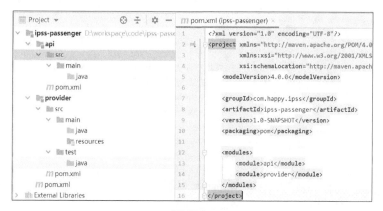

图 5-53

5.3.2　子模块 api

配置子模块 api 的 pom.xml 文件，引入父项目依赖、定义自己的坐标和版本、打包方式为 JAR，如图 5-54 所示。

```xml
<parent>
    <groupId>com.happy.ipss</groupId>
    <artifactId>ipss-passenger</artifactId>
    <version>1.0-SNAPSHOT</version>
</parent>
<properties>
    <maven.compiler.source>1.8</maven.compiler.source>
    <maven.compiler.target>1.8</maven.compiler.target>
    <project.build.sourceEncoding>UTF-8</project.build.sourceEncoding>
    <project.reporting.outputEncoding>UTF-8</project.reporting.outputEncoding>
</properties>
<groupId>com.happy.ipss</groupId>
<artifactId>ipss-passenger-api</artifactId>
<version>20.04.26-SNAPSHOT</version>
<packaging>jar</packaging>
<description>旅客中心服务接口</description>
<dependencies>
    <dependency>
        <groupId>com.happy.ipss</groupId>
        <artifactId>ipss-common</artifactId>
        <version>20.04.25-SNAPSHOT</version>
    </dependency>
</dependencies>
<distributionManagement>
    <snapshotRepository>
        <!-- maven测试私服地址 -->
        <id>rdc-snapshots</id>
        <name>Internal Snapshots</name>
        <url>
            https://repo.rdc.aliyun.com/repository/1    l-snapshot-D    '/
        </url>
    </snapshotRepository>
    <repository>
        <!-- maven生产私服地址 -->
        <id>rdc-releases</id>
        <name>Internal Release</name>
        <url>
            https://repo.rdc.aliyun.com/repository/1    -release-OVdJ
        </url>
    </repository>
</distributionManagement>
<build>
    <plugins>
        <plugin>
            <groupId>org.apache.maven.plugins</groupId>
            <artifactId>maven-compiler-plugin</artifactId>
            <version>3.8.1</version>
            <configuration>
                <source>8</source>
                <target>8</target>
            </configuration>
        </plugin>
    </plugins>
</build>
```

图 5-54

定义旅客信息查询条件的 DTO 类，如图 5-55 所示。

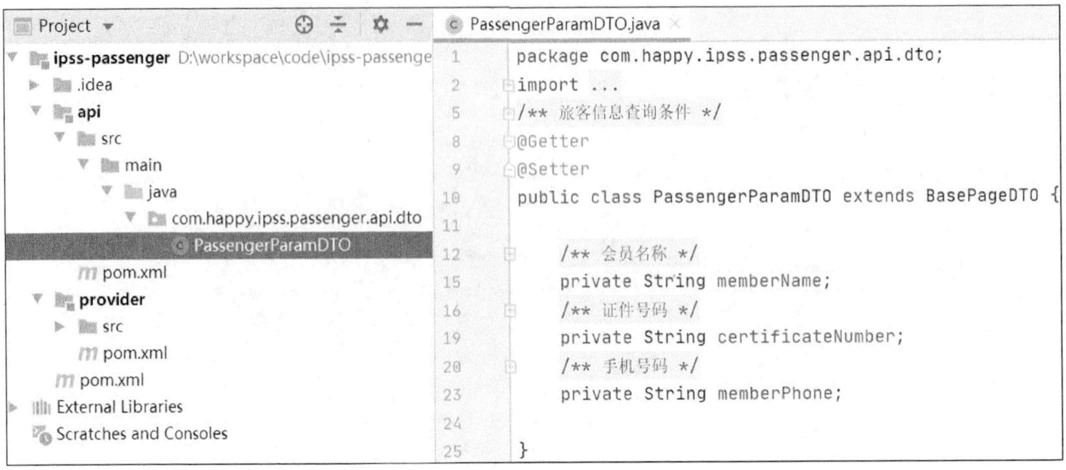
Project
PassengerParamDTO.java
ipss-passenger D:\workspace\code\ipss-passenge
.idea
api
src
main
java
com.happy.ipss.passenger.api.dto
PassengerParamDTO
pom.xml
provider
src
pom.xml
pom.xml
External Libraries
Scratches and Consoles
package com.happy.ipss.passenger.api.dto;
import ...
/** 旅客信息查询条件 */
@Getter
@Setter
public class PassengerParamDTO extends BasePageDTO {
/** 会员名称 */
private String memberName;
/** 证件号码 */
private String certificateNumber;
/** 手机号码 */
private String memberPhone;
}

图 5-55

定义返回结果 DTO 类，如图 5-56 所示。

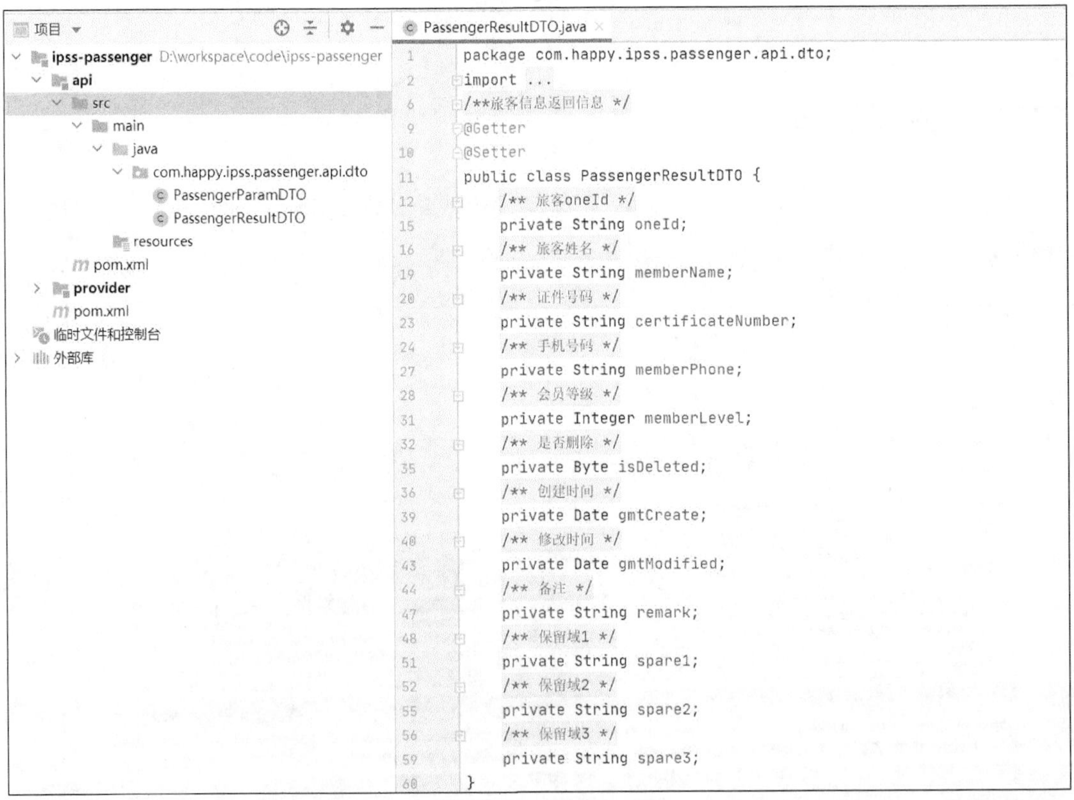
项目
PassengerResultDTO.java
ipss-passenger D:\workspace\code\ipss-passenger
api
src
main
java
com.happy.ipss.passenger.api.dto
PassengerParamDTO
PassengerResultDTO
resources
pom.xml
provider
pom.xml
临时文件和控制台
外部库
package com.happy.ipss.passenger.api.dto;
import ...
/**旅客信息返回信息 */
@Getter
@Setter
public class PassengerResultDTO {
/** 旅客oneId */
private String oneId;
/** 旅客姓名 */
private String memberName;
/** 证件号码 */
private String certificateNumber;
/** 手机号码 */
private String memberPhone;
/** 会员等级 */
private Integer memberLevel;
/** 是否删除 */
private Byte isDeleted;
/** 创建时间 */
private Date gmtCreate;
/** 修改时间 */
private Date gmtModified;
/** 备注 */
private String remark;
/** 保留域1 */
private String spare1;
/** 保留域2 */
private String spare2;
/** 保留域3 */
private String spare3;
}

图 5-56

定义服务接口，如图 5-57 所示。

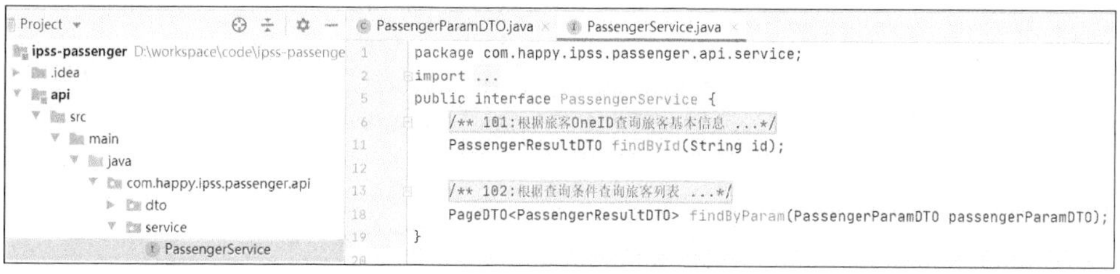

图 5-57

定义会员等级的枚举值，如图 5-58 所示。

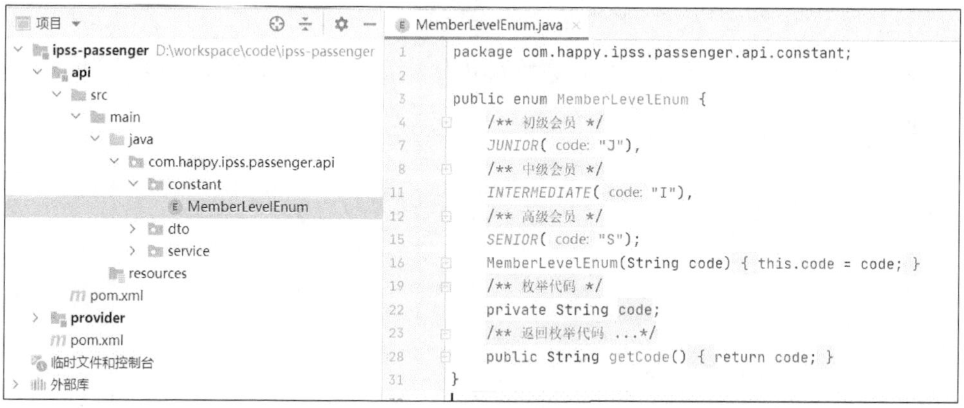

图 5-58

5.3.3　子模块 provider

配置子模块 provider 的 pom.xml 文件，和行程中心的配置基本一样，如图 5-59 所示。

```
<parent>
    <groupId>com.happy.ipss</groupId>
    <artifactId>ipss-passenger</artifactId>
    <version>1.0-SNAPSHOT</version>
</parent>
<groupId>com.happy.ipss</groupId>
<artifactId>ipss-passenger-provider</artifactId>
<packaging>jar</packaging>
<version>20.04.26-SNAPSHOT</version>
<description>旅客中心服务</description>

<dependency>
    <groupId>com.happy.ipss</groupId>
    <artifactId>ipss-passenger-api</artifactId>
    <version>20.04.26-SNAPSHOT</version>
</dependency>
```

图 5-59

将核心配置文件 application.yml 的启动参数设为 7003、服务端口设为 7004，如图 5-60 所示。实际上该端口可以和行程中心中的端口一样，只是我需要在一台计算机上启动多个业务中心，这会造成端口占用冲突。

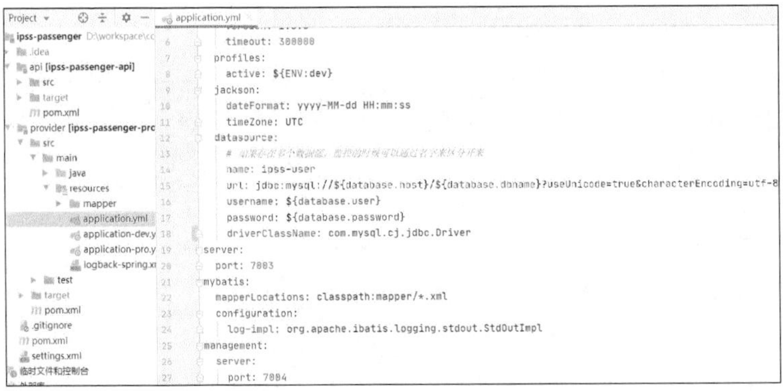

图 5-60

新增测试环境的配置文件，数据库是阿里云的 RDS MySQL，URL 也是阿里云提供的外网域名，如图 5-61 所示。使用此数据库连接前需要对旅客中心的数据库进行初始化，包括创建数据库、表和用户。

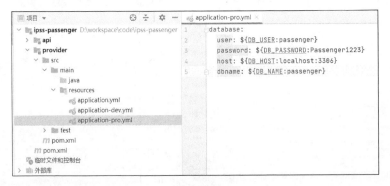

图 5-61

新增生产环境的配置文件，数据库是阿里云的 RDS MySQL，URL 也是阿里云提供的外网域名，如图 5-62 所示。

图 5-62

新增日志的配置文件，只配置了一个输出目标控制台，文件和 error 日志的读者可以自己根据使用场景配置，如图 5-63 所示。

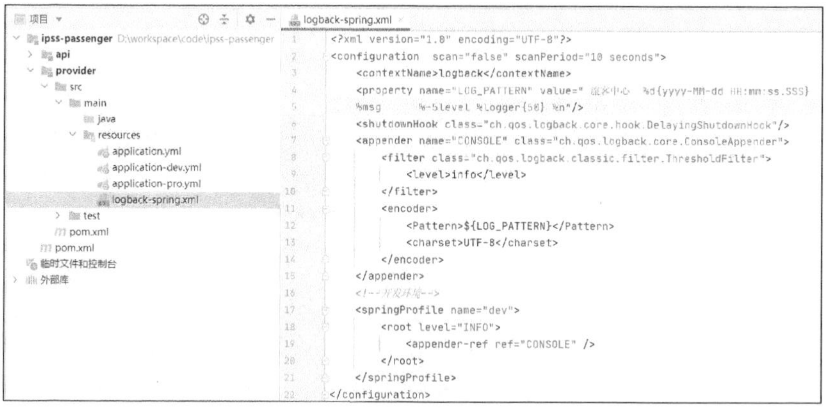

图 5-63

新增项目启动类，如图 5-64 所示。

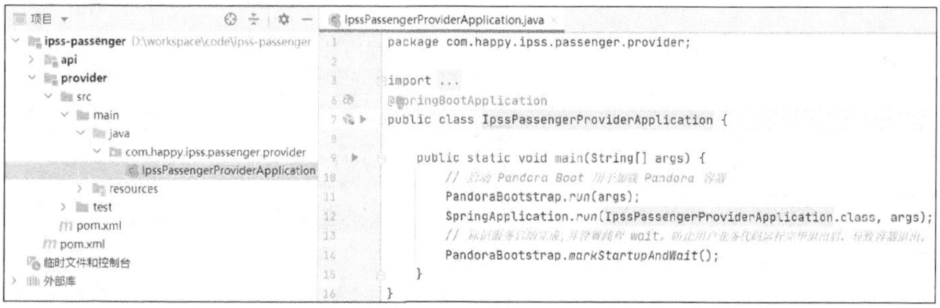

图 5-64

新增分页查询封装类，如图 5-65 所示。

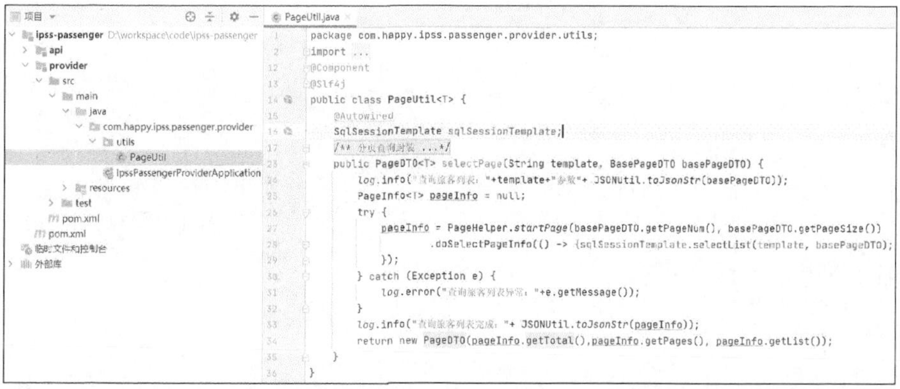

图 5-65

新增接口实现类，实现了子模块 api 里的接口，并注入执行 SQL 语句的 sqlSessionTemplate，方法的注释在子模块 api 里已经写了，在实现类可以不写，如图 5-66 所示。

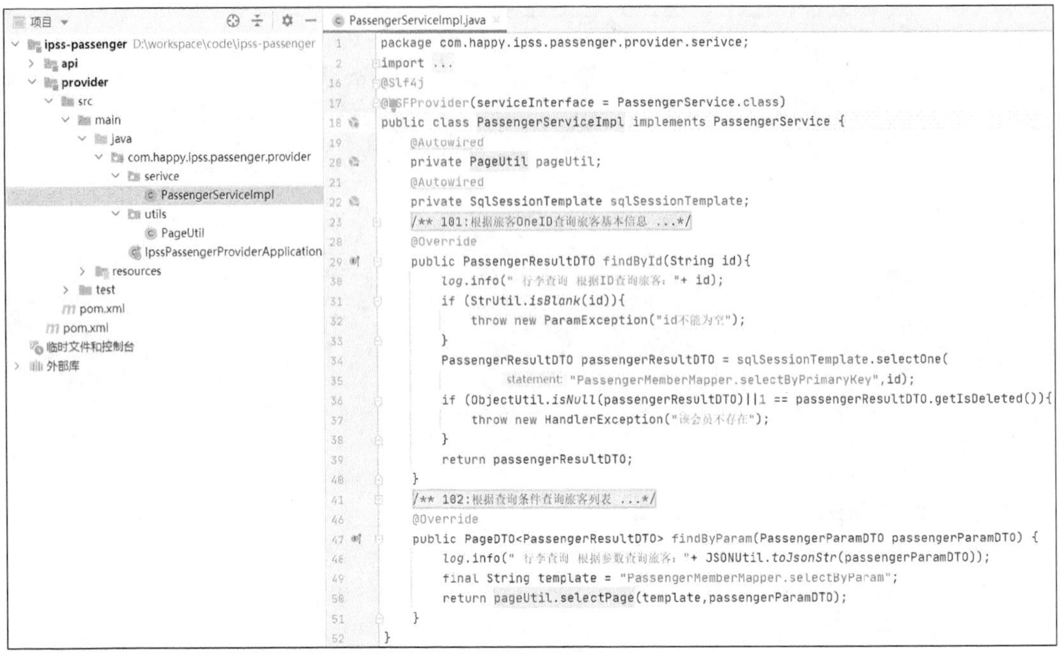

图 5-66

新增 Mybatis 的 SQL 文件，如图 5-67 所示。

```xml
<mapper namespace="PassengerMemberMapper">
  <resultMap id="BaseResultMap" type="com.happy.ipss.passenger.api.dto.PassengerResultDTO">
    <result column="one_id" property="oneId" jdbcType="VARCHAR"/>
    <result column="member_name" property="memberName" jdbcType="VARCHAR"/>
    <result column="certificate_number" property="certificateNumber" jdbcType="VARCHAR"/>
    <result column="member_phone" property="memberPhone" jdbcType="VARCHAR"/>
    <result column="member_level" property="memberLevel" jdbcType="INTEGER"/>
    <result column="is_deleted" property="isDeleted" jdbcType="TINYINT"/>
    <result column="gmt_create" property="gmtCreate" jdbcType="TIMESTAMP"/>
    <result column="gmt_modified" property="gmtModified" jdbcType="TIMESTAMP"/>
    <result column="remark" property="remark" jdbcType="VARCHAR"/>
    <result column="spare1" property="spare1" jdbcType="VARCHAR"/>
    <result column="spare2" property="spare2" jdbcType="VARCHAR"/>
    <result column="spare3" property="spare3" jdbcType="VARCHAR"/>
  </resultMap>
  <sql id="Base_Column_List">
    id, one_id, member_name, certificate_number, member_phone, member_level, is_deleted, gmt_create, gmt_modified, remark, spare1, spare2, spare3
  </sql>
  <select id="selectByPrimaryKey" resultMap="BaseResultMap" parameterType="java.lang.String">
    select
    <include refid="Base_Column_List"/>
    from passenger_member where one_id = #{id,jdbcType=VARCHAR}
  </select>
  <select id="selectByParam" resultMap="BaseResultMap" parameterType="com.happy.ipss.passenger.api.dto.PassengerParamDTO">
    select
    <include refid="Base_Column_List"/>
    from passenger_member where is_deleted = 0
    <if test="memberName!=null and memberName != ''">
      and member_name LIKE CONCAT('%',#{memberName,jdbcType=VARCHAR},'%')
    </if>
    <if test="certificateNumber!=null and certificateNumber != ''">
      and certificate_number = #{certificateNumber,jdbcType=VARCHAR}
    </if>
    <if test="memberPhone!=null and memberPhone != ''"> and member_phone = #{memberPhone,jdbcType=VARCHAR} </if>
  </select>
</mapper>
```

图 5-67

新增单元测试，在后台数据库里新增测试数据，如图 5-68 所示。

编写单元测试类，如图 5-69 所示。

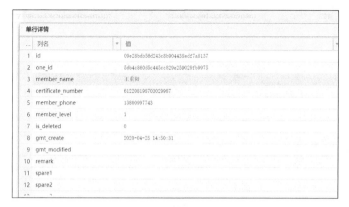

图 5-68

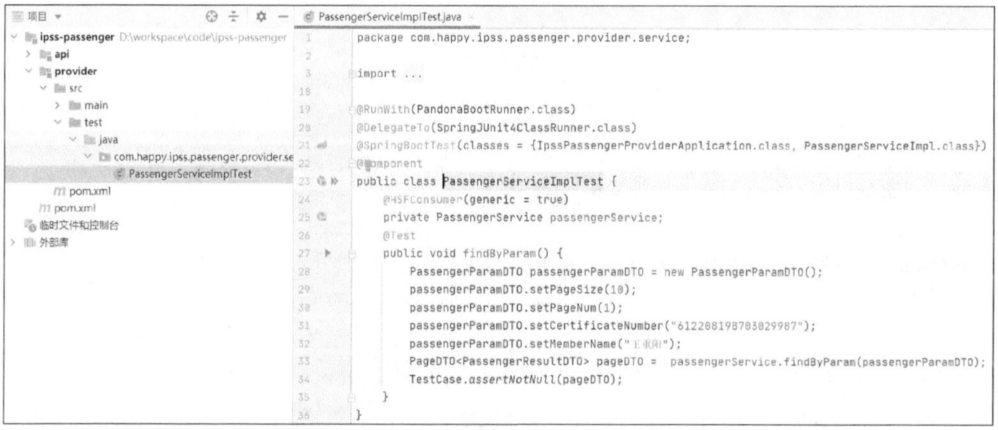

图 5-69

需要注意 HSF 升级后对消费者的包引用是 com.alibaba.boot.hsf.annotation.HSFConsumer，而不是 com.taobao.hsf.app.spring.util.annotation.HSFConsumer。

执行接口测试，发现一切正常，如图 5-70 所示。

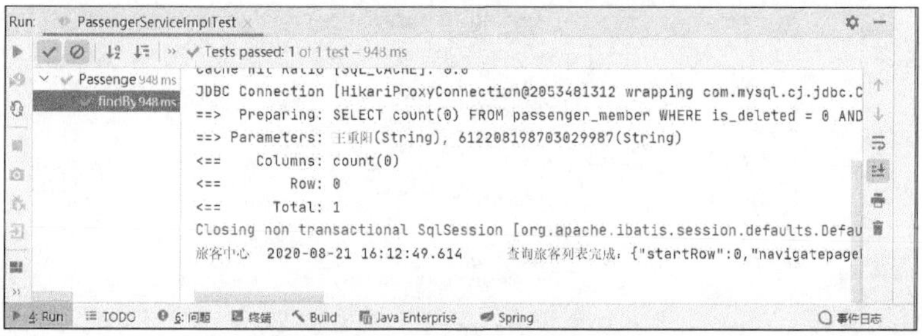

图 5-70

运行旅客中心项目时，会一台计算机上启动多个 HSF 项目，所以需要在启动参数里配置不同的端口，如图 5-71 所示。

图 5-71

启动后可以看到，轻量级配置及注册中心已经有两个 HSF 服务了，如图 5-72 所示。

图 5-72

5.3.4 推送项目代码到远端 Git 库

将项目代码推送到远端代码 Git 库前，应忽略不需要管理的文件，如图 5-73 所示。

图 5-73

将项目代码推送到本地的 Git 库，如图 5-74 所示。

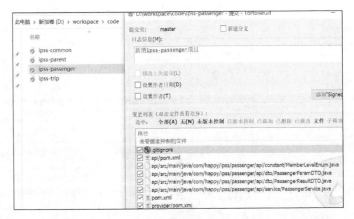

图 5-74

要推送到远端的 Git 库，前提是需要在远端 Git 库创建 ipss-passenger 库，如图 5-75 所示。

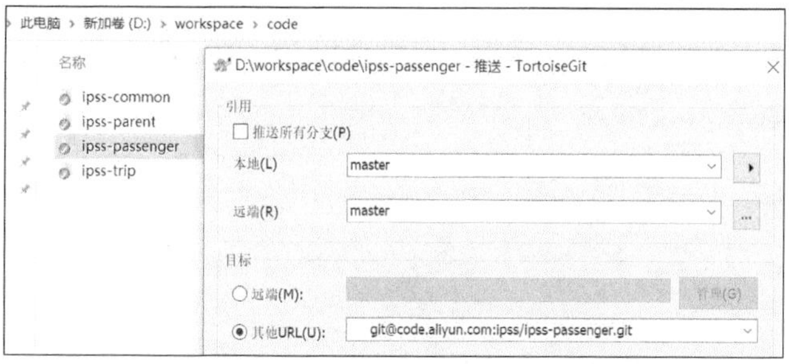

图 5-75

采用分支模式开发，后期在 develop 分支上进行日常开发，所以先在本地创建 develop 分支，如图 5-76 所示。

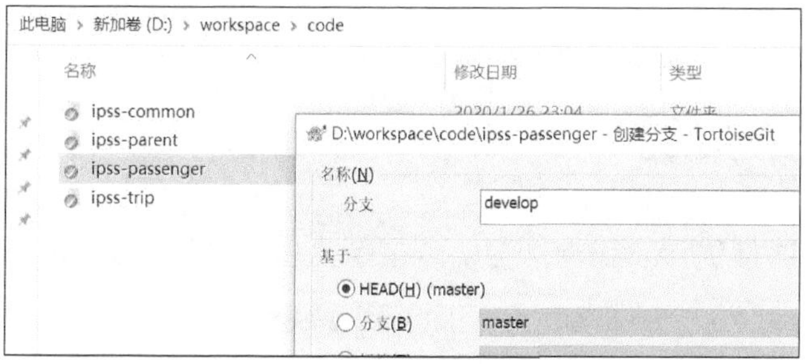

图 5-76

将 develop 分支推送到远端代码仓库，如图 5-77 所示。

图 5-77

查看远端仓库结构，有两个分支，如图 5-78 所示。

图 5-78

5.3.5 子模块 api 发布到阿里云私服

应用层使用业务中台的服务时，都是通过调用各业务中心的接口实现的，所以需要将业务中心的 api 子模块发布到私服上，应用只需引入该 api 子模块的 Maven 坐标即可调用服务接口，如图 5-79 所示。

图 5-79

5.4 行李中心实现

行李中心向旅客提供行李信息服务。创建聚合项目 ipss-luggage，在项目下创建的两个子模块分别是接口定义模块 api 和接口实现模块 provider。

5.4.1 项目目录结构

行李中心的项目目录结构如图 5-80 所示。

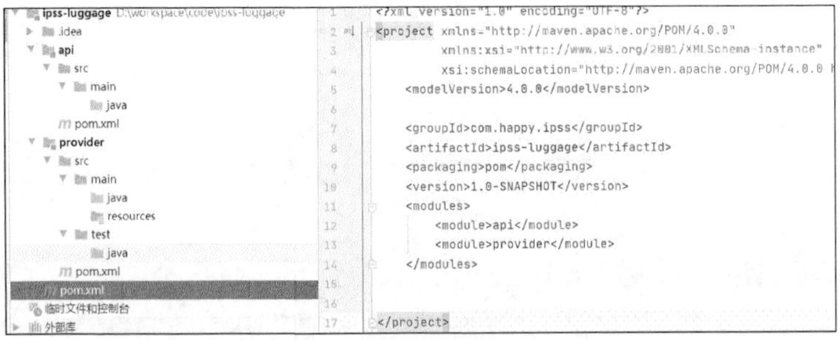

图 5-80

5.4.2 子模块 api

配置子模块 api 的 pom.xml 文件，引入父项目依赖、定义自己的坐标和版本、打包方式为 jar，如图 5-81 所示。

```
<modelVersion>4.0.0</modelVersion>                                          ▼<repository>
▼<properties>                                                                   <!-- maven生产私服地址 -->
    <maven.compiler.source>1.8</maven.compiler.source>                          <id>rdc-releases</id>
    <maven.compiler.target>1.8</maven.compiler.target>                          <name>Internal Release</name>
    <project.build.sourceEncoding>UTF-8</project.build.sourceEncoding>      ▼<url>
    <project.reporting.outputEncoding>UTF-8</project.reporting.outputEncoding>      https://repo.rdc.aliyun.com/repository/
</properties>                                                                   </url>
▼<parent>                                                                    </repository>
    <groupId>com.happy.ipss</groupId>                                       </distributionManagement>
    <artifactId>ipss-luggage</artifactId>                                ▼<build>
    <version>1.0-SNAPSHOT</version>                                          ▼<plugins>
</parent>                                                                        ▼<plugin>
<groupId>com.happy.ipss</groupId>                                                    <groupId>org.apache.maven.plugins</groupId>
<artifactId>ipss-luggage-api</artifactId>                                            <artifactId>maven-compiler-plugin</artifactId>
<version>20.04.26-SNAPSHOT</version>                                                 <version>3.8.1</version>
<packaging>jar</packaging>                                                       ▼<configuration>
<description>行李中心服务接口</description>                                            <source>8</source>
▼<dependencies>                                                                      <target>8</target>
    ▼<dependency>                                                                </configuration>
        <groupId>com.happy.ipss</groupId>                                        </plugin>
        <artifactId>ipss-common</artifactId>                                 </plugins>
        <version>20.04.25-SNAPSHOT</version>                             </build>
    </dependency>
</dependencies>
▼<distributionManagement>
    ▼<snapshotRepository>
        <!-- maven测试私服地址 -->
        <id>rdc-snapshots</id>
        <name>Internal Snapshots</name>
    ▼<url>
        https://repo.rdc.aliyun.com/repository/          -snapshot-Ds    /
    </url>
    </snapshotRepository>
```

图 5-81

定义行李查询条件的 DTO 类，如图 5-82 所示。

```
1    package com.happy.ipss.luggage.api.dto;
2    import ...
5    /** 行李查询条件 */
8    @Getter
9    @Setter
10   public class LuggageFindDTO extends BasePageDTO {
11       /** 行李号 */
14       private String luggage_number;
15       /** 旅客行程 */
18       private String trip_number;
19       /** 旅客OneID */
22       private String one_id;
23   }
```

图 5-82

定义行李查询返回结果的 DTO 类，如图 5-83 所示。

```
1    package com.happy.ipss.luggage.api.dto;
2    import ...
6    /** 行李查询返回结果 */
9    @Getter
10   @Setter
11   public class LuggageFindResultDTO {
12       /** 用户Id */
15       private String one_id;
16       /** 行李编号 */
19       private String luggage_number;
20       /** 行李重量 */
23       private String luggage_weight;
24       /** 创建时间 */
27       private Date gmt_create;
28   }
```

图 5-83

定义行李轨迹查询条件的 DTO 类，如图 5-84 所示。

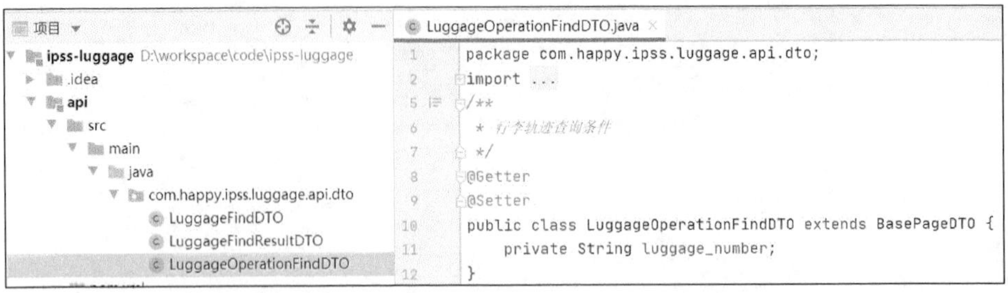

图 5-84

定义行李轨迹查询返回结果的 DTO 类，如图 5-85 所示。

图 5-85

定义行李中心查询接口，如图 5-86 所示。

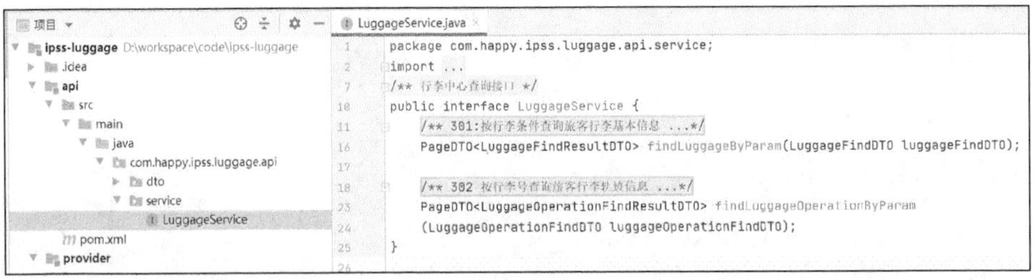

图 5-86

5.4.3　子模块 provider

配置子模块 provider 的 pom.xml 文件，和行程中心的配置基本一样，只是子模块 provider 和子模块 api 的引用坐标不同，如图 5-87 所示。

```
<parent>
    <groupId>com.happy.ipss</groupId>
    <artifactId>ipss-luggage</artifactId>
    <version>1.0-SNAPSHOT</version>
</parent>
<groupId>com.happy.ipss</groupId>
<artifactId>ipss-luggage-provider</artifactId>
<packaging>jar</packaging>
<version>20.04.26-SNAPSHOT</version>
<description>行李中心服务</description>
```
```
<dependency>
    <groupId>com.happy.ipss</groupId>
    <artifactId>ipss-common</artifactId>
    <version>20.04.25-SNAPSHOT</version>
</dependency>
```

图 5-87

新增项目的核心配置文件 application.yml，配置项目的启动参数为 7005、服务端口为 7006，在同一台计算机运行多个 HSF 项目需要指定不同的端口，如图 5-88 所示。

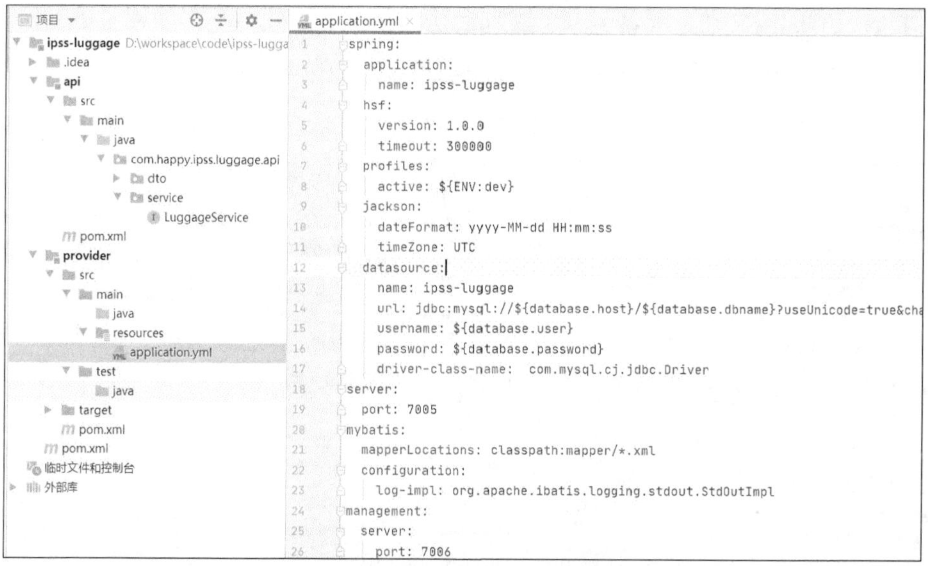

图 5-88

新增测试环境的配置文件，数据库是阿里云的 RDS MySQL，URL 也是阿里云提供的外网域名，如图 5-89 所示。使用此数据库连接前需要对行李中心的数据库进行初始化，包括创建数据库、表和用户。

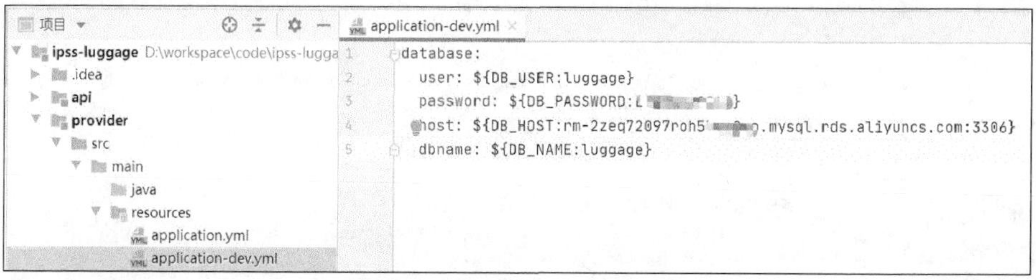

图 5-89

新增生产环境的配置文件，数据库是阿里云的 RDS MySQL，URL 也是阿里云提供的外网域名，如图 5-90 所示。

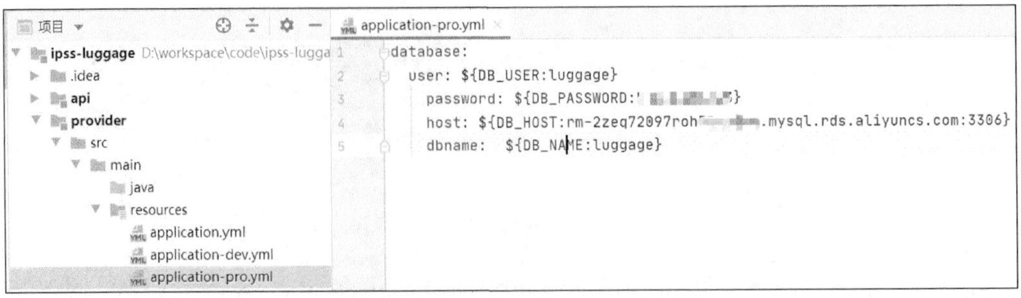

图 5-90

新增日志的配置文件，配置了一个控制台输出目标，后面将不再使用本地的日志，会集成到阿里云的日志服务里，第 8 章再进行改造，如图 5-91 所示。

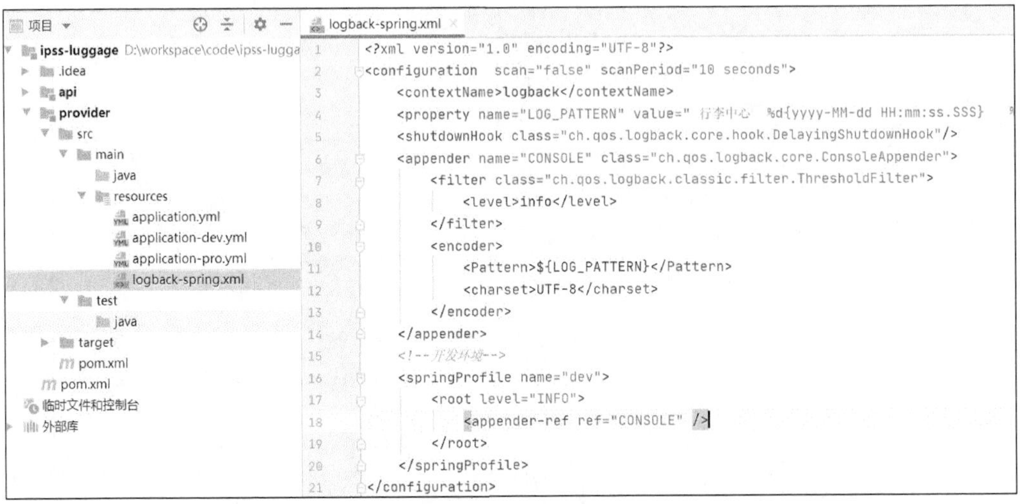

图 5-91

新增项目启动类，如图 5-92 所示。

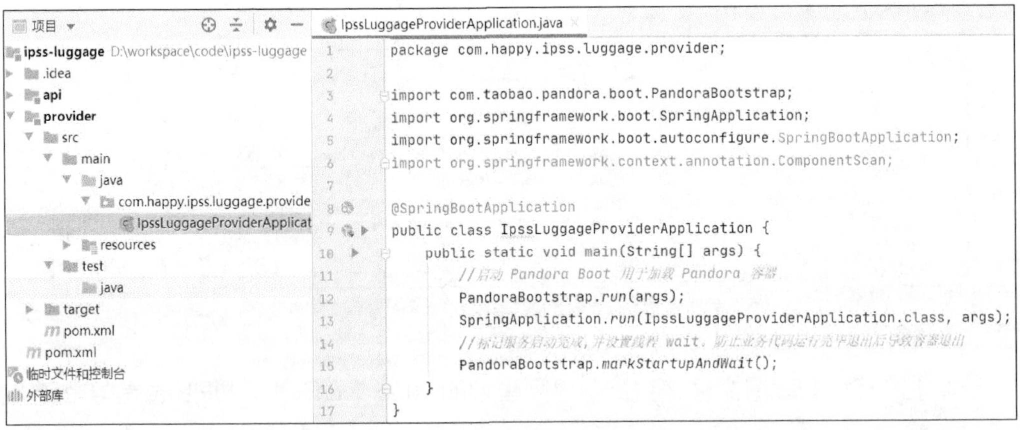

图 5-92

新增分页查询封装类，如图 5-93 所示。

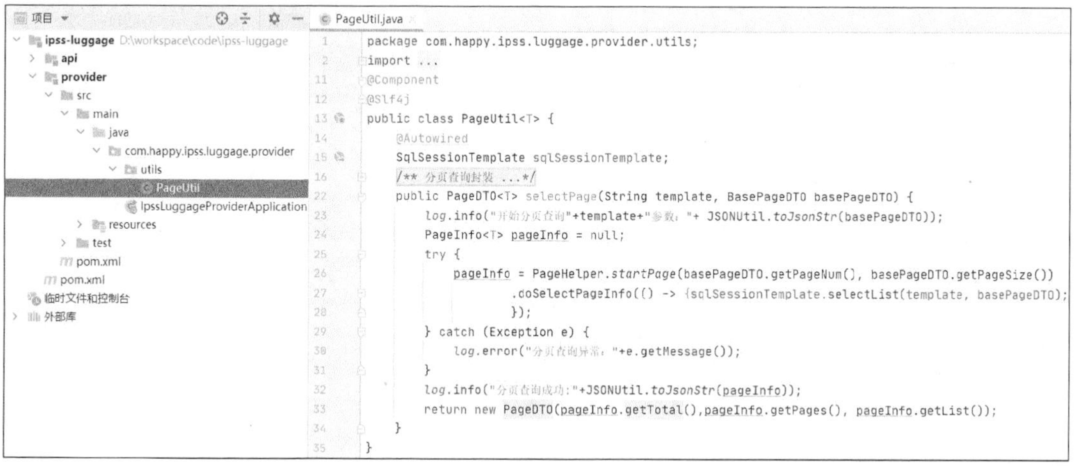

图 5-93

新增接口实现类，实现了子模块 api 里的接口，并注入执行 SQL 语句的
sqlSessionTemplate，方法的注释在子模块 api 里已经写了，在实现类可以不写，如
图 5-94 所示。

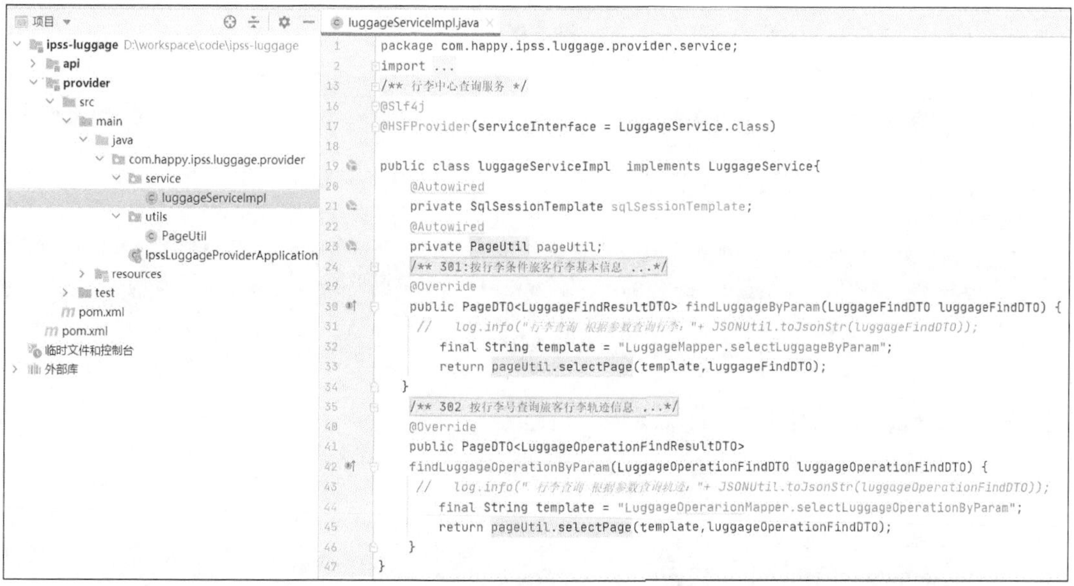

图 5-94

新增 Mybatis 的 SQL 文件，如图 5-95 和图 5-96 所示。

新增单元测试，在后台数据库里新增测试数据，如图 5-97 和图 5-98 所示。

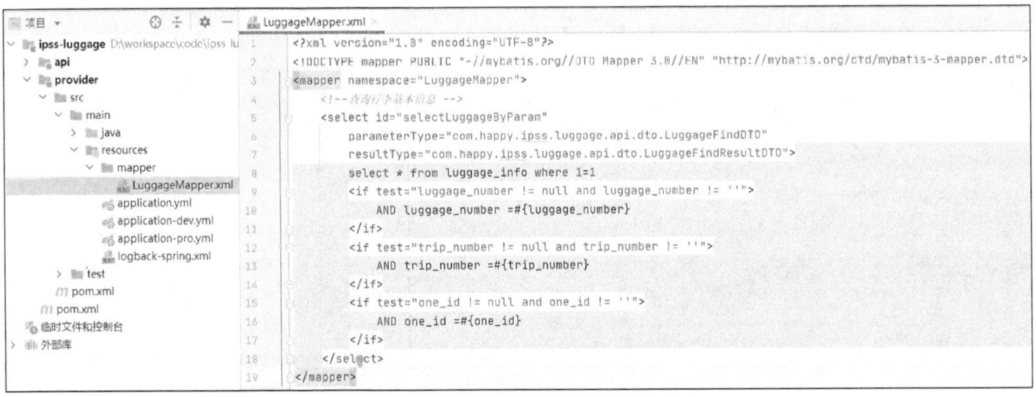

图 5-95

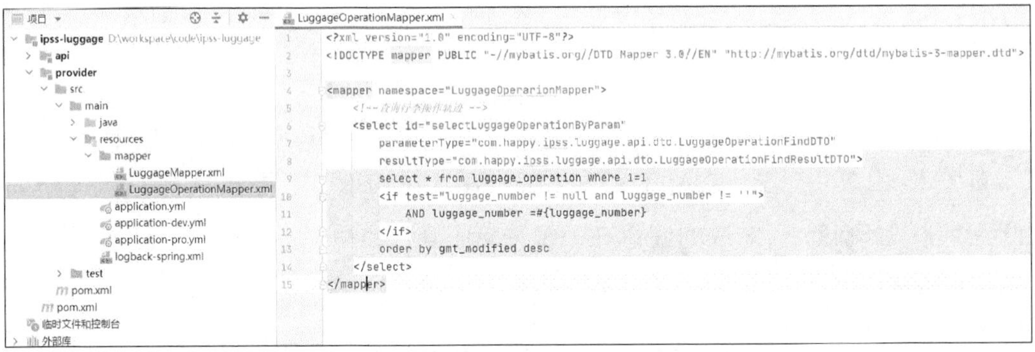

图 5-96

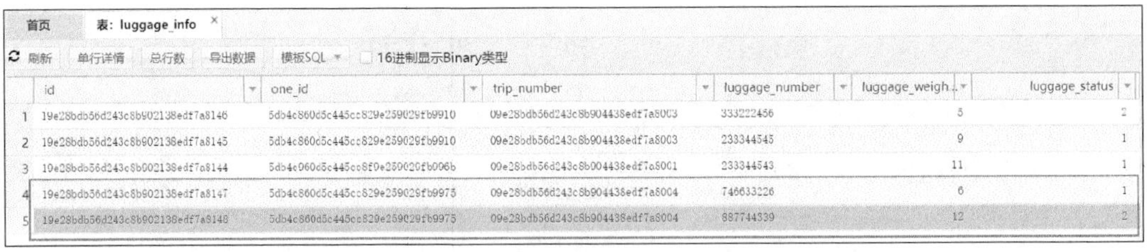

	id	one_id	trip_number	luggage_number	luggage_weigh...	luggage_status
1	19e28bdb56d243c8b902138edf7a8146	5db4c860d5c445cc829e259029fb9910	09e28bdb56d243c8b904438edf7a8003	333222456	5	2
2	19e28bdb56d243c8b902138edf7a8145	5db4c860d5c445cc829e259029fb9910	09e28bdb56d243c8b904438edf7a8003	233344345	9	1
3	19e28bdb56d243c8b902138edf7a8144	5db4c960d5c445cc8f9e259029fb006b	09e28bdb56d243c8b904438edf7a8001	233344543	11	1
4	19e28bdb56d243c8b902138edf7a8147	5db4c860d5c445cc829e259029fb9975	09e28bdb56d243c8b904438edf7a8004	746633226	6	1
5	19e28bdb56d243c8b902138edf7a8148	5db4c860d5c445cc829e259029fb9975	09e28bdb56d243c8b904438edf7a8004	887744339	12	2

图 5-97

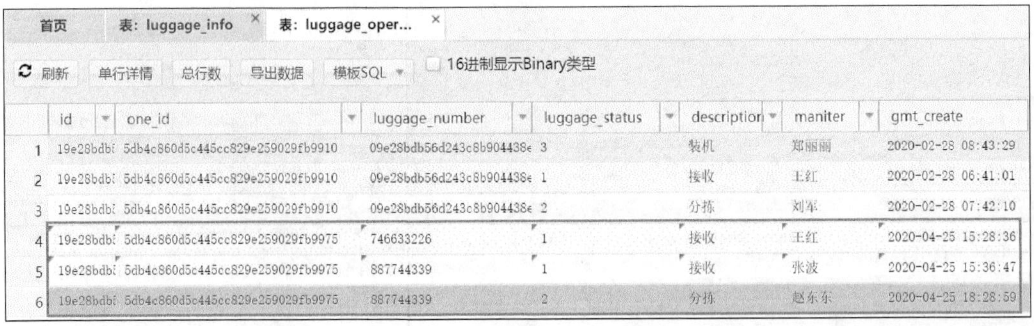

	id	one_id	luggage_number	luggage_status	description	maniter	gmt_create
1	19e28bdb	5db4c860d5c445cc829e259029fb9910	09e28bdb56d243c8b904438e	3	装机	郑丽丽	2020-02-28 08:43:29
2	19e28bdb	5db4c860d5c445cc829e259029fb9910	09e28bdb56d243c8b904438e	1	接收	王红	2020-02-28 06:41:01
3	19e28bdb	5db4c860d5c445cc829e259029fb9910	09e28bdb56d243c8b904438e	2	分拣	刘军	2020-02-28 07:42:10
4	19e28bdb	5db4c860d5c445cc829e259029fb9975	746633226	1	接收	王红	2020-04-25 15:28:36
5	19e28bdb	5db4c860d5c445cc829e259029fb9975	887744339	1	接收	张波	2020-04-25 15:36:47
6	19e28bdb	5db4c860d5c445cc829e259029fb9975	887744339	2	分拣	赵东东	2020-04-25 18:28:59

图 5-98

编写单元测试类，如图 5-99 所示。

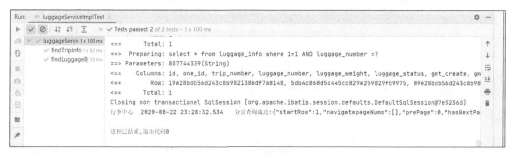

```java
package com.happy.ipss.luggage.provider.service;
import ...

@RunWith(PandoraBootRunner.class)
@DelegateTo(SpringJUnit4ClassRunner.class)
// 如果测试需要历史，一定要加入 Spring Boot 的启动类，其次需要加入大未来
@SpringBootTest(classes = {IpssLuggageProviderApplication.class,
        luggageServiceImplTest.class })
@Component
public class luggageServiceImplTest {
    @HSFConsumer(generic = true)
    LuggageService luggageService;
    @Test
    public void findLuggageByParam(){
        LuggageFindDTO luggageFindDTO = new LuggageFindDTO();
        luggageFindDTO.setLuggage_number("887744339");
        PageDTO<LuggageFindResultDTO> LuggageFindResultDTO =
                luggageService.findLuggageByParam(luggageFindDTO);
        TestCase.assertEquals(LuggageFindResultDTO.getList().size(), actual: 1);
    }
    @Test
    public void findTripInfos(){
        LuggageOperationFindDTO luggageOperationFindDTO = new LuggageOperationFindDTO();
        luggageOperationFindDTO.setLuggage_number("887744339");
        PageDTO<LuggageOperationFindResultDTO> luggageOperationFindResultDTO =
                luggageService.findLuggageOperationByParam(luggageOperationFindDTO);
        TestCase.assertEquals(luggageOperationFindResultDTO.getList().size(), actual: 2);
    }
}
```

图 5-99

接口测试执行正常，在运行环境里配置 HSF 端口，如图 5-100 所示。

图 5-100

运行行李中心项目，在一台计算机上启动多个 HSF 项目，在启动参数里配置不同的
端口，如图 5-101 所示。

图 5-101

启动后会看到，轻量级配置及注册中心已经有 3 个 HSF 服务了，如图 5-102 所示。

图 5-102

5.4.4　推送项目代码到远端 Git 库

- 将项目代码推送到远端代码 Git 库前，新建本地 Git 库，忽略不需要管理的文件。
- 提交到本地的 Git 库。
- 推送到远端的 Git 库，前提是需要在远端 Git 库创建 ipss-luggage 代码库。
- 采用分支模式开发，后期在 develop 分支上进行日常开发，所以先在本地创建 develop 分支。
- 将 develop 分支推送到远端代码仓库，查看远端仓库结构，有两个分支，如图 5-103 所示。

图 5-103

5.4.5　子模块 api 发布到阿里云私服

操作和前面两个业务中心相同，如图 5-104 所示。

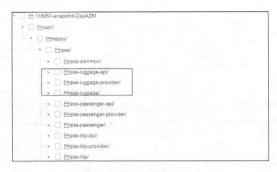

图 5-104

5.5　业务应用实现

上文已经将业务中台的 3 个业务中心开发完毕，业务中台层是为业务应用层服务的，为其提供业务能力。有了业务中台的支撑后，开发业务应用就非常轻量和快速，只需要基于业务场景设计流程和页面即可。例如为了提高机场旅客的服务满意度，需要实现旅客线上投诉建议的功能，如果按照传统模式开发，可能需要年初立项并报预算、公开招投标、采购软 / 硬件、需求调研、设计开发、上线试运行和运维等过程，从时间成本上算至少也得好几个月，而且后期的更新、迭代也是个很大的问题。如果基于中台架构去实现：

- 旅客信息的管理、登录、注册等功能由中台的旅客会员中心管理；
- 在产品中心上架投诉建议的功能；
- 在工单中心实现投诉订单的流转；
- 知识中心负责业务知识的沉淀；
- 员工组织中心负责投诉的落实。

投诉应用只需开发相应的投诉页面，业务功能由业务中台支撑，对于这类简单的功能，业务应用不需要数据库就可实现，在一个迭代周期内就可以上线运行，我们曾经有个类似的应用从提出需求到上线只用了 3 天时间。业务中台是企业的核心业务能力，一定要掌握在自己的手里，上层业务应用层的各种场景有以下的特点。

- 垂直专业化程度高的系统（追求稳定、安全，一般技术较落后）由特定厂商开发，基于中台开发较难，中台只需对这类业务应用系统提供相应的数据能力即可。
- 已存在的大量业务应用都是多年积累下来的，它们的设计架构、开发语言、接口标准各不相同，基于中台重构也有一定的困难，建议中台对这类应用提供业务能力支撑，今后在升级重构时可基于中台架构实现。各业务应用系统分散在不同的组织内，协调成本较高，设计统一的架构对实际落地较难。

基于以上原因，业务应用实现中并没有像中台搭建一样设计一套完整的代码结构，只是创建标准的 Spring Boot 项目并集成 HSF 接口调用功能，对外给小程序和 Vue 管理后台提供 RESTful 接口。一般来说业务应用也有自己的数据库，因为有些业务数据只是本应用关心和使用，其他业务不需要也没有复用的场景就不适合沉淀到中台，比如一些操作记录。下面的案例以 4.3 节的要求实现行李查询应用的开发讲解，省略了应用层数据库，实现旅客通过查询条件请求行李查询应用，行李查询应用调用中台的 3 个业务中心 HSF 接口，查询出旅客的行程信息、会员信息和行李状态信息。

5.5.1　项目框架

创建行李查询应用的 Maven 项目，删除 test 目录，因为前端通过 RESTful 工具测试接口，如图 5-105 所示。

图 5-105

配置 Maven 依赖和坐标，如图 5-106 所示。

```
<modelVersion>4.0.0</modelVersion>
<groupId>com.happy.app</groupId>
<artifactId>app-luggage-track</artifactId>
<version>20.04.27-SNAPSHOT</version>
<packaging>jar</packaging>
<description>行李查询应用</description>
<properties>
    <!-- 常量统一管理版本号 -->
    <maven.compiler.source>1.8</maven.compiler.source>
    <maven.compiler.target>1.8</maven.compiler.target>
    <project.build.sourceEncoding>UTF-8</project.build.sourceEncoding>
    <api.version>SNAPSHOT</api.version>
</properties>
<parent>
    <!-- springboot父项目 -->
    <groupId>org.springframework.boot</groupId>
    <artifactId>spring-boot-starter-parent</artifactId>
    <version>2.1.6.RELEASE</version>
</parent>
<dependencies>
    <dependency>
        <!-- spring依赖 -->
        <groupId>org.springframework.boot</groupId>
        <artifactId>spring-boot-starter-web</artifactId>
    </dependency>
    <dependency>
        <!-- HSF远程调用依赖 -->
        <groupId>com.alibaba.boot</groupId>
        <artifactId>pandora-hsf-spring-boot-starter</artifactId>
    </dependency>
    <dependency>
        <groupId>com.happy.ipss</groupId>
        <artifactId>ipss-passenger-api</artifactId>
        <version>20.04.26-${api.version}</version>
    </dependency>
    <dependency>
        <groupId>com.happy.ipss</groupId>
        <artifactId>ipss-trip-api</artifactId>
        <version>20.04.25-${api.version}</version>
    </dependency>
    <dependency>
        <groupId>com.happy.ipss</groupId>
        <artifactId>ipss-luggage-api</artifactId>
        <version>20.04.26-${api.version}</version>
    </dependency>
    <dependency>
        <!-- java日志 -->
        <groupId>org.slf4j</groupId>
        <artifactId>slf4j-api</artifactId>
        <version>1.7.15</version>
    </dependency>
    <dependency>
        <!-- Swagger API文档 -->
        <groupId>io.springfox</groupId>
        <artifactId>springfox-swagger-ui</artifactId>
        <version>2.7.0</version>
    </dependency>
    <dependency>
        <groupId>io.springfox</groupId>
        <artifactId>springfox-swagger2</artifactId>
        <version>2.7.0</version>
    </dependency>
    <dependency>
        <!-- java工具类hutool依赖 -->
        <groupId>cn.hutool</groupId>
        <artifactId>hutool-all</artifactId>
        <version>4.1.17</version>
    </dependency>
    <dependency>
        <!-- 健康检查actuator依赖 -->
        <groupId>org.springframework.boot</groupId>
        <artifactId>spring-boot-starter-actuator</artifactId>
    </dependency>
</dependencies>
<dependencyManagement>
    <dependencies>
        <dependency>
            <groupId>org.springframework.cloud</groupId>
            <artifactId>spring-cloud-dependencies</artifactId>
            <version>Dalston.SR4</version>
            <type>pom</type>
            <scope>import</scope>
        </dependency>
        <dependency>
            <groupId>com.taobao.pandora</groupId>
            <artifactId>pandora-boot-starter-bom</artifactId>
            <version>2019-06-stable</version>
            <type>pom</type>
            <scope>import</scope>
        </dependency>
    </dependencies>
</dependencyManagement>
<build>
    <plugins>
        <plugin>
            <groupId>org.springframework.boot</groupId>
            <artifactId>spring-boot-maven-plugin</artifactId>
        </plugin>
    </plugins>
</build>
```

图 5-106

新增 Spring Boot 的系统配置文件 application.yml，如图 5-107 所示。

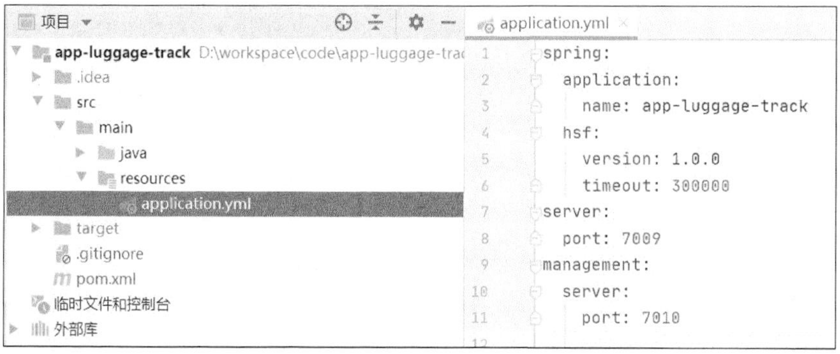

图 5-107

新增 Spring Boot 启动类，使得可以正常启动项目，如图 5-108 所示。

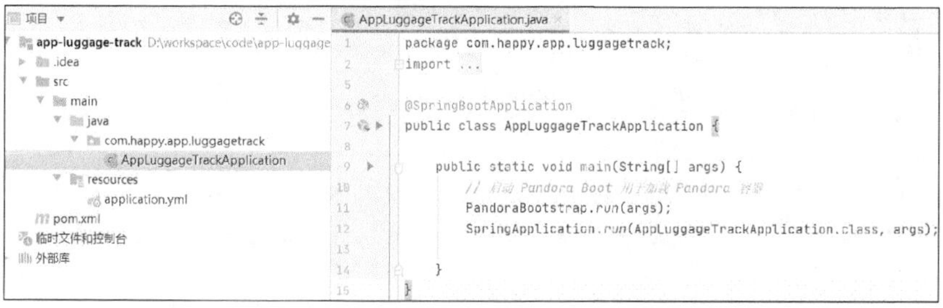

图 5-108

应用需要给前端小程序和管理台提供标准接口，返回统一的 JSON 格式数据结构，先定义返回的数据结构和工具类，如图 5-109 所示。

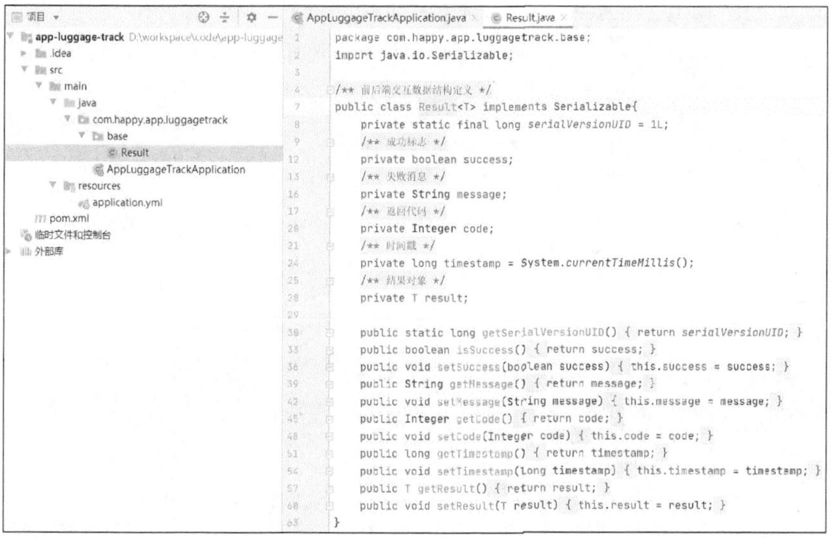

图 5-109

返回结果工具类，如图 5-110 和图 5-111 所示。

```java
package com.happy.app.luggagetrack.base;

/** 返回结果工具类 */
public class ResultUtil<T> {

    private Result<T> result;

    public ResultUtil() {
        result = new Result<>();
        result.setSuccess(true);
        result.setMessage("success");
        result.setCode(200);
    }

    public Result<T> setData(T t) {
        this.result.setResult(t);
        this.result.setCode(200);
        return this.result;
    }

    public Result<T> setSuccessMsg(String msg) {
        this.result.setSuccess(true);
        this.result.setMessage(msg);
        this.result.setCode(200);
        this.result.setResult(null);
        return this.result;
    }

    public Result<T> setData(T t, String msg) {
        this.result.setResult(t);
        this.result.setCode(200);
        this.result.setMessage(msg);
        return this.result;
    }

    public Result<T> setData(T t, Integer code, String msg) {
        this.result.setResult(t);
        this.result.setCode(code);
        this.result.setMessage(msg);
        return this.result;
    }

    public Result<T> setData(Integer code, String msg) {
        this.result.setResult(null);
        this.result.setCode(code);
        this.result.setMessage(msg);
        return this.result;
    }

    public Result<T> setErrorMsg(String msg) {
        this.result.setSuccess(false);
        this.result.setMessage(msg);
        this.result.setCode(500);
        return this.result;
    }

    public Result<T> setErrorMsg(String msg, String msg2) {
        this.result.setSuccess(false);
        this.result.setMessage(msg + " (" + msg2 + ") ");
        this.result.setCode(500);
        return this.result;
    }

    public Result<T> setErrorMsg(Integer code, String msg) {
        this.result.setSuccess(false);
        this.result.setResult(null);
        this.result.setMessage(msg);
        this.result.setCode(code);
        return this.result;
    }
```

图 5-110

```java
    public Result<T> setErrorMsg(Integer code, String msg, String msg2) {
        this.result.setSuccess(false);
        this.result.setResult(null);
        this.result.setMessage(msg + " (" + msg2 + ") ");
        this.result.setCode(code);
        return this.result;
    }
    public Result<T> setErrorData(T t, String msg){
        this.result.setSuccess(false);
        this.result.setResult(t);
        this.result.setCode(500);
        this.result.setMessage(msg);
        return this.result;
    }
    public Result<T> setErrorData(T t, Integer code, String msg){
        this.result.setSuccess(false);
        this.result.setResult(t);
        this.result.setCode(code);
        this.result.setMessage(msg);
        return this.result;
    }
}
```

图 5-111

5.5.2 接口实现

配置 HSF 服务的接口，如图 5-112 所示。

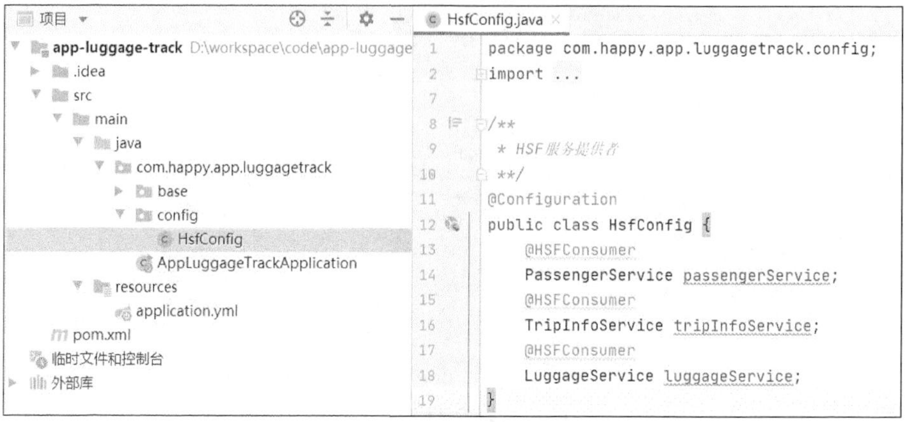

图 5-112

创建 RESTful 请求处理类 LuggageTrackController，如图 5-113 所示。

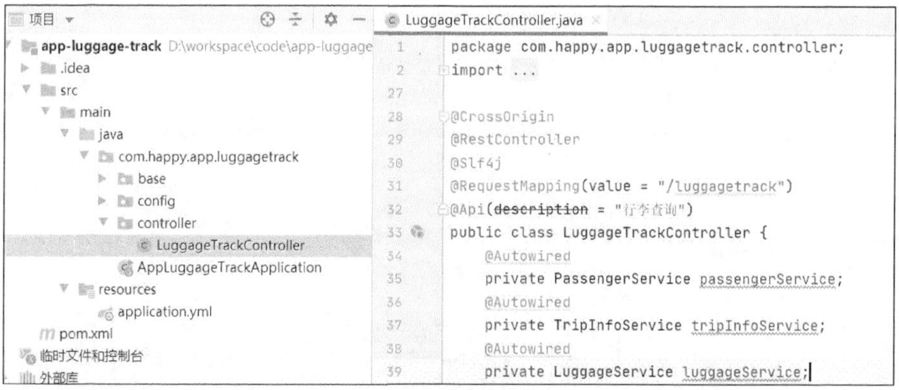

图 5-113

在 LuggageTrackController 类里新增小程序查询接口的调用方法，如图 5-114 和图 5-115 所示。

图 5-114

```
        if(pagePassengerResultDTO!=null&&pagePassengerResultDTO.getList().size()>0){
            passengerResultDTO = pagePassengerResultDTO.getList().get(0);
            map.put("passengerResultDTO",passengerResultDTO);
        }else {
            return new ResultUtil<Map>().setErrorMsg( code: 311, msg: "旅客信息不存在");
        }
        // 根据上一步返回的旅客信息取 OneId查询旅客的行程，调用行程中心的101接口
        TripInfoParamDTO tripInfoParamDTO = new TripInfoParamDTO();
        tripInfoParamDTO.setOneId(passengerResultDTO.getOneId());
        SimpleDateFormat simpleDateFormat = new SimpleDateFormat( pattern: "yyyy-MM-dd");
        tripInfoParamDTO.setFlightDate(DateUtil.parse(flightDate,  format: "yyyy-MM-dd"));
        TripInfoResultDTO tripInfoResultDTO = tripInfoService.findTripInfo(tripInfoParamDTO);
        map.put("tripInfoResultDTO",tripInfoResultDTO);
        // 根据上一步返回的旅客行程编号查询旅客本次行程的行李信息，调用行李中心的301接口
        LuggageFindDTO luggageFindDTO = new LuggageFindDTO();
        luggageFindDTO.setTrip_number(tripInfoResultDTO.getTripNumber());
        PageDTO<LuggageFindResultDTO> pageLuggageFindReslutDTO = luggageService.findLuggageByParam(luggageFindDTO);
        map.put("pageLuggageFindReslutDTO",pageLuggageFindReslutDTO);
        return new ResultUtil<Map>().setData(map);
    } catch (HandlerException he) {
        he.printStackTrace();
        return new ResultUtil<Map>().setErrorMsg(he.getMessage());
    } catch (Exception e){
        e.printStackTrace();
        return new ResultUtil<Map>().setErrorMsg(e.getMessage());
    }
}
```

图 5-115

在 LuggageTrackController 类里新增管理端根据条件查询旅客信息列表的接口调用方法，如图 5-116 所示。

```
@PostMapping("findPassengerList")
@ApiOperation(value = "管理端根据条件查询旅客信息列表")
public Result<PageDTO> findPassengerList(@RequestBody PassengerParamDTO passengerParamDTO) {
    try {
        // 查询出旅客的个人信息列表，调用会员中心201接口
        PageDTO<PassengerResultDTO> pagePassengerResultDTO = passengerService.findByParam(passengerParamDTO);
        return new ResultUtil<PageDTO>().setData(pagePassengerResultDTO);
    } catch (HandlerException he) {
        he.printStackTrace();
        return new ResultUtil<PageDTO>().setErrorMsg(he.getMessage());
    } catch (Exception e){
        e.printStackTrace();
        return new ResultUtil<PageDTO>().setErrorMsg(e.getMessage());
    }
}
```

图 5-116

在 LuggageTrackController 类里新增管理端根据旅客 OneID 查询行程信息的接口调用方法，如图 5-117 所示。

```
@PostMapping("findTripByOneID")
@ApiOperation(value = "管理端根据旅客OneID查询行程信息")
public Result<PageDTO> findTripByOneID(@RequestBody TripInfoParamDTO tripInfoParamDTO) {
    try {
        PageDTO<TripInfoResultDTO> pageTripResultDTO = tripInfoService.findTripInfos(tripInfoParamDTO);
        return new ResultUtil<PageDTO>().setData(pageTripResultDTO);
    } catch (HandlerException he) {
        he.printStackTrace();
        return new ResultUtil<PageDTO>().setErrorMsg(he.getMessage());
    } catch (Exception e){
        e.printStackTrace();
        return new ResultUtil<PageDTO>().setErrorMsg(e.getMessage());
    }
}
```

图 5-117

在 LuggageTrackController 类里新增管理端根据行程 ID 查询行李信息的接口调用方法，如图 5-118 所示。

```
@PostMapping("findLuggageByTripID")
@ApiOperation(value = "管理端根据行程ID查询行李信息")
public Result<PageDTO> findLuggageByTripID(@RequestBody LuggageFindDTO luggageFindDTO) {
    try {
        PageDTO<LuggageFindResultDTO> pageLuggageResultDTO = luggageService.findLuggageByParam(luggageFindDTO);
        return new ResultUtil<PageDTO>().setData(pageLuggageResultDTO);
    } catch (HandlerException he) {
        he.printStackTrace();
        return new ResultUtil<PageDTO>().setErrorMsg(he.getMessage());
    } catch (Exception e){
        e.printStackTrace();
        return new ResultUtil<PageDTO>().setErrorMsg(e.getMessage());
    }
}
```

图 5-118

在 LuggageTrackController 类里新增管理端根据行李 ID 查询行李操作信息的接口调用方法，如图 5-119 所示。

```
@PostMapping("findLuggageOperationByLuggageID")
@ApiOperation(value = "管理端根据行李ID查询行李操作信息")
public Result<PageDTO> findLuggageOperationByLuggageID(@RequestBody LuggageOperationFindDTO luggageOperationFindDTO) {
    try {PageDTO<LuggageOperationFindResultDTO> pageLuggageOperationResultDTO = luggageService.
            findLuggageOperationByParam(luggageOperationFindDTO);
        return new ResultUtil<PageDTO>().setData(pageLuggageOperationResultDTO);
    } catch (HandlerException he) {
        he.printStackTrace();
        return new ResultUtil<PageDTO>().setErrorMsg(he.getMessage());
    } catch (Exception e){
        e.printStackTrace();
        return new ResultUtil<PageDTO>().setErrorMsg(e.getMessage());
    }
}
```

图 5-119

5.5.3 接口测试

在测试前需要启动轻量级配置及注册中心、行程中心项目、旅客中心项目、行李中心项目和行李查询应用项目。

启动行李查询应用时，注意本地需要配置启动参数，如图 5-120 所示。

图 5-120

测试方式很简单，在浏览器直接请求即可，如图 5-121 所示。

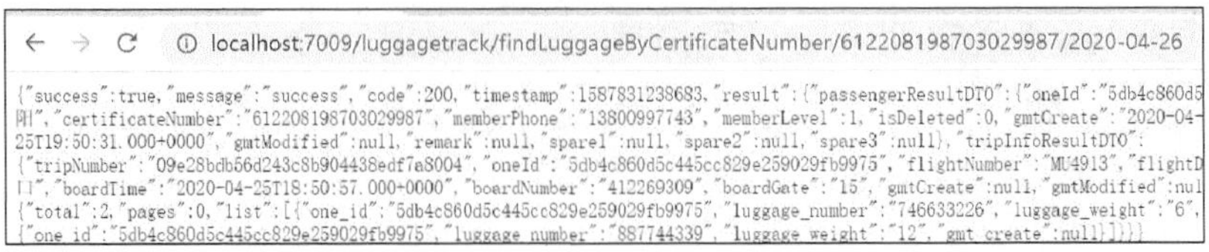

图 5-121

也可以用专业的测试接口工具，如 IDEA 自带的 REST 客户端，如图 5-122 所示。

图 5-122

从请求结果可以看出来：返回状态是 200（表示成功），返回数据有 3 类，即旅客信息、行程信息和行李数组（两件行李）。

5.5.4 推送项目代码到远端 Git 库

与前文的操作步骤相似，最终结果如图 5-123 所示。

| | | | 提交 1 | 网络 | 比较 | 分支 2 | 标签 0 |

在项目设置中保护的分支无法被合并

develop
67a55007 · Merge branch 'develop' of https://code.aliyun.com/ipss/app-luggage-track into develop · 4 天之前

master 默认 🔒保护的
e3872a71 · 新增行李查询项目 · 2 月之前

图 5-123

5.5.5 API 网关配置

业务中台和业务应用都已经完成开发了，从架构层面看业务中台提供内部的高效远程调用 RPC 接口，业务应用提供简单的 RESTful 接口。一般来说业务应用需要提供给不同的渠道终端使用，如 PC、小程序、应用、智能设备、第三方等，这时就需要对接口进行权限控制、流程控制、降级限流等，需要用到 API 网关来实现。阿里云已经提供了网关服务，可直接使用。

项目需要部署到云端 EDAS 环境才能注册到 API 网关上，阿里云提供的 API 网关服务功能很丰富，但是使用上有些问题，比如接口文档不友好、注重后台接口的对接等。当我们在前端使用微信小程序调用时会很麻烦，所以我们最后是自己开发了一套网关应用来实现的。阿里云的 API 网关页面如图 5-124 所示。

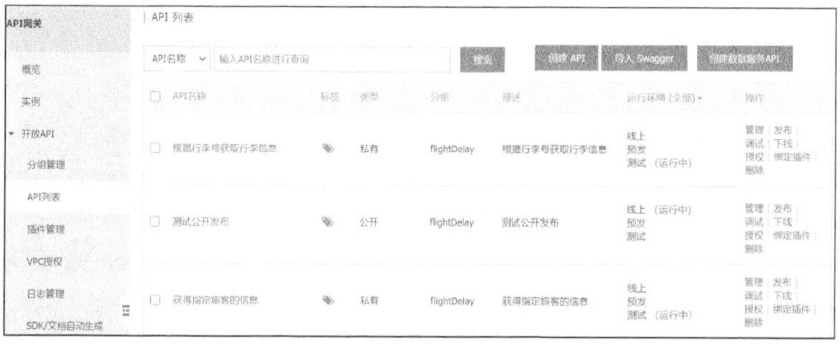

图 5-124

5.6 后台管理实现

以前开发项目时，Java 开发人员既要开发后端接口，又要开发前端页面。随着需求的快速迭代和技术的快速发展，许多公司把前 / 后端的界限分得越来越明确，前端工程师只管前端的页面开发，而后端工程师只负责后端的数据提供和标准的接口。正所谓专业的事由专业的人干，前 / 后端分离是 IT 发展的必然。

前 / 后端分离已成为项目开发的主流技术和基本要求，前端负责页面的渲染和交互的逻辑，前端通过 Ajax 网络请求与后端 RESTful 接口进行 JSON 数据的交互；后端则关注业务逻辑的处理。这样页面开发和业务逻辑开发可以并行来缩短开发周期。随着页面交互和 UI 要求的不断提升，前端的专业性避免了后端人员写页面的"尴尬"，而且前端具有强大的生态系统，有许多现成的组件和框架可以进行大项目的模块化开发。本案例选择 Vue+iView 的组合实现 iView Admin 的前端功能。

- Vue：一套构建 UI 的渐进式框架，只关注视图层，采用自底向上、增量开发的设计，通过尽可能简单的接口实现响应的数据绑定和组合的视图组件。
- iView UI：基于 Vue 的开源 UI 组件库，包含了后台开发过程中最基本的组件，是一套细致、漂亮、简洁的 UI，文档和示例比较全。

- iView Admin：一个 GitHub 开源项目，基于 Vue 搭配使用 iView UI 组件库构建的后台管理系统，类似于类阿里云后台，包含了最基本的路由、状态管理、权限等后台系统共有的功能，可基于此系统进行后台业务开发。

5.6.1　安装 iview-admin

下载 iview-admin，如图 5-125 所示。

图 5-125

也可以在 GitHub 或 Gitee 官网直接下载 ZIP 源码包，如图 5-126 所示。

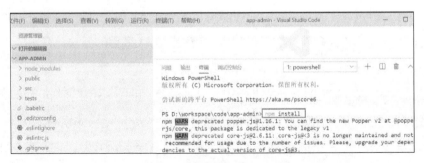

图 5-126

解压后目录名称修改为 app-admin，用 VS Code 打开并安装依赖，如图 5-127 所示。

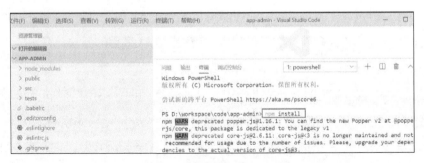

图 5-127

运行项目，如图 5-128 所示。

图 5-128

系统已经跑起来，可以被访问，如图 5-129 所示。

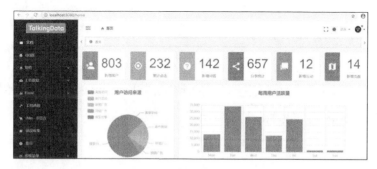

图 5-129

默认的项目目录结构如图 5-130 所示。

图 5-130

5.6.2　基础框架配置

在 src/views 目录下新建目录 luggage，目录里新建文件 luggage.vue、luggage.

less 和 luggage.js，这样就创建好了一个行李查询组件目录，如图 5-131 所示。它的页面路径为 src/views/luggage。要想在浏览器上展示，接下来我们就要进行路由的配置。

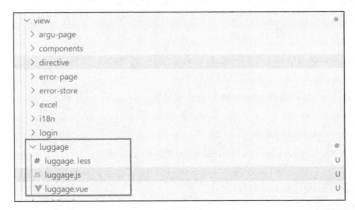

图 5-131

在 src/router/router.js 里新增行李查询路由，并将 iview-admin 初始化的其他路由删除（保留首页的路由），如图 5-132 所示。

```
29              title: '首页',
30              notCache: true,
31              icon: 'md-home'
32            },
33            component: () => import('@/view/single-page/home')
34          }
35        ]
36      },
37      {
38        path: '/luggage', // 必填    指定链接
39        name: 'luggage', // 必填    组件名称，页面都以name值来加载
40        component: Main, // 注入组件
41        meta: {
42          hideInBread: true
43        },
44        children: [ // 在main右侧视图显示的页面都要用children来添加
45          {
46            path: '/luggage', // 必填
47            name: 'luggage', // 必填
48            meta: {
49              title: '行李查询', // 非必填    菜单名称
50              icon: 'md-briefcase'// 非必填    菜单图标
51            },
52            component: () => import('@/view/luggage/luggage.vue') // 必填    用来加载该路由规则对应的视图
53          }
54        ]
55      }
56    ]
```

图 5-132

在 src/locale/lang/zh-CN.js 中设置菜单的中文显示，如图 5-133 所示。

```
JS zh-CN.js  ×

src > locale > lang > JS zh-CN.js > ...
1    export default {
2      home: '首页',
3      login: '登录',
4      luggage: '行李查询'
5    }
```

图 5-133

如果不启用eslint验证，在vue.config.js里将lintOnSave设置为false，如图5-134
所示。

```
19    module.exports = {
20
21      baseUrl: BASE_URL,
22
23      // 如果你不需要使用eslint，把lintOnSave设为false即可
24      lintOnSave: false,
```

图 5-134

至此，前端基础框架已经配置完成，如图 5-135 所示。

图 5-135

5.6.3　行李查询页面开发

行李查询应用包括对旅客列表、旅客关联的行程列表和行程的行李信息的展示。页面
整体分为 3 个部分：条件查询表单、旅客列表表格、旅客关联抽屉。用到的 iview 组件有
表单、表格、抽屉。

在 luggage.vue 定义行李查询列表的查询条件展示，如图 5-136 所示。

```
▼ luggage.vue ×

src > view > luggage > ▼ luggage.vue
 1    <style>
 2      @import './luggage.less';
 3    </style>
 4    <template>
 5      <div>
 6        <!-- 查询条件 -->
 7        <Row>
 8          <Form ref="searchForm" :model="searchForm" inline class="search-form">
 9            <FormItem>
10              <Input type="text" v-model="searchForm.memberName" clearable placeholder="输入姓名"
11                style="width: 80px"/>
12            </FormItem>
13            <FormItem>
14              <Input type="text" v-model="searchForm.certificateNumber" clearable placeholder="输入证件号"
15                style="width: 80px"/>
16            </FormItem>
17            <FormItem>
18              <Input type="text" v-model="searchForm.memberPhone" clearable placeholder="输入手机号"
19                style="width: 80px"/>
20            </FormItem>
21
22            <FormItem>
23              <Button type="primary" @click="handleSubmit">搜索</Button>
24            </FormItem>
25          </Form>
26        </Row>
```

图 5-136

在 luggage.vue 定义旅客列表展示，如图 5-137 所示。

```
27          <!-- 旅客列表 -->
28          <Row>
29              <Table  border :columns="columns" :data="data" @on-row-click='getTrip'></Table>
30              <!-- 旅客列表分页 -->
31              <Row type="flex" justify="end" class="page">
32                  <Page :current="searchForm.pageNum" :total="total" :page-size="searchForm.pageSize"
33                  @on-change="changePage" @on-page-size-change="changePageSize" :page-size-opts="[10,20,50]"
34                  size="small" show-total show-elevator show-sizer></Page>
35              </Row>
36          </Row>
```

图 5-137

在 luggage.vue 定义行程、行李列表展示，如图 5-138 所示。

```
37          <!-- 行程、行李列表抽屉 -->
38          <Drawer title="行程、行李列表" placement="right" v-model="chooseItem" width="40%" >
39              <!-- 分割线Divider -->
40              <Divider orientation="left" style="margin-top:30px;color:#aaa">旅客行程</Divider>
41              <!-- 行程列表 -->
42              <Row>
43                  <Table :loading="detailLoading" border :columns="tripColumns" :data="tripData" sortable="custom"
44                  ref="table" @on-row-click='getTripLuggage' ></Table>
45              </Row>
46              <Divider orientation="left" style="margin-top:30px;color:#aaa" v-if="showLuggage">行李列表</Divider>
47              <!-- 行李列表 -->
48              <Row  v-if="showLuggage">
49                  <Table :loading="detailLoading" border :columns="luggageColumns" :data="luggageData"
50                  sortable="custom" ref="table" ></Table>
51              </Row>
52          </Drawer>
53      </div>
54  </template>
```

图 5-138

引入 luggage.js，如图 5-139 所示。

```
55  <script>
56  import vm from './luggage.js'
57  export default vm
58  </script>
```

图 5-139

5.6.4 行李查询样式开发

在 luggage.less 定义行李列表的 CSS 样式，如图 5-140 所示。

图 5-140

5.6.5 行李查询逻辑脚本开发

在 api 目录下新增 index.js 用来配置后端请求地址，如图 5-141 所示。

```js
JS index.js    ×

src > api > JS index.js > ...
   1    import axios from 'axios'
   2    // 定义接口请求方法
   3    const postComplexRequest = (url, params) => {
   4      return axios({
   5        method: 'post',
   6        url: `${url}`,
   7        data: params,
   8        headers: {
   9          'Content-Type': 'application/json'
  10        }
  11      })
  12    }
  13    // 统一请求路径前缀
  14    var baseLuggage = 'http://localhost:7009'
  15    // 获取旅客列表
  16    export const findPassengerList = (params) => {
  17      return postComplexRequest(`${baseLuggage}` + '/luggagetrack/findPassengerList', params)
  18    }
  19    // 获取旅客行程
  20    export const findTripByOneID = (params) => {
  21      return postComplexRequest(`${baseLuggage}` + '/luggagetrack/findTripByOneID', params)
  22    }
  23    // 获取旅客行李
  24    export const findLuggageByTripID = (params) => {
  25      return postComplexRequest(`${baseLuggage}` + '/luggagetrack/findLuggageByTripID', params)
  26    }
```

图 5-141

在 luggage.js 定义行李查询结果的数据结构，如图 5-142 所示。

```js
JS luggage.js ●

src > view > luggage > JS luggage.js > [@] default
   1    import { findPassengerList,findTripByOneID,findLuggageByTripID } from '@/api/index'
   2    import Util from '@/libs/util'
   3    export default {
   4      data () {
   5        return {
   6          searchForm: { pageNum: 1,pageSize: 10,memberName: '',certificateNumber: '',memberPhone: '' },
   7          columns: [
   8            { type: 'index',width: 60,align: 'center',fixed: 'left' },
   9            { title: '姓名', key: 'memberName' },
  10            { title: '手机号', key: 'memberPhone' },
  11            { title: '证件号', key: 'certificateNumber' },
  12            { title: '会员等级', key: 'memberLevel', align: 'center',
  13              render: (h, params) => {
  14                let obj = ''
  15                if (params.row.memberLevel == '1') {
  16                  obj = '普通会员'
  17                } else if (params.row.memberLevel == '2') {
  18                  obj = '中级会员'
  19                } else if (params.row.memberLevel == '3') {
  20                  obj = '高级会员'
  21                }
  22                return h('div',
  23                  obj
  24                )
  25              }
  26            }
  27          ],
  28          data: [], total: 0, chooseItem: false, showLuggage: false, detailLoading: true,
  29          tripColumns: [
  30            { type: 'index',width: 60,align: 'center',fixed: 'left' },
  31            { title: '航班号', key: 'flightNumber' },
  32            { title: '出发地', key: 'flightDeparture' },
  33            { title: '目的地', key: 'flightDestination' },
  34            { title: '登机口', key: 'boardGate' }
  35          ],
  36          tripData: [],
  37          luggageColumns: [
  38            { title: '行李编号',key: 'luggage_number' },
  39            { title: '行李重量（KG）', key: 'luggage_weight' }
  40          ],
  41          luggageData: []
  42        }
  43      },
```

图 5-142

在 luggage.js 定义行李查询的方法，如图 5-143 所示。

```
44   mounted () {
45     this.init()
46   },
47   methods: {                              81      // 点击查看旅客行程
48     init () {                             82      getTrip (v) {
49       this.getPassengerList()             83        this.chooseItem = true
50     },                                    84        this.passengerInfo = v
51     changePage (v) {                      85        this.getTriplList()
52       this.searchForm.pageNum = v         86        this.showLuggage = false
53       this.getPassengerList()             87        this.luggageData = []
54     },                                    88      },
55     changePageSize (v) {                  89      // 查询旅客行程
56       this.searchForm.pageSize = v        90      getTriplList () {
57       this.getPassengerList()             91        console.log(this.passengerInfo)
58     },                                    92        findTripByOneID({ oneId: this.passengerInfo.oneId }).then(
59     // 点击搜索按钮                         93          res => {
60     handleSubmit () {                     94            this.detailLoading = false
61       this.searchForm.pageNum = 1         95            if (res.data.success === true) {
62       this.searchForm.pageSize = 10       96              this.tripData = res.data.result.list
63       this.getPassengerList()             97            }
64     },                                    98          })
65     // 获取旅客列表                         99      },
66     getPassengerList () {                 100     // 点击行程查询行李
67       findPassengerList(this.searchForm).then( 102   getTripLuggage (v) {
68         res => {                          103       this.showLuggage = true
69         console.log(res)                  104       findLuggageByTripID({ one_id: this.passengerInfo.oneId,
70         this.loading = false              105       trip_number: v.tripNumber }).then(res => {
71         if (res.data.success === true) {  106         if (res.data.success === true) {
72           this.data = res.data.result.list 107          this.luggageData = res.data.result.list
73           this.total = res.data.result.total 108        }
74         }                                 109       })
75       })                                  110     }
76     },                                    111   }
77     // 选择查询时间
78     selectDate (e) {
79       this.searchForm.flight_date = e
80     },
```

图 5-143

5.6.6　页面展示

查询行程、行李的页面如图 5-144 所示。

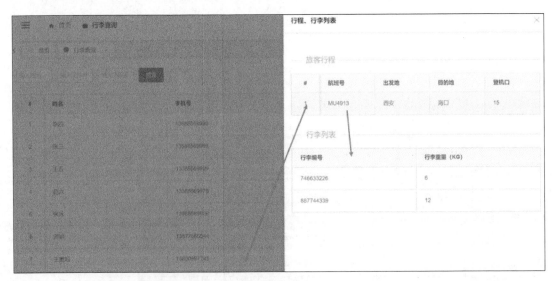

图 5-144

5.6.7 推送项目代码到远端 Git 库

将目录名称修改为 app-admin，推送到 Git 库，注意 node_modules 目录不需要上传。

5.7 小程序端实现

中台项目前端选择微信小程序是我们当年明智的决策，如果按传统思路自建应用则风险很大。机场提供的服务对旅客来说"即用即走"，停留时间短。如果旅客只想查询一下自己的行李状态还得下载安装机场的应用，那么旅客会很反感，一是麻烦，二是安装应用会占用内存，使用完了还得卸载。而小程序是一种不需要下载安装即可使用的应用，它实现了应用"触手可及"，扫一扫就能使用，非常适合机场使用。

小程序在微信内运行，不用去分别开发 Android 和 iOS 操作系统的应用，使用 H5 展示的系统涉及兼容问题就很麻烦，很难对所有的手机型号进行适配，而用小程序基本不需要考虑兼容问题。小程序框架本身所具有的快速加载和快速渲染能力，加之配套的云能力、运维能力和数据汇总能力，使得开发人员不需要去处理琐碎的工作，可以把精力放置在具体的业务逻辑的开发上。目前微信小程序和支付宝小程序都支持小程序云开发，这是一种更轻量的无服务器架构，实现了 servless 云函数，有自己的文件存储和数据库，基本不需要后台就能实现一些业务功能。如果按这样发展下去可能有一天后台工程师就要失业了，但往往任何事都有两面性，对于业务中台是向下沉淀业务能力的，前台要灵活轻量，如果把业务都放在前台的话，那么和中台的架构就有冲突，不过 IT 的发展速度的不确定性也很大。

小程序的模式使得微信可以开放更多的数据，开发人员可以获取到用户的个人信息，可以直接和自己的业务系统集成。通过线上公众号挂小程序业务菜单、线下在各服务场景张贴小程序码的方式，可实现与旅客的触点。

接下来以行李查询为例介绍小程序的开发，旅客进入小程序录入自己的证件号码，小程序直接调用行李查询应用的接口，将返回数据展示到小程序页面上。我们基于原生小程序和小程序云开发了两套 demo，对比发现在业务中台的基础上再用小程序云相对较麻烦。

5.7.1　微信小程序环境配置

申请小程序账号，填写相关资料后即可获取自己的小程序账号，如图 5-145 所示。

图 5-145

自动生成小程序的 AppID 和密钥，AppID 相当于小程序的身份证，如图 5-146 所示。

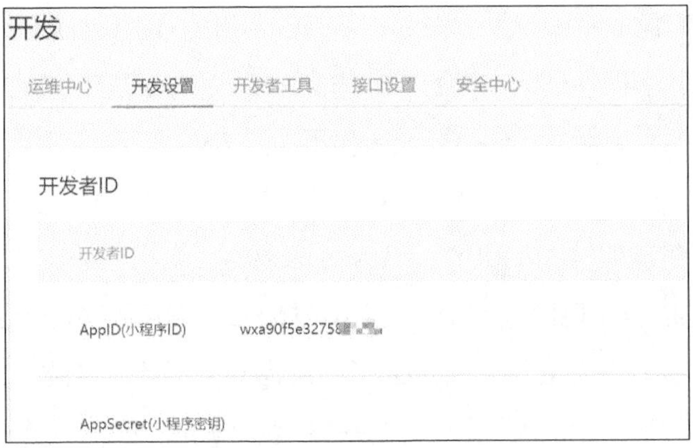

图 5-146

下载小程序开发工具，默认安装后用微信扫码登录，如图 5-147 所示。

图 5-147

新建行李查询小程序项目，选择不使用云服务，如图 5-148 所示。关于小程序云版的行李查询开发，读者有兴趣可以在本书提供的源码地址下载源码。

图 5-148

默认代码框架已经初始化，自带 Hello World 项目，如图 5-149 所示。

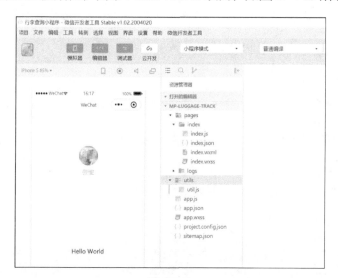

图 5-149

小程序的目录结构如图 5-150 所示。

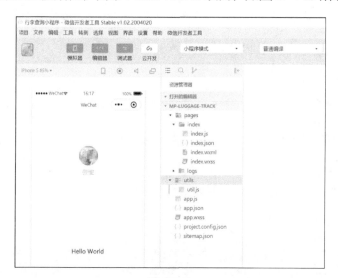

图 5-150

5.7.2　业务功能实现

所有的模块页面都放在 pages 目录中，按自己项目的功能分类，新建行李目录 luggage，在目录里新建页面 luggage，还有子页面行李列表 luggageList，开发工具会自动创建页面里的 JS、JSON、WXML 和 WXSS 这 4 个文件，与 HTML 不同的是，小程序文件不需要单独关联 JS 和 WXSS 文件，会默认将同名的 JS 和 WXSS 文件引用。

在 app.json 文件中配置小程序全局参数，包括小程序页面路径、界面样式、网络超时时间、底部 tab 等，如图 5-151 所示。

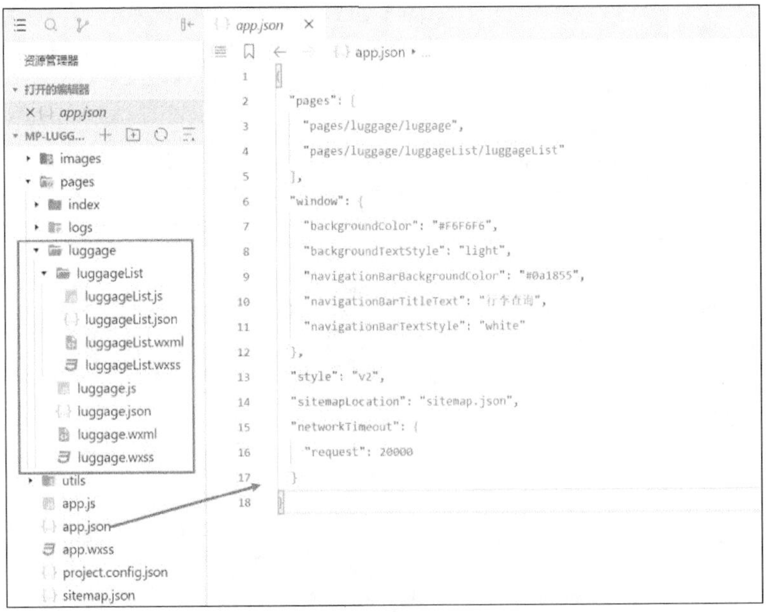

图 5-151

在 utils 目录下新建 appConfig.js 文件，用来配置后端接口和地址，如图 5-152 所示。

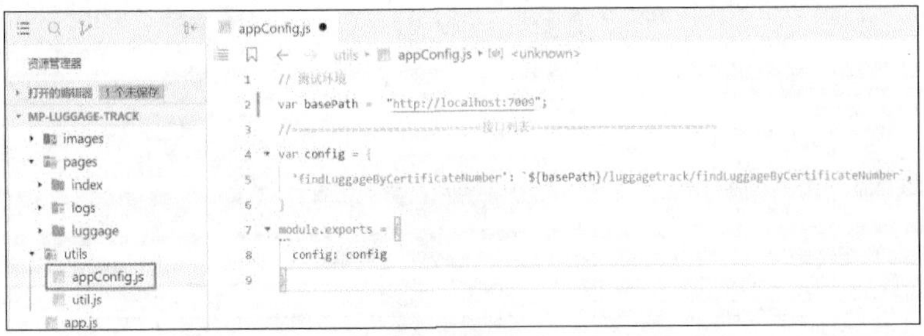

图 5-152

在 app.js 中引入 appConfig.js 并配置在应用实例中，这样在全局都可以调用 appConfig.js 了，如图 5-153 所示。

图 5-153

开发行李查询页面的 WXSS 文件，如图 5-154 所示。

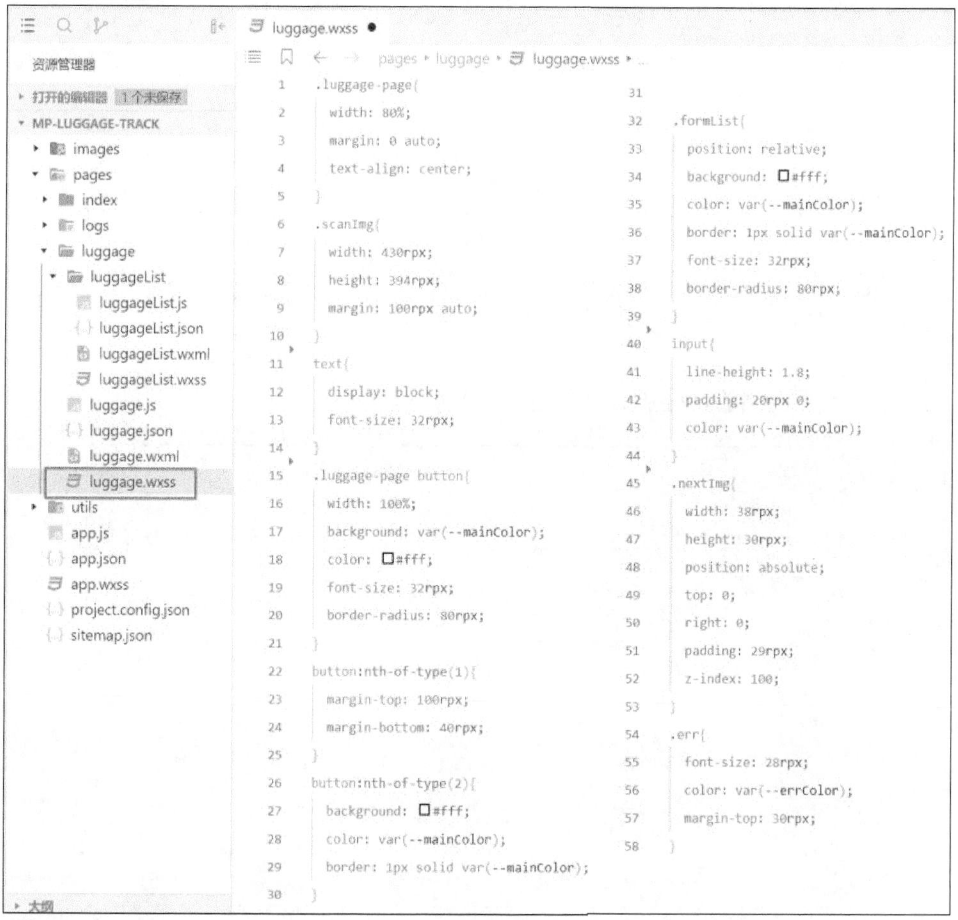

图 5-154

开发行李查询页面的 WXML 文件，如图 5-155 所示。

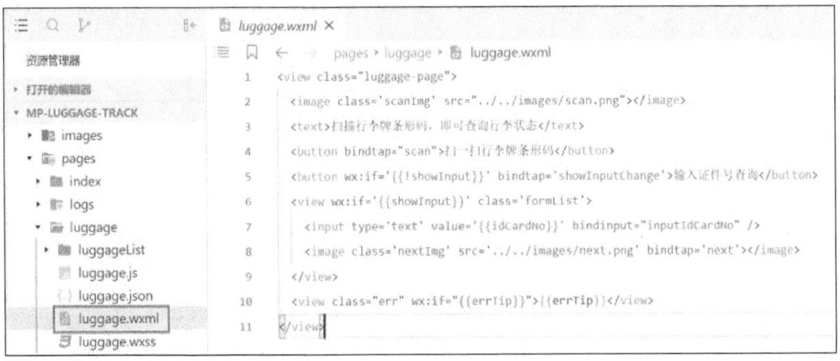

图 5-155

开发行李查询页面的静态数据，如图 5-156 所示。

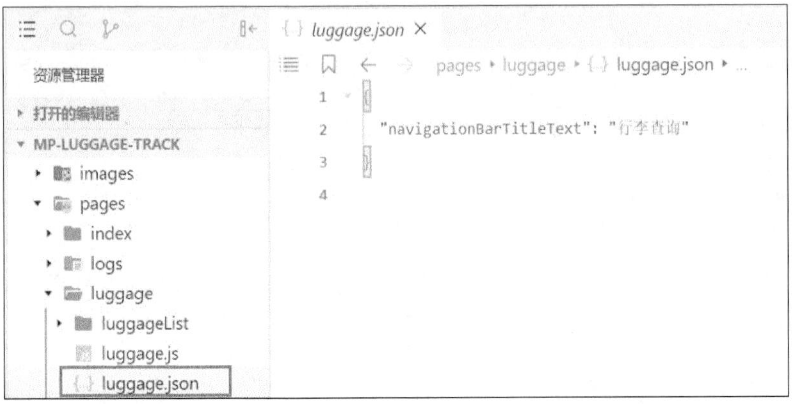

图 5-156

开发行李查询页面的页面逻辑，如图 5-157 所示。

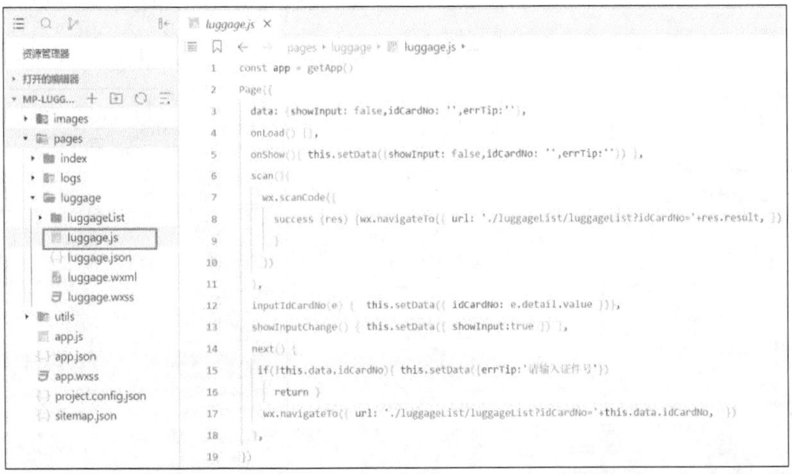

图 5-157

开发行李查询结果页面的 WXSS 文件，如图 5-158 所示。

```
luggageList.wxss ●
     ←  →   pages › luggage › luggageList ›  luggageList.wxss ›  .lastLine
 1   .luggage-list{ background: var(--bgColor);}
 2   .btn .active{ color: var(--mainColor);}
 3   .userInfo{ background: #fff; padding: 20rpx 5%;}
 4   .userInfo view{ width: 48%; font-size: 28rpx; line-height: 1.5; padding: 10rpx 0;}
 5   .userInfo view text:nth-of-type(1){ color: var(--lightFont);}
 6   .btn,.content{ background: #fff;}
 7   .btn{ width: 100%; margin: 30rpx 0; overflow-x: scroll; text-align: center;}
 8   .btn .btn-item{ float: left; width: 220rpx; font-size: 30rpx; position: relative; padding: 20rpx 0;}
 9   .btn-item.active::after{ content: ""; width: 100rpx; height: 1px;
10     background: var(--mainColor); position: absolute; bottom: -10rpx; left: 0; right: 0; margin: auto;}
11   .content{ padding: 30rpx;}
12   .content-top{ font-size: 0;}
13   .content-top text{ display: inline-block; font-size: 28rpx; width: 50%;}
14   .flowList { width: 100%; margin: 60rpx auto; font-size: 26rpx; color: #000;}
15   .flowItem { display: flex; align-items: center; margin-bottom: 60rpx;}
16   .flowItem text:nth-of-type(1) { width: 50%; text-align: right;}
17   .flowItem text:nth-of-type(2) { width: 30%; text-align: left;}
18   .itemCenter { width: 38rpx; height: 38rpx; position: relative; margin: 0 20rpx;}
19   .itemCenter image { width: 38rpx; height: 38rpx;}
20   .flowLine { position: absolute; top: 40rpx; right: 19rpx; height: 61rpx;
21     border-right: 1px solid #00a0e9;}
22   .lastLine { border-right: 1px solid #ddd;}
```

图 5-158

开发行李查询结果页面的 WXML 文件，如图 5-159 所示。

```
luggageList.wxml ●
     ←  →   pages › luggage › luggageList ›  luggageList.wxml
 1   <view class="luggage-list">
 2     <view class="userInfo Flex"> <!-- 用户信息 start -->
 3       <view><text>姓名: </text><text>{{userInfo.memberName}}</text></view>
 4       <view><text>航班号: </text><text>{{tripInfo.flightNumber}}</text></view>
 5       <view><text>会员等级: </text><text>{{userInfo.memberLevel}}</text></view>
 6       <view><text>电话: </text><text>{{userInfo.memberPhone}}</text></view>
 7       <view><text>目的地: </text><text>{{tripInfo.flightDestination}}</text></view>
 8       <view><text>登机时间: </text><text>{{tripInfo.boardTime}}</text></view>
 9     </view>
10     <view class="btn"> <!-- tab表头 start -->
11       <view class="clearFix" style="width:{{luggageList.length*220}}rpx">
12         <view class="btn-item {{currentIndex==index?'active':''}}" wx:for='{{luggageList}}'
13       wx:key="index" data-index="{{index}}" bindtap="changeBtn">行李{{index+1}}</view>
14       </view>
15     </view>
16     <block wx:for='{{luggageList}}' wx:key="index" data-index="{{index}}"> <!-- tab主体 start -->
17       <view class="content" wx:if="{{currentIndex==index}}">
18         <view class="content-top">
19           <text>行李编号: {{item.luggage_number}}</text>
20           <text>行李重量: {{item.luggage_weight}}kg</text>
21         </view>
22       </view>
23     </block>
24   </view>
```

图 5-159

开发行李查询结果页面的静态数据，如图 5-160 所示。

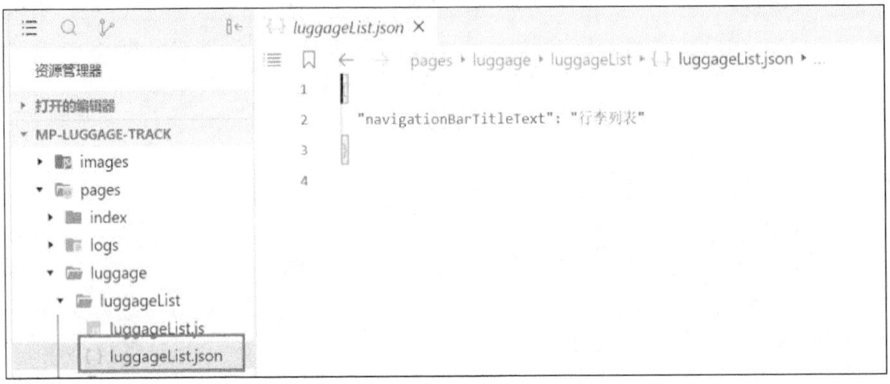

图 5-160

开发行李查询结果页面的页面逻辑，如图 5-161 所示。

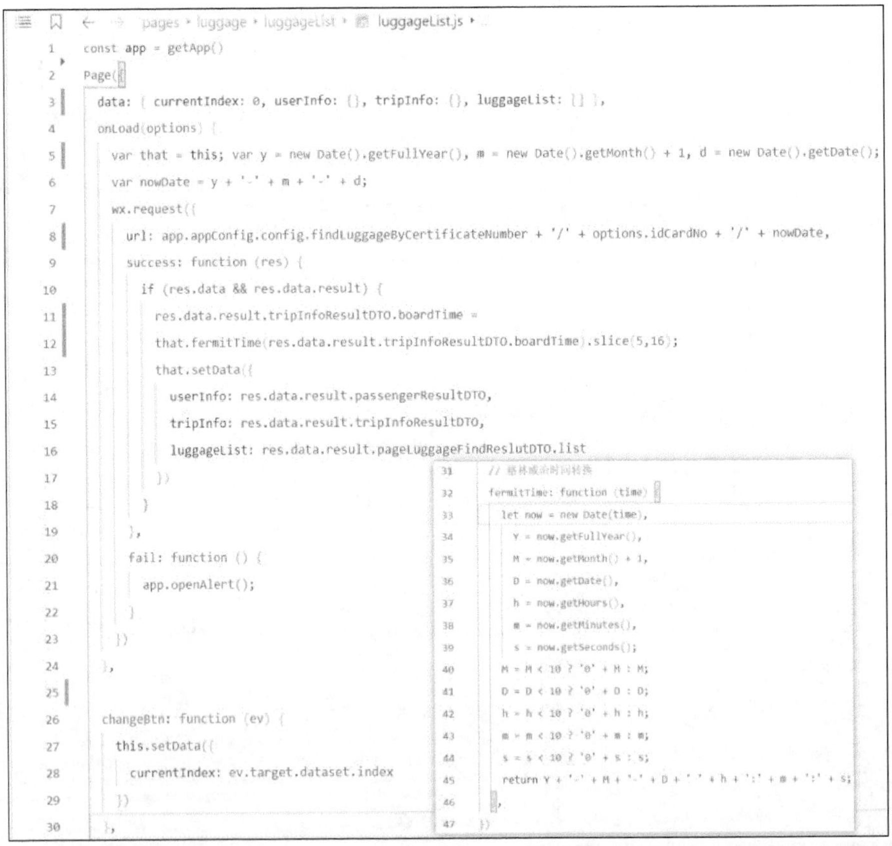

图 5-161

注意这里的 nowDate 是取的当天的日期，所以只能查询当天的行李数据，如果测试日期当天没有行李，则修改为实际的日期。

小程序全局样式的设置，如图 5-162 所示。

```
app.wxss ●
            app.wxss ▸ ...
1    page {
2        --mainColor: ■#3d77f5;
3        --fontColor: ■#5a5a5a;
4        --lightFont: ■#7b7b7b;
5        --bgColor: □#f7f7f7;
6        --errColor: ■#ff4870;
7        background: □#f6f6f6;
8        display: flex;                    22    .container {
9        flex-direction: column;           23        display: flex;
10       justify-content: flex-start;      24        flex-direction: column;
11   }                                     25        align-items: center;
12   .clearFix::after {                    26        box-sizing: border-box;
13       content: "";                      27    }
14       display: block;                   28    button:not([size='mini']) {
15       clear: both;                      29        font-weight: normal;
16   }                                     30        line-height: 1.8;
17   .Flex {                               31        width: unset !important;
18       display: flex;                    32    }
19       justify-content: space-between;   33    button:focus { outline: 0; }
20       flex-wrap: wrap;                  34    button::after { border: none; }
21   }                                     35    .disable { color: ■#888; }
```

图 5-162

把行李查询需要的图片资源复制到小程序里，图 5-163 所示的 4 张图就是从第 4 章
UI 的设计图中切出来的。

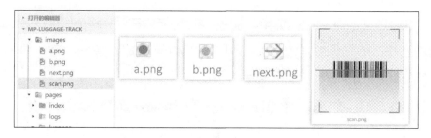

图 5-163

5.7.3　测试

通过小程序开发工具里的预览或真机调试进行测试，在小程序的本地设置中去掉校验
合法域名和 HTTPS 证书，才能在本地调用接口。测试结果如图 5-164 所示。

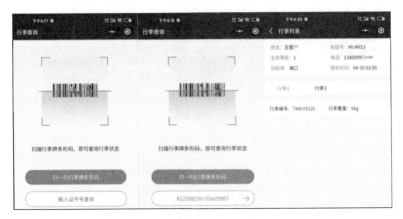

图 5-164

5.7.4 推送项目代码到远端 Git 库

推送项目代码到远端 Git，如图 5-165 所示。

图 5-165

到此，整个业务中台、业务应用及前 / 后端已经完成开发。整个项目在本地都运行起来需要启动图 5-166 所示的 7 个系统，所以对本地的计算机性能有一定的要求，如果项目在一台计算机运行不起来，可以用多台计算机运行。

图 5-166

第6章 云计算资源

业务中台是面向 C 端旅客服务共享、复用平台，对于使用集团自有服务器进行虚拟化部署，我们综合评估后觉得不太合适。因为对于自动化的运维、弹性计算的伸缩能力，本地机房不能满足要求，其也无法应对流量峰值，所以考虑在 IaaS 层（硬件和网络）采用公有云服务器租赁方案。目前国内公有云服务提供者比较多，如阿里云、腾讯云、华为云、天翼云等，本书采用了阿里云进行环境部署。一方面中台架构是由阿里在实践中逐步总结提出的，阿里的核心系统也在阿里云经历过各种复杂场景的考验，而且底层是由阿里云自主研发的飞天平台支撑；另一方面阿里云的 EDAS 部署环境对于微服务架构的完整支持可以满足中台需求，当然其他云平台也有相应的解决方案，在实际中很可能是多云共存的混合云架构。对于业务应用来说；这种"只要能力不要产权"的方式在很多传统企业存在认识上的障碍。

6.1 计算资源

6.1.1 企业实名认证

公有云用户一般是企业用户，阿里云对于企业用户需要进行企业实名认证，认证过程需要上传企业的相关信息，阿里云会给企业对公账户进行小额打款，企业确认后完成认证。前文默认注册的是个人用户，功能都可以使用，但如果是企业使用，因为涉及费用、充值、结算等功能，以及阿里云会给企业用户分配一定的授信额度，比如因特殊情况导致账户余额不足，集团公司充值审批流程较长，会在阿里云上临时申请提高授信额度来保证业务的正常运行，所以推荐个人用户注册或变更为企业用户。

在个人中心的实名认证，选择变更为企业认证，如图 6-1 所示。

图 6-1

完成主账号短信验证后，会有 3 种企业实名认证方式，按自己的情况选择认证方式即可，如果企业有支付宝就用第 1 种，没有就用第 2 种或第 3 种，如图 6-2 所示。

图 6-2

录入相关企业信息后等待认证完成，如图 6-3 所示。

图 6-3

6.1.2 地域与可用区

阿里云的资源是按地域进行划分的，所以在购买云上的资源时需要选择在哪个地域，一般来说就选择离自己最近的，但也不绝对。比如我们刚开始是在华北 3 购买的 ECS，当时华北 3 的优惠力度很大，但在使用 EDAS 部署应用时发现华北 3 的有些组件不支持，又退掉了所有华北 3 的资源，在华北 2 重新购买并部署。华北 2 和华东 1 这两个地域的产品较全面，价格也相对贵一些，但也有特例比如在部署集团网站群应用时，当时只有华北 5 支持原生的 IPv6 地址。阿里云支持的地域请从图 6-4 所示的页面参考。

图 6-4

地域与地域之间默认不能进行内网互通，建议只在一个地域分配资源，通过内网进行通信，实现互联、互通。多地域的部署可以作为异地灾备的方案，阿里云的云企业网（Cloud Enterprise Network，CEN）可以实现多地域的互通，如图 6-5 所示。在下文 VPC 部分进行讲解。

图 6-5

中台最好只部署在同一个地域，最好不要跨地域，因为中台项目需要保证多实例进行负载均衡来实现高可用性，如果跨地域就无法实现负载均衡。我们用云企业网的场景是有一个成员企业，IT 厂家给该企业开发了一套业务系统，该成员企业没有 IT 的运维和保障能力，就把系统部署到 IT 厂家阿里云账号下的服务器上，在与中台对接时我们不容许通过外网访问，最终在集团的阿里云账号下开通云企业网实例，将该 IT 厂家的阿里云账号绑定到云企业网实例上，实现了跨账号的内网访问方式，同账号跨地域也可以支持。

在地域下又分为不同的可用区，每个可用区是电力和网络互相独立的物理机房。同一地域内可用区与可用区之间内网是互通的，可用区之间可以做到硬件故障的隔离。业务中心一般将多个实例部署在不同的可用区，实现负载均衡和高可用，如图 6-6 所示。

图 6-6

- 如果需要实现高可用和容灾能力，可将应用实例部署在同一地域的不同可用区内。
- 如果应用要求实例之间的网络延时较低、性能高，就将实例创建在同一可用区内。

可以按测试、准生产和生产环境来划分可用区，也可以按后台系统、中台层、应用层、第三方服务来划分，如果甲方没有专职的运维团队建议划分两个可用区即可。可用区太多则调用链路复杂，也难以梳理清楚，出了问题不太好快速定位。

阿里云之前有一个很麻烦的事就是权限管理，集团对外提供的公有云资源需要服务几十个成员企业的 IT 资源需求，每个企业的资源需求种类不同，又不能相互影响。例如 A 成员企业的 IT 管理员不能有权限去重启 B 成员企业的服务器，在项目云化初期我最大的工作量就是对这些成员企业的子账号权限进行合理分配，还好阿里云意识到这个问题并上线了资源组管理功能。

6.1.3 资源组

资源组是在阿里云账号下对资源进行分组管理和授权的一种功能，解决了子账号资源授权管理的复杂性问题。

- 对单个子账号下多种云资源进行集中的分组管理。
- 为每个资源组设置管理员，资源组管理员可以独立管理资源组内的所有资源。
- 按资源组维度查看账单消费数据，以解决不同业务的成本分摊问题。

可以创建多个资源组，但默认最多可创建 10 个资源组，如图 6-7 所示。如果按每个成员企业创建一个资源组，超过 10 个成员企员就不够了，有个技巧是可以通过后台工单申请增加资源组数量。

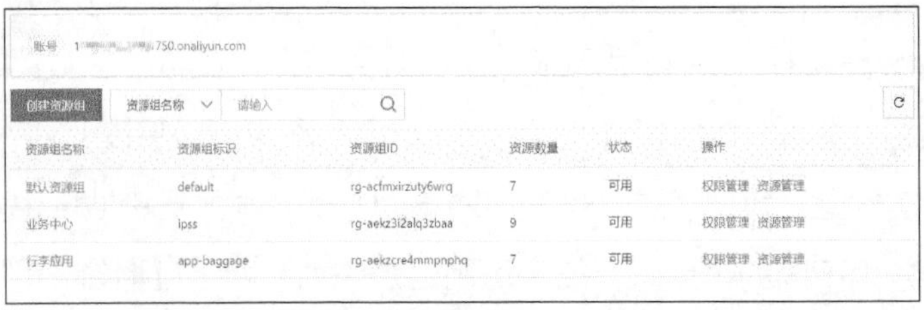

图 6-7

申请资源时可以指定资源是属于哪个资源组的，资源组目前可以管理的资源类型如图 6-8 所示。

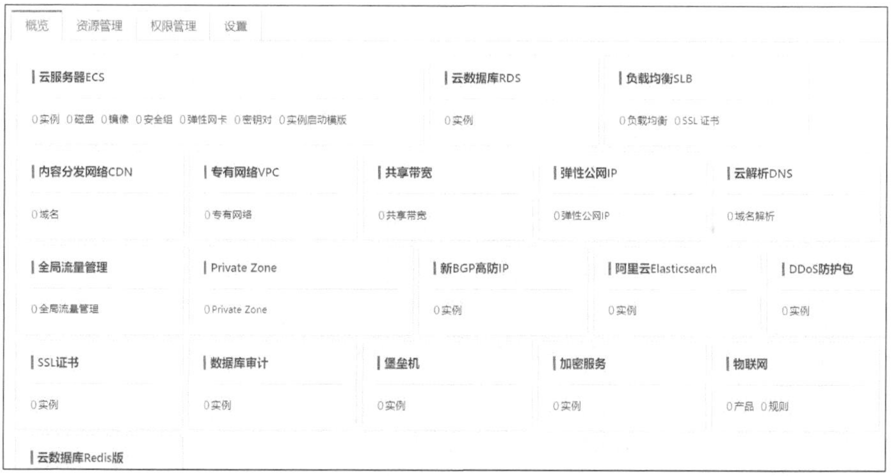

图 6-8

分配权限时给该资源组的子账户分配最大权限即可，但也只有此资源组内的所有资源的权限，没有其他资源组的权限。这样只需要对资源组进行权限管理，而不用再针对每个子账号进行授权。图 6-9 所示为给业务中心的资源组的子账号授予权限。

图 6-9

6.1.4 ECS

ECS 是阿里云提供的一种处理能力可弹性伸缩的云计算服务，就像使用水、电、煤气等资源一样便捷、高效。使用 ECS 无须提前采购硬件设备，而是根据业务需要，随时创建所需数量的云服务器实例，并在使用过程中随着业务的扩展，对云服务器进行配置升降、扩容磁盘、增加带宽等弹性的伸缩。如果业务不再需要云服务器，可以随时释放资源,节省费用。并且可通过自动化的运维提升运维效率,使企业降低 IT 成本,使专业的人做专业的事,使企业用户更专注于核心业务实现上。

云服务器与传统本地 IDC 机房的对比,如表 6-1 所示。

表 6-1

对比项	云服务器	本地 IDC 机房
可用性	多地域、多可用区实现主备、双活灾备	需要自己搭建,运维和管理复杂
易用性	集成主流正版操作系统,在线更新和管理	自行购买并安装,运维要登录服务器
成本性	按需购买、弹性付费、非固定资产管理	一次最大配置购买,成本高、资源浪费严重
灵活性	在线实时升降配置和变更带宽	升降困难,按固定资产管理
维护性	自动化运维	运维复杂、困难
安全性	入侵自动扫描和动态感知、主动防护	被动等待出问题后解决

一台云服务器 ECS 实例相当于一台本地的虚拟机,它包含了 CPU、内存、操作系统、网络、磁盘等基础的计算组件。可以随时更改实例的配置和服务器的管理。

- 在阿里云找到 ECS 产品,创建实例。

- 选择付费方式:可以按量、包年或包月,购买完成后也可以相互转换。

- 选择地域和可用区:如选择华北 2、可用区 E,不同可用区下的资源配置选项不完全一致。

- 选择实例配置:中台按通用型 4 核 8GB 配置,购买完成后可以随时变更升降,业务中台需要多实例负载实现高性能和高可用。本书测试采用共享型 1 核 0.5GB 的配置,1 小时的费用只需要 6 分钱,如图 6-10 所示。

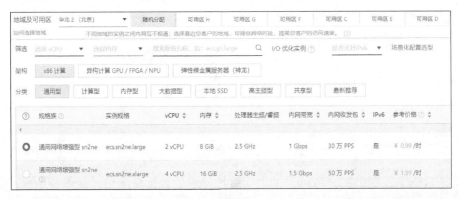

图 6-10

- 选择操作系统:支持 Linux 和 Windows 等操作系统,可随时更换系统,这里选 CentOS 操作系统,如图 6-11 所示。

图 6-11

- 分配存储：分为系统盘和数据盘，中台项目使用对象存储和日志服务，所以不需要数据盘，ECS 只是用来做计算处理，不存储任何数据，分配系统盘即可，如图 6-12 所示。这样可使计算和存储分离，最终实现无状态应用，为将来升级到 Serverless 无服务器架构做准备。

图 6-12

- 选择专有网络：每个地域下可以建立独立的局域网，可用区内可以配置交换机，可以自己创建专有网络，使用默认的专有网络和默认交换机即可，如图 6-13 所示。

图 6-13

- 分配公网 IP：公有云上的服务器经常会遭到攻击，所以不建议开通公网 IP，可以通过负载均衡、弹性公网 IP（Elastic IP Address，EIP）和 NAT 网关实现外网访问，如图 6-14 所示。

图 6-14

- 选择安全组：安全组是一种虚拟防火墙，通过配置安全组规则可控制组内 ECS 实例的入流量和出流量，可自己创建安全组，使用默认安全组也可以，如图 6-15 所示。

图 6-15

设置 root 用户的密码，可以给实例取个名称，如图 6-16 所示。

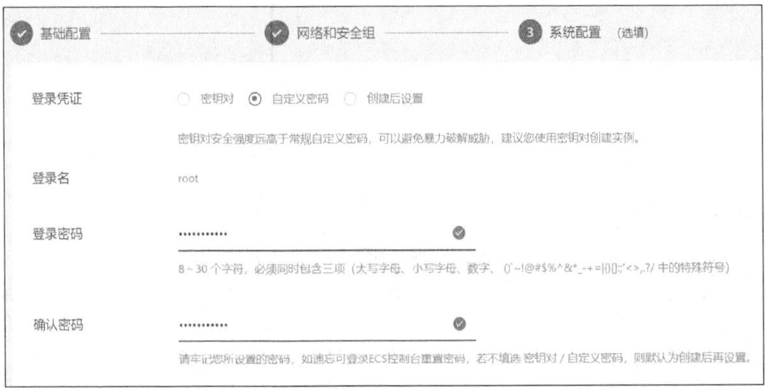

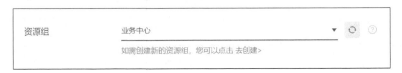

图 6-16

选择资源组统一管理资源权限，没有资源组则先创建一个，如果 IT 规模不大或者不需要多级管理就不需要资源组，如图 6-17 所示。

图 6-17

完成配置后自动创建实例，如图 6-18 所示。

图 6-18

在 ECS 管理台的实例中找到购买的服务器，单击远程连接，如图 6-19 所示。

图 6-19

输入 root 和用户密码，若正常登录则说明创建的实例已经可以使用。这里只是为演示，各业务中心为防止暴力破解，我们都没有设置密码，也就是不允许登录服务器，如图 6-20 所示。

图 6-20

6.1.5　配置安全组

配置安全组的目的是对 ECS 的访问进行端口的限制和开放，修改后立即生效。例如此实例运行业务中台的行程中心服务，那么行程中心的 Spring Boot 启动端口是 7001，就需要将 7001 端口添加到此实例的安全组里才能访问，如图 6-21 所示。

指定端口和授权对象的 IP 地址，其中 0.0.0.0/0 代表全不授限，实际要将调用者的 IP 地址配置到此处，如图 6-22 所示。

图 6-21

图 6-22

6.1.6　配置快照

快照是云盘数据在某个时刻完整的只读复制，是一种便捷、高效的数据容灾手段，常用于数据备份、制作自定义镜像、应用容灾等，如图 6-23 所示。

- 容灾备份：为 ECS 云盘创建快照，需要恢复时使用快照创建云盘实现异地容灾。

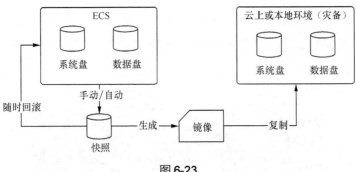

图 6-23

- 环境复制：用系统盘快照创建自定义镜像，使用自定义镜像创建 ECS 实例实现复制。

阿里云快照是存储在对象存储服务（Object Storage Service，OSS）里的，所以在创建快照前需要购买 OSS 资源包，如图 6-24 所示。

图 6-24

单击创建快照，录入快照名称即可，如图 6-25 所示。

图 6-25

快照创建完成，任何时候都可以快速回滚，也可以生成镜像还原到其他服务器上，如图 6-26 所示。

图 6-26

可以定期、在操作系统升级前或应用更新部署前进行快照创建，出现事故后可以通过之前创建的快照快速恢复。实际上中台项目不需要快照，因为对于中台项目 ECS 只是计算资源不存储任何数据，而且运行环境都是通过 EDAS 中间件进行托管和维护，开发和运维人员不应该直接操作 ECS，通过阿里云的 PaaS 平台运维，ECS 对于使用者来说是透明的，只需要在部署应用时，配置该应用是部署在哪些 ECS 节点即可，其他事都交给 PaaS 平台即可。如果不使用阿里云的 EDAS 部署，自己登录服务器部署项目快照还是非常方便、很有必要的。

6.1.7　容器与 Serverless

容器是企业云化转型的必然，也是 IT 发展的趋势。传统项目部署时在自己服务器上搭建 Docker 环境再部署相关镜像，如 MySQL、Tomcat、Nginx 等运行环境，只需要运行几个简单的命令即可。目前阿里云在云端也提供了容器服务 ACS 和弹性容器实例 ECI，在后台开通即用，不需要自己搭建、安装和运维，云上容器使用非常方便简单。

中台项目部署时我们没有用容器的方式，而是采用传统的 ECS 进行部署，主要是出于以下几点。

- 中台项目使用了阿里云的 PaaS 平台的 EDAS 运行环境进行应用的全生命周期管理，包括运行资源的管理，开发和运维人员几乎对 ECS 无感知，部署人员使用起来很轻量方便，虽然 EDAS 也支持容器化部署。
- 中台项目采用阿里云的云效流水线进行自动部署和持续集成，但云效流水线对于容器部署的支持有限，满足不了技术要求，而对于 ECS 的支持力度却很大。
- 作为机场核心能力的业务中台，稳定性和可用性是重中之重，选择 ECS 也是因为这两点，毕竟容器也是在 ECS 上再次虚拟出来的多个运行环境。一个 ECS 只部署一个业务中心的节点，最大化发挥单台服务器的性能。
- ECS 在安全防护方面更加成熟和完善，可以灵活应对突发情况。
- 我们没有专职的运维人员，开发人员对于 Kubernetes 的使用还不太熟悉。

目前的容器服务已经比较完善，一般的应用场景完全可以满足。

容器服务提供高性能、可伸缩的容器应用管理服务，支持用 Docker 和 Kubernetes 进行容器化应用的生命周期管理，提供多种应用发布方式和持续交付能力并支持微服务架构。

- 实现了容器全生命周期管理。
- 支持阿里云日志服务集成，这对于容器应用的问题排查非常重要。

- 支持容器级别和 VM 级别的监控。
- Swarm（已经停止技术服务，不推荐使用）和 Kubernetes 服务双支持，如图 6-27 所示。
- 整合负载均衡，提供容器的访问能力。

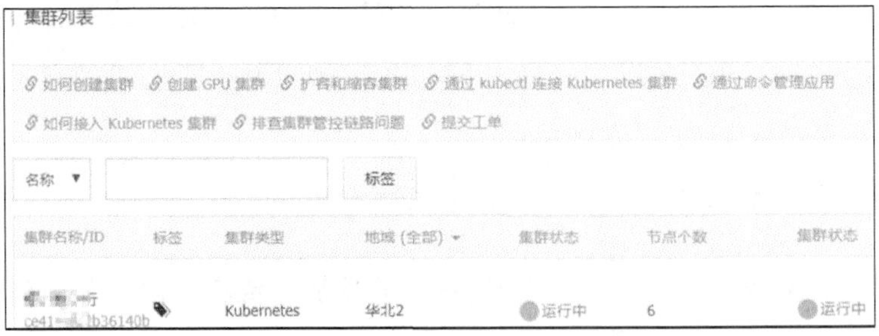

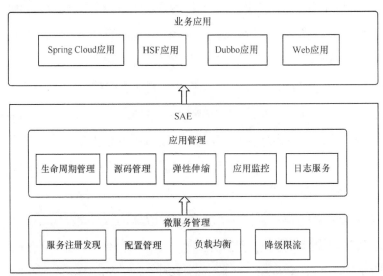

图 6-27

SAE 是面向应用的 Serverless PaaS 平台，能够帮助 PaaS 层用户免运维可按需使用、按量计费，抽象了应用的概念，支持 Spring Cloud、HSF、Dubbo 等主流的微服务开发框架，实现了 Serverless 架构和微服务架构的结合，它是对容器技术的进一步抽象，如图 6-28 所示。

图 6-28

- 将 IaaS 和 PaaS 集成，用户无须购买和运维 IaaS，按需使用，按量计费，避免资源闲置、浪费。
- 屏蔽镜像和 K8S 复杂的细节，使用户可以简单轻松地使用容器技术。

目前我们还没在生产环境使用阿里云的 SAE，主要考虑 Serverless 技术还在发展中，而且阿里云的 SAE 的源码管理与 CI/CD 集成目前支持有限，当然在某些领域可以尝试。例如我们在腾讯云上使用了小程序云 Serverless 开发，很多功能采用小程序云函数部署即可，最重要的是云函数的发布不需要通过微信的小程序审核。目前各业务中心的测试环境已经部署到 Serverless 上运行，本书写作时云效发布的 Serverless 的功能阿里云还在开发中，但它们提供了 IDEA 开发工具插件部署的方式，方便使用，测试环境基本够用。

在选择计算资源时企业需要按自己的实际情况合理规划，并兼顾未来一段时间的先进性，又不能贸然超前。例如我们现在正在建设的私有云，需要综合考虑哪类应用使用裸金属机、物理机、ECS 虚拟机、容器、Serverless，哪类应用需要做到网络双活、数据双活和应用双活。而在公有云上的选择更多，除了我们本节介绍的计算资源，在阿里云上还有轻量应用服务器、Web 应用托管、弹性容器实例、专有宿主机、GPU 服务器等。

6.2 VPC 专有网络

专有网络是基于阿里云创建的独立专有网络空间，一个账号可以创建多个专有网络，但不同的专有网络在逻辑上彻底隔离。在自己创建的专有网络内创建管理云资源，如 ECS、云负载均衡、弹性 IP 和云数据库 RDS 等。也支持将 VPC 专有网络通过高速通道连接本地网络形成混合云网络架构。

6.2.1 VPC 逻辑架构

每个 VPC 都包括 IP 地址的范围、至少一个私网网段、网关、路由器和至少一个交换机，如图 6-29 所示。

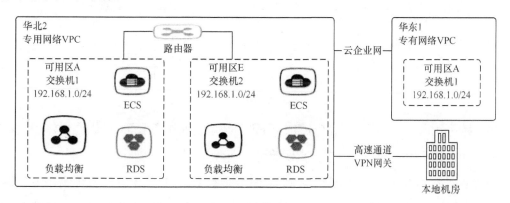

图 6-29

- 私网网段: 每个 VPC 需要指定 IP 网段, 如 192.168.0.0/16 网段可以分配 65532 个 IP 地址。
- 路由器: 是专有网络的枢纽, 它可以连接 VPC 内的各个交换机, 同时也是连接 VPC 和其他网络的网关设备。每个专有网络创建成功后, 系统会自动创建一个路由器。
- 交换机: 是组成专有网络的基础网络设备, 通过创建交换机为专有网络划分一个或多个子网。同一专有网络内的不同交换机之间内网互通。可以理解为每个可用区对应一个交换机, 这样就可以将应用部署在不同可用区, 提高应用的可用性。

对于路由器和交换机不熟悉的读者直接使用默认的即可, 不需要额外设置。

6.2.2 VPC 应用场景

VPC 是用户独立的网络环境, 可满足不同的应用场景。

- 部署应用: 将应用服务器部署在 VPC 内, 通过安全组、白名单等功能控制访问粒度, 可以方便地配置应用服务器、数据库、负载均衡的内 / 外网访问方式, 应用服务器可以直接分配外网固定 IP 和带宽。
- NAT 网关访问公网: 可以不用给需要主动访问公网的应用服务器分配公网 IP, 而是通过 NAT 规则访问互联网, 并可随时替换公网 IP, 避免被外界攻击, 如图 6-30 所示。还可以通过 NAT 网关配置 DNAT 转发规则, 实现多 IP 共享带宽, 可减轻波峰波谷效应。

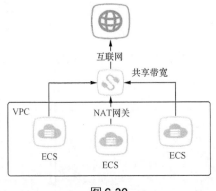

图 6-30

- 跨可用区容灾: 同一专有网络内不同交换机之间内网互通。可以通过将资源部署在不同可用区的交换机中, 实现跨可用区容灾。
- 业务系统隔离: 不同 VPC 之间会逻辑隔离, 如果有多个业务系统例如生产环境和测试环境要严格进行隔离, 那么可以使用多个 VPC 进行隔离。如果有需求可以在两个 VPC 之间建立对等连接。这个功能很有必要，通过多个主账号区分测试和生产环境，阿里云的云安全中心是按主账号的服务器台数计费的，如果测试环境或联调环境不需要这么高的安全级别就不需要购买这些安全产品。

- 构建混合云：VPC 提供专用网络连接，可以将本地数据中心和云端 VPC 连接起来，扩展本地网络架构。很多公司的核心系统都部署在本地的机房，这时就需要云端和本地的高效通信，比如我们集团的数据中心就部署在本地，在数据中心里存储实时航班等核心数据，与云端 VPC 通信采用了多种加密可靠的通信方式保证业务可用。未来一定是多云混合的网络架构，大型集团搭建自己的私有云（我认为应该是专有云）、专属云、阿里公有云、腾讯公有云、华为云等，来组建一套多场景、多架构的混合云。目前我们正在做这方面的工作。

6.3　连接公网

　　IT 系统最终是为用户提供服务的，在互联网环境下如何保证用户安全的访问系统，系统又如何安全地访问互联网，这是必须要解决的问题。目前阿里云上提供了 ECS 固定公网 IP、EIP、NAT 网关、负载均衡等方式访问公网或被公网访问，如表 6-2 所示。

表 6-2

产品	功能
ECS 固定公网 IP	创建 ECS 实例时可以选择分配公网固定 IPv4 地址并可指定带宽流量，不支持解绑 ECS 也不能更换 IP 地址，可以释放公网 IP，但不推荐使用
EIP	能够动态和 VPC 内的 ECS 绑定和解绑，也可以绑定 NAT 网关、私网负载均衡等实例，灵活可变推荐使用
NAT 网关	实现多个 ECS 访问公网，支持 SNAT 和 DNAT 功能，通过网关避免 ECS 的端口暴露于公网，多个 ECS 共享带宽，EIP 只支持单台 ECS 公网访问
负载均衡	支持用户从公网通过负载均衡访问 ECS，基于端口转发到多台 ECS 实现流量分发，消除单点故障

6.3.1　固定公网 IP

　　创建 ECS 时可以直接分配公网 IPV4 地址和带宽大小，支持访问公网和被公网访问，分配的 IP 地址是属于某 VPC 内的，一般不推荐这种方式，因为将 ECS 直接暴露在互联网上极不安全，从我的经验看被攻破基本避免不了。分配后的 IP 地址不能变更，但可以释放，还可以将固定公网 IP 转换为 EIP，如图 6-31 所示。

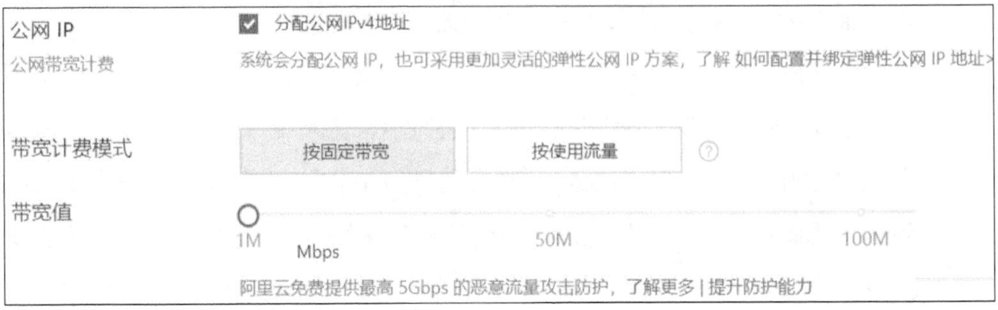

图 6-31

6.3.2 EIP

EIP 是可以单独购买和管理的公网 IP 地址资源，可以绑定到 VPC 下的 ECS、负载均衡、NAT 网关等实例上。绑定后实例可以通过 EIP 与公网通信。EIP 可以根据需要随时调整带宽值并即时生效。当云资源不需要公网通信时，可以将云资源与 EIP 解绑，解邦后该 EIP 可以继续绑定到其他实例上，如图 6-32 所示。

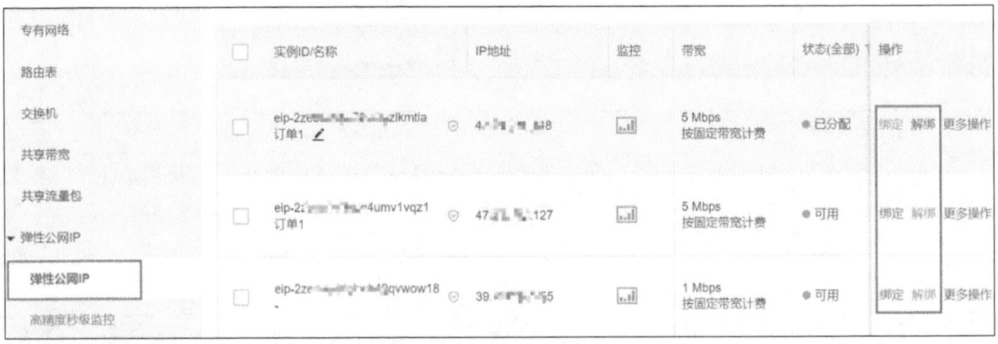

图 6-32

EIP 是应用对外提供服务的"通道"，用户都需要通过 EIP 才能找到中台和应用的能力和服务，一般是将 EIP 绑定到负载均衡上，由负载均衡将请求分发给内网的 ECS 处理。还有一种情况如应用需要部署在 ECS 上，此时的服务器没有外网地址如何登录部署呢？可以开通一个 EIP 并绑定到此服务器上，直接登录该服务器，部署完成后再解绑即可。需要注意的是 EIP 在不绑定的情况下也是需要收费的，不用的时候可以释放，但在释放时确认服务器有访问外部服务时，对方有设置服务器的 IP 地址白名单。

6.3.3　负载均衡

负载均衡是将用户访问请求根据转发策略分发到后端多台 ECS 进行处理的流量分发、控制服务。负载均衡扩展了应用的服务能力，后端一台服务器停止工作了，其他服务器还可以正常提供服务，增强了应用的可用性。通过负载均衡对外提供服务，保证了后端 ECS 的安全性。

负载均衡可添加多个 ECS 实例虚拟成一个高性能、高可用的应用服务池，并根据转发规则，将来自客户端的请求分发给云服务器池中的 ECS 实例。负载均衡默认检查云服务器池中的 ECS 实例的健康状态，自动隔离异常状态的 ECS 实例，消除了单台 ECS 实例的单点故障，提高了应用的整体服务能力。

负载均衡由以下 3 个部分组成，如图 6-33 所示。

- 负载均衡实例：其运行负载均衡服务，接收流量并将流量分配给后端服务器。要使用负载均衡服务，您必须创建一个负载均衡实例，并至少添加一个监听和两台 ECS 实例。

- 监听：用来检查客户端请求并将请求转发给后端服务器。监听也会对后端服务器进行健康检查。支持 HTTP、HTTPS、TCP 等协议。

- 后端服务器：一组接收前端请求的 ECS 实例。可以单独添加 ECS 实例到服务器池，也可以通过虚拟服务器组或主备服务器组来批量添加和管理。

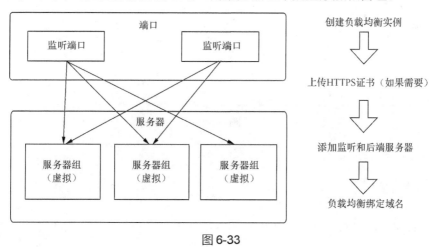

图 6-33

负载均衡有以下两个功能非常实用。

如果外网需要通过 HTTPS 访问服务，则可以直接使用 SSL 证书或者将所需的第三方签发的服务器证书上传到负载均衡，配置访问端口即可，如图 6-34 所示。无须在后端服务器再配置证书，也就是不需要 ECS 做任何操作和配置。

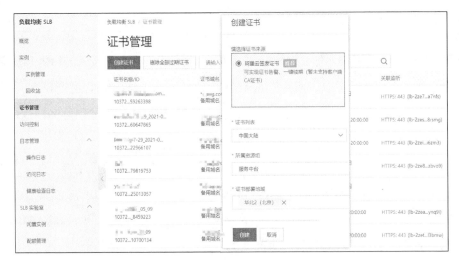

图 6-34

可以按请求路径进行转发策略的配置，更细粒度地实现了访问流量的分流，如图 6-35 所示。

图 6-35

6.3.4 NAT 网关

除了系统对外提供服务外，系统本身也有访问互联网的需求，比如业务中台需要与第三方互联网平台对接，就需要通过公网访问阿里云外的资源，可以使用 NAT 网关实现。NAT 网关作为网关设备，需要绑定 EIP 才能正常工作。

- SNAT：为 VPC 内无公网 IP 的 ECS 实例提供访问互联网的代理服务。通过 SNAT 功能保护后端的服务器，只有后端服务主动和外部终端建立连接后，外部终端才可以访问内部服务器，未建立连接的外部不可信终端无法访问后端服务器。

- DNAT：将 NAT 网关上的公网 IP 映射给 ECS 实例使用，使 ECS 实例能够提供互联网服务。DNAT 支持端口映射和 IP 映射。一般使用负载均衡实现，这个功能我们没有用。
- 共享宽带：为 NAT 网关绑定 EIP，再将 EIP 加入共享带宽中，节省 EIP 实例费，如图 6-36 所示。

图 6-36

6.3.5 域名备案解析

上面 4 种方式都是通过公网 IP 实现的，但 IP 地址是一长串数字，不直观，而且十分不方便用户记忆，有些场景如微信公众号和小程序的后台服务器只支持域名绑定。所以一般情况都是通过域名进行访问的，IP 地址和域名是一一对应的，这份对应信息存放在一个 DNS 服务器的主机内，使用者只需知道域名地址，其转换工作就留给了 DNS 服务器。DNS 服务器就是提供 IP 地址和域名之间的转换服务的服务器。阿里云提供域名服务，包括查询、购买域名、转移 / 过户、实名认证、备案、域名解析等，如图 6-37 所示。

查询 ⇨ 购买域名 ⇨ 转移/过户 ⇨ 实名认证 ⇨ 备案 ⇨ 域名解析

图 6-37

- 查询：在购买域名前，先在阿里云域名查询页查看你中意的域名是否未被注册，如图 6-38 所示。

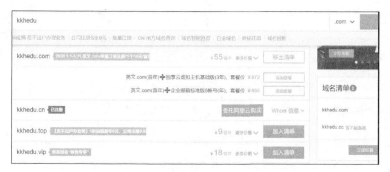

图 6-38

- 购买域名：在阿里云购买域名时不同的域名后缀价格相差也很大，一般用 .com 和 .cn 即可。但选择的时候要看清楚必须是能备案的后缀。

在阿里云域名交易平台购买域名时，系统会确认注册信息，交易完成后系统自动将该域名过户到购买者的阿里云账号下，也支持域名的转入和转出，还可以将自己名下的域名转移给其他阿里云账号。

- 实名认证：阿里云需要对域名持有者进行实名认证，如图 6-39 所示。

图 6-39

- 备案：有实名认证但没有备案的域名访问不了，可使用阿里云备案平台进行 ICP 备案。

首先要申请一个备案服务号，这个服务号必须要有公网 IP 的 ECS 才能申请，如图 6-40 所示。

图 6-40

有了备案服务号，就可以在备案服务号管理中申请备案了，流程如图 6-41 所示。

图 6-41

按提示一步步完成备案即可，这里需要注意以下几点。

- 阿里云备案流程使用移动端进行活体检测保障真实性，幕布拍照方式不再使用。
- 域名对应的网站、主体信息一定要与备案填写内容一致。

- 域名绑定的网站应该是可访问的，内容与备案一致，如果系统没上线可以开发出静态页面先放上去（推荐用 OSS 静态网站实现）。

- 如果涉及域名转移一定还有一步接入备案要做，我们中台项目使用了一个从成员单位转移来的域名，没有做接入备案导致了上线后的 bug。接入备案是指主体和域名均已通过其他服务商成功备案，现需要将服务商变更为阿里云，或者将阿里云添加为该网站的服务商，则需要进行接入备案操作。接入备案按照阿里云的相关操作完成即可。

备案完成后会发短信通知，也可在后台查询，如图 6-42 所示。

图 6-42

域名完成注册、实名认证、备案之后，可进行域名解析，如图 6-43 所示。解析后网站即可通过域名访问。域名解析是域名操作中较常用的功能。

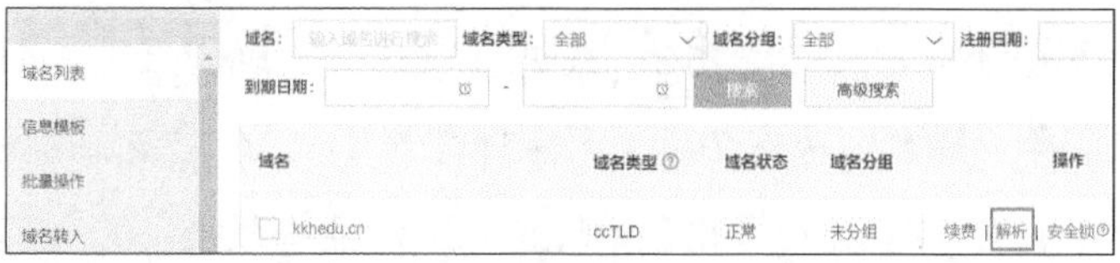

图 6-43

中台项目常用的解析包括如下。

- 将公网 IP 解析到域名的某个二级域名，也就是 A 解析，如图 6-44 所示。

图 6-44

- 将前端 Vue 项目部署在 OSS 上，需要将 OSS 的内部域名 CNAME 到二级域名。

阿里云提供的 DNS 解析包括免费和收费版本，推荐用收费的，国内发生过 114DNS 服务器故障导致支付中断。阿里云收费版可以做到几乎 100% 可靠，还提供 DNS 的 DDoS 防护，如图 6-45 所示。

图 6-45

6.4　多 VPC 与本地 IDC 互通

现实中企业网络架构是比较复杂的，尤其是集团化的大型企业可能会遇到如下问题。

- 业务中台部署在阿里云，但旅客服务需要的核心数据如航班、行李信息都在本地机房，如何实现云端到本地 IDC 可靠、高效和安全的传输？
- 业务中台部署在阿里云的华北 2，但有些存量系统在同账号的华北 3 部署，客观原因无法将系统迁移到华北 2，所以也需要同账号的两个区域的系统实现内网互通。
- 业务中台部署在阿里云的华北 2，有的成员企业在阿里云上也有自己的账号并部署了业务应用，需要解决多个阿里云主体账号不同 VPC 之间实现内网互通。
- 业务中台部署在阿里云的华北 2，有的成员企业的系统部署在其他云上，如腾讯云、华为云，那么这些系统之间、系统与阿里云的互联互通如何实现？

为解决这些问题，在项目实施中实现互联互通，用到了 4 个阿里云网络产品。

6.4.1　VPN 网关

云端业务中心需要调用本地机房部署的应用接口，本地部署的接口因为安全等级不容许开通外网端口，项目刚上线时数据量不是很大，所以使用了阿里云的 VPN 网关进行阿里云到本地机房的内网交互。

VPN 网关是一款基于互联网的网络连接服务，通过加密通道的方式实现企业数据中心、企业办公网络或互联网终端与阿里云专有网络 VPC 安全可靠的连接。VPN 网关的最大优势是成本低、配置简单、开通即用。有以下 3 种应用场景。

- VPN 网关通过 IPsec 加密隧道将本地数据中心与 VPC 快速连接起来，构建混合云，如图 6-46 所示。

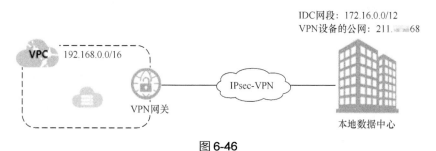

图 6-46

- VPC 到 VPC 的连接，可以通过 IPsec-VPN 将两个 VPC 快速连接起来，实现云上资源共享，互连的两个 VPC 内的交换机的 IP 地址段不能冲突。
- VPC 到移动客户端的连接，满足远程办公的需要。无论何时何地，只要有互联网就可以安全地接入 VPC。SSL 连接支持 Windows、Linux、macOS、iOS 和 Android 等操作系统的多终端接入。阿里云的管理台和应用实现了基本维护，这个场景很少用。

前置条件如下。

- 检查本地数据中心的网关设备，阿里云 VPN 网关支持标准的 IKEv1 和 IKEv2 协议。只要支持这两种协议的设备都可以和云上 VPN 网关互连，比如华为、华三、山石、深信服等。我们用的网关设备遇到了一些问题，比如在配置两端的加密方式时，按配置说明将两端加密方式配置成一样就不通，不一样时居然通了。
- 本地数据中心的网关需要有个静态公网 IP。
- 本地数据中心的网段和专有网络的网段不能重叠。

建立 VPC 到本地数据中心的 VPN 连接的流程如图 6-47 所示。

图 6-47

创建 VPN 网关，开启 IPsec-VPN 功能。需要选择用哪个 VPC 和本地连接，按带宽大小计费，如图 6-48 所示。

创建用户网关，将本地网关设备的公网静态 IP 注册到云上，如图 6-49 所示。

创建 IPsec 连接，建立连接 VPN 网关和用户网关的 VPN 通道，对端网段就是要连接的本地数据中心的网段，如图 6-50 所示。

图 6-48

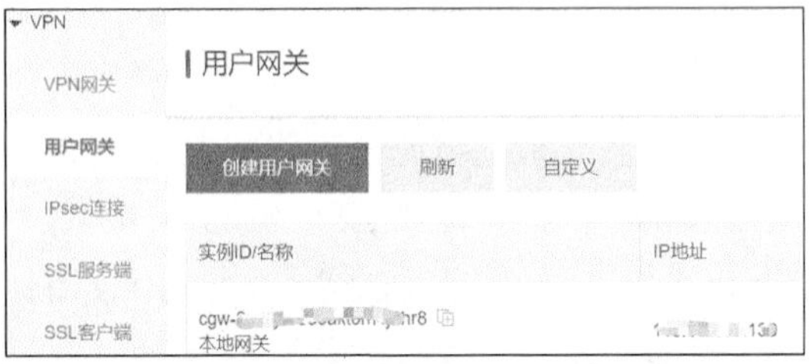

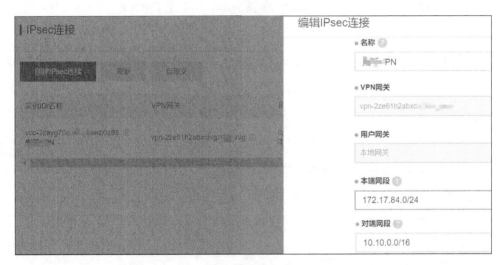

图 6-49

图 6-50

在线下机房配置本地网关，在本地 VPN 网关设备中加载阿里云 VPN 网关的配置，如图 6-51 所示。这一步是比较麻烦的，因各厂家的设备配置不同，阿里云上有两个工具帮助调试，可查看对端的配置和连接日志。通过日志可以查看具体出错原因，主要的参数有：共享密钥、IKE 协议版本、协商模式、认证算法和加密算法等，我们在配置时算法两端配置为一致就不通，后来通过各种组合居然有一种通了。调不通时可以查看帮助文档或提工单，阿里云的后台支持很到位。

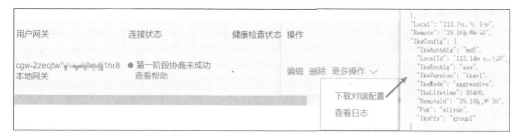

图 6-51

配置 VPN 网关路由，在 VPN 网关中配置路由，并发布到 VPC 路由表中，如图 6-52 所示。

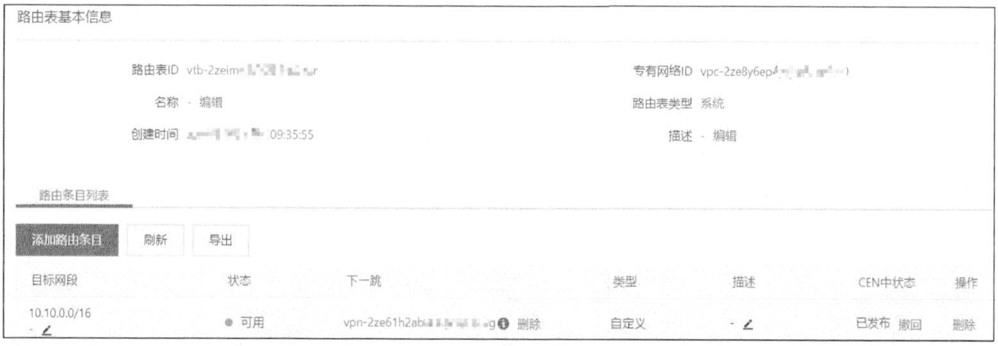

图 6-52

测试访问，登录阿里云 VPC 内一台无公网 IP 的 ECS 实例，通过 ping 本地机房内服务器的私网 IP 地址，验证是否正常即可。

使用 VPN 网关连接本地网络并不让人非常放心。阿里云的 VPN 是基于互联网的软 VPN，没有硬件支撑，我们出现过几次网络中断的情况，虽然很快恢复了但也让人心里没底，它更适合测试环境和特定的场合，所以目前 VPN 只作为一条备用链路使用。现在使用的是阿里云更加可靠的智能接入网关。

6.4.2　智能接入网关

智能接入网关（Smart Access Gateway，SAG）是阿里云提供的一站式快速上云解决方案。企业用智能接入网关可通过专线、宽带、4G 方式实现互联网就近加密接入，实现智能、可靠、安全的传输。

有两种硬件设备可选。

- SAG-100WM 以直挂方式接入阿里云，即插即用，无须进行 Web 配置。

- SAG-1000 满足大型网络组网需求，通过旁挂方式接入不改变当前的网络配置，如图 6-53 所示。

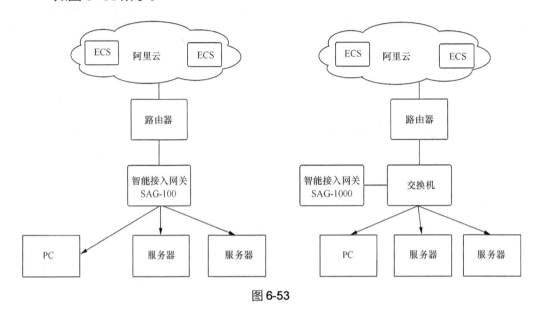

图 6-53

我们使用 SAG-100WM 的两台主备设备，运行一年来未发生任何问题。智能接入网关可以插入 4G 卡，当本地网络出问题时可以直接用 4G 信号连接到阿里云，虽然大型集团都有租赁运营商的专线，但也有光纤被挖断的风险，所以这个设计非常好，解决了高可用的问题，如图 6-54 所示。

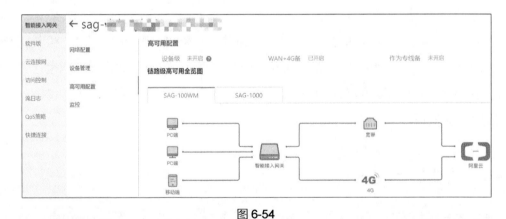

图 6-54

将智能接入网关实例所连接的本地网络接入阿里云，必须先创建云连接网，然后将智能接入网关实例添加到云连接网内，再将云连接网和云企业网绑定，实现本地云上互通。

创建智能接入网关实例，这里先要购买智能接入网关设备，阿里云会提供智能接入网关设备，等待收货，如图 6-55 所示。

图 6-55

创建云连接网，并绑定智能接入，如图 6-56 所示。

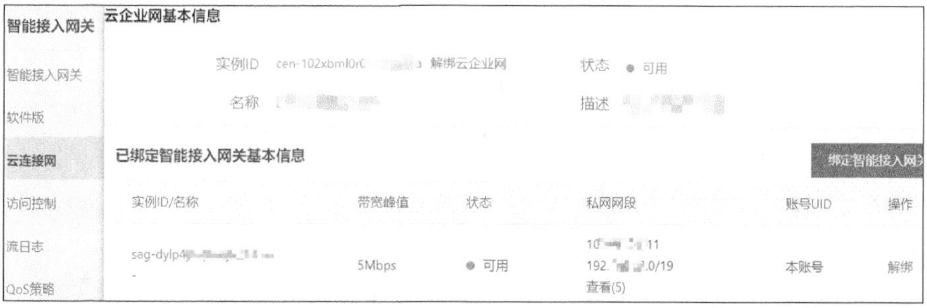

图 6-56

创建云企业网，并将云连接网绑定即可测试，如图 6-57 所示。

图 6-57

6.4.3 高速通道

在使用智能接入网关之前我们准备用阿里云的高速通道，它基于物理专线传输，安全性和稳定性都有保障，但成本太高了。目前业务量还没有达到一定的量，使用智能接入网关的两台设备做主备、4G 做链路备份、VPN 作为第三备用基本已经够用了。

阿里云高速通道可在本地数据中心和云上专有网络间建立高速、稳定、安全的私网通信，通过专线将本地内部网络连接到阿里云的接入点。专线的一端接到本地数据中心的网关设备，另一端接到高速通道的边界路由器。此连接更加安全可靠，速度更快，延迟更低。将边界路由器和要访问的阿里云专有网络加入同一个云企业网后，本地数据中心便可访问阿里云专有网络内的全部资源，包括 ECS、容器、负载均衡和云数据库等，真正实现了混合云架构，如图 6-58 所示。

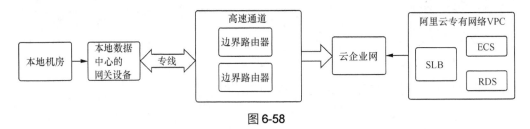

图 6-58

相比于 VPN，高速通道专线连接有以下特点。

- 专用的物理链路通信质量高、网络延时短。
- 数据泄露风险低、安全性高。
- 带宽可满足大数据量的交互。
- 价格费用高，需要线下施工。

在阿里云后台申请高速上云服务后，线下完成施工，如图 6-59 所示。

图 6-59

6.4.4　云企业网

云企业网可以在 VPC 间、VPC 与本地数据中心间搭建私网通信通道。在上文的智能接入网关中已经使用到了云企业网，中台项目主要用云企业网解决同账号或跨账号、在同地域或跨地域的不同 VPC 专有网络的连接问题。

- 同地域网络实例互通：将要互通的两个 VPC 网络实例加载到云企业网实例中即可。
- 跨地域网络实例互通：例如使华北 2VPC 与华东 1 VPC 互通。将要互通的网络实例加载到云企业网实例，再购买一个带宽包，设置跨地域互通带宽即可，如图 6-60 所示。

表 6-3 所示为 4 个产品的对比。

图 6-60

表 6-3

产品	功能
高速通道	物理专线接入，延迟低，安全可靠，需要线下施工，价格贵
VPN 网关	建立 IPsec-VPN 通道接入，成本低，配置简单，开通即用
云企业网	多 VPC 与本地 IDC 互通构建互联网络
智能接入网关	轻松简单实现混合云网络架构，自动化配置，加密传输

6.5　安全

传统企业要上云特别是公有云，最大的顾虑恐怕就是安全问题。下面介绍在中台项目中用到的阿里云上的安全产品，通过整体架构的设计和安全产品的使用，我个人认为可以打消对云端的安全顾虑。

6.5.1　云监控

系统被部署在本地机房，很多情况都是应用层出现问题再去倒查服务器、数据库是否有故障，这是一种被动等待的方式，很难满足当前互联网应用及时响应需求，也不符合 DevOps 自动化运维的发展，阿里云上的云监控提供云端一站式监控报警管理体系。可通过收集获取阿里云资源的监控指标，探测服务可用性，以及针对指标设置警报。可以全面了解阿里云上的资源使用情况、业务的运行状况和健康程度，并对收到异常报警做出及时的反应，保证应用顺畅运行。从运维的角度看它是一种从被动等待转变为主动发现、主动预警的先进方式，云监控的首页如图 6-61 所示。

图 6-61

云监控主要具有以下功能。

- Dashboard：提供自定义查看监控数据的功能。在一张监控大盘中查看监控数据，将相同业务的不同产品实例集中展现，包括 CPU、内存、负载等实时数据，网络流量情况等，如图 6-62 所示。

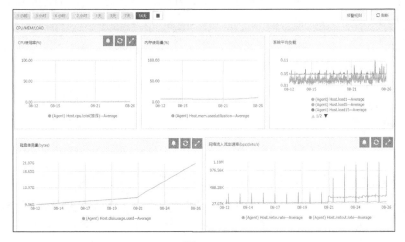

图 6-62

- 主机监控：在服务器上安装插件提供 CPU、内存、磁盘、网络等 30 余种监控项，并对所有监控项提供报警功能，满足服务器的基本监控与运维需求，还可自定义监控项目，如图 6-63 所示。

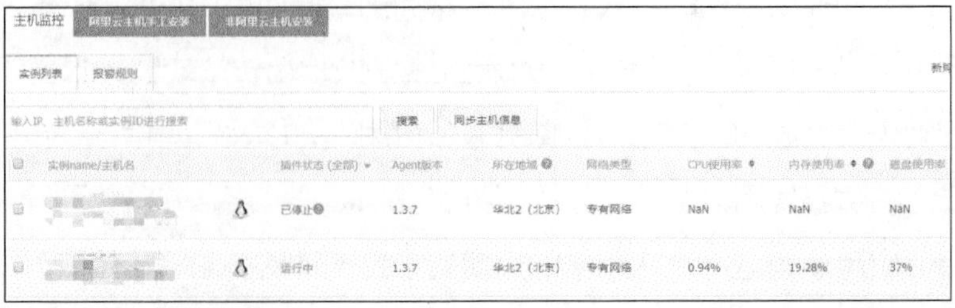

图 6-63

- 事件监控：提供事件类型数据的上报、查询、报警功能，将业务中的各类异常事件或重要变更事件收集上报到云监控，并在异常发生时接收报警。
- 日志监控：提供对日志数据的实时分析，监控图表提供可视化展示和报警服务。开通日志服务，将本地日志通过日志服务进行收集，有助于解决企业的监控运维与运营诉求问题。
- 站点监控：通过发送模拟真实用户访问的探测请求，监控各省市运营商网络终端用户到业务应用的访问情况。旅客使用微信小程序访问时，小程序后台也提供了相关功能。
- 云服务监控：提供云服务实例各项性能指标情况，分析使用情况、统计业务趋势，及时发现以及诊断系统的相关问题，如图 6-64 所示。

图 6-64

- 报警服务：通过设置报警规则来定义报警系统如何检查监控数据，并在监控数据满足报警条件时发送报警通知，如图 6-65 所示。对重要监控指标设置报警规则后，便可在第一时间得知指标数据发生异常，迅速处理故障。报警通知可以使用短信、电话、钉钉等方式。

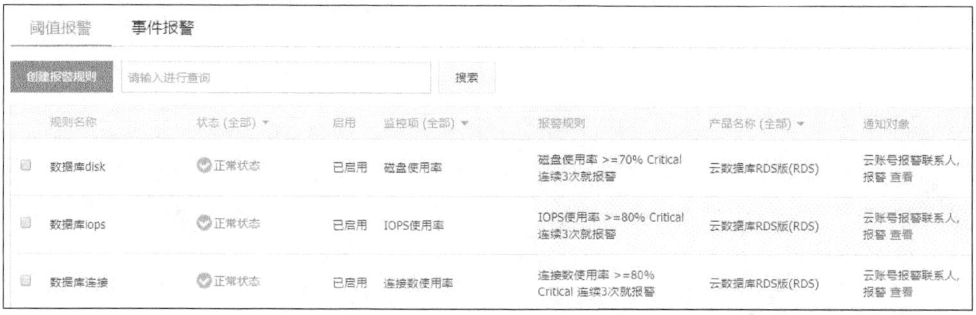

图 6-65

6.5.2 云安全中心

阿里云上的安全产品更新迭代的速度很快，有云盾、态势感知、安骑士、云安全中心等，主要用来解决云端的安全问题。云安全中心可以实时地识别和分析出安全威胁，并提前通过预警、防勒索、防病毒、防篡改、合规检查等安全能力，保护云上资源。云安全中心首页如图 6-66 所示。

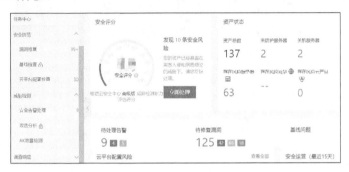

图 6-66

- 安全事件告警：实时检测常见的网络入侵行为，如异常登录、网站后门、主机异常、病毒攻击、DDoS 攻击事件、ECS 恶意肉鸡等，对检测到的安全事件进行告警和自动分析，如图 6-67 所示。这个功能会及时通过手机短信、钉钉等方式通知主账号进行处理，云上的攻击大概每天都有，靠人力去防护太困难了。这里只能起到发现和告警的作用，最终还需要去后台处理。推荐购买云上的安全防护，这个产品是按主账号下的云服务器个数收费，不能按资源组或有选择性地购买，比如有 100 台服务器，其中 20 台用于测试、20 台用于准生产、40 台用于生产，测试服务器的安全等级并不高，而且使用了 EDAS 进行集中管理，但购买时就得按 100 台。有一种省钱的办法就是生产环境和测试环境分两个主账号，完全独立，但像我们就不能这么操作，因为主账号下有高速通道和本地机房连接，不能因为这个再注册一个主账号并部署一套硬件和本地机房连接。

图 6-67

- 漏洞扫描：自动检测云上主机的 Web-CMS 漏洞、Linux 软件漏洞、Windows 系统漏洞并提供修复服务，对网络上突然出现的紧急漏洞提供应急检测和修复接口，如图 6-68 所示。一般定期进行处理即可，我们采用开发和运维一体化，没有专职的运维人员，都是开发人员在兼职运维，目前保证生产环境的漏洞被及时修复，其他环境定期处理即可。其实对于中台的业务中心来说这个修复并不是必需的。一方面当服务器被攻击了或中毒了，一般的处理方式是直接把服务器释放，通过 EDAS 重开实例部署即可，整个操作只需单击释放和扩容，全程不超过 2 分钟；另一方面当服务不可用时前端的负载均衡检测不到心跳会自动摘除有问题的实例，也不会对业务造成太大影响。作为一个集团的云资源池，不是所有的系统都基于 EDAS 平台部署和开发，所以也有必要知道出问题了如何处理。

图 6-68

- 病毒查杀：采用云端 + 客户端的查杀机制，客户端负责采集进程信息，上报到云端控制中心进行病毒样本检测。若判断为恶意进程，用户可进行停止进程、隔离文件等处理。可处理的病毒类型及说明如表 6-4 所示。

表 6-4

病毒类型	病毒说明
挖矿程序	占用服务器资源进行虚拟货币挖矿
蠕虫病毒	复制并传播恶意程序
勒索病毒	对文件加密使其无法解密
木马程序	窃取信息，占用系统资源
DDoS 攻击	占用带宽和服务器资源，影响正常访问
后门程序	获取主机控制权，进行恶意攻击

- 等保基础：云安全中心提供等级保护合规检查功能，这方面阿里云的资料比较全面，中台项目基于云上的安全产品通过等保三级较容易，如图 6-69 所示。

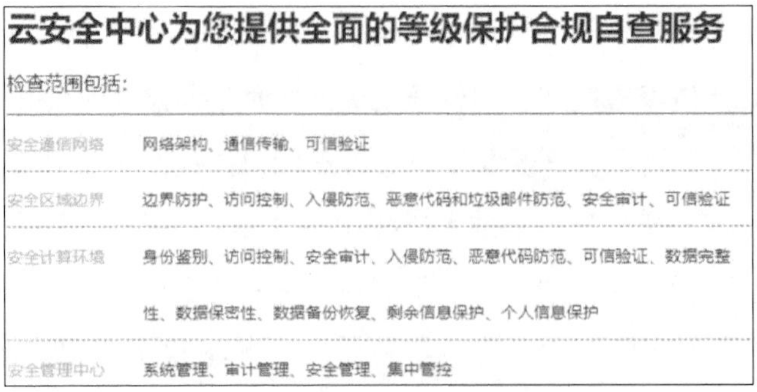

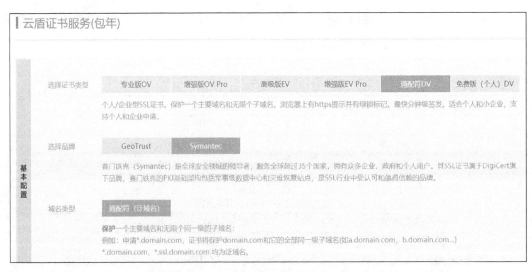

图 6-69

6.5.3　SSL 证书

现在的网站后台接口基本都需要 HTTPS 访问，比如前面说的微信小程序对接的后端接口就只能使用 HTTPS，HTTP 是注册不了的；再比如我们在做等保时发现有些登录信息没有加密传输，因为前端 Vue 项目部署在 OSS 里，但 OSS 默认 HTTP 都是被支持的，还不能直接将 HTTP 转到 HTTPS 访问，所以只能手工进行加密处理。当然这是前端部署的问题，并不是 HTTPS 本身有问题。

在阿里云平台上直接购买所需类型的证书，并一键部署在阿里云产品中，以最小的成本将服务从 HTTP 转换成 HTTPS，实现网站的身份验证和数据加密传输。一般的使用场景是将域名绑定到负载均衡上，然后再将 HTTPS 证书加载到负载均衡即可。购买通配符证书基本就能支持 2、3 级的子域名，如图 6-70 所示。

图 6-70

如果只是测试环境或者功能单一的应用也可以使用阿里云提供的免费版单域名的证书（见图 6-71）。我们刚开始用免费版还可以，但随着域名个数的需求越来越多，免费证书最多只能申请 20 张，而且管理也很麻烦，每年都要更换，当前收费的也需要更换。

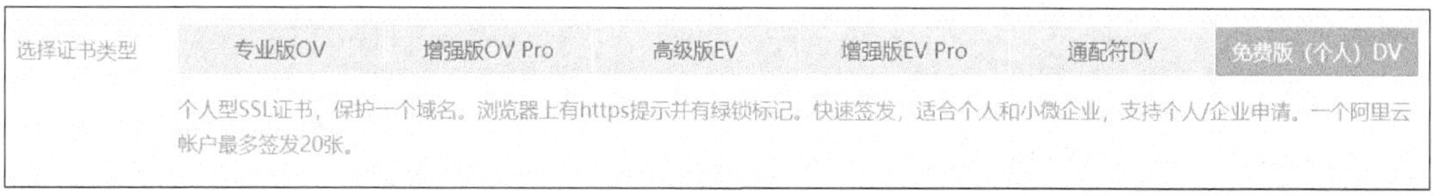

图 6-71

购买后需要录入个人相关信息和域名信息进行签发，如图 6-72 所示。

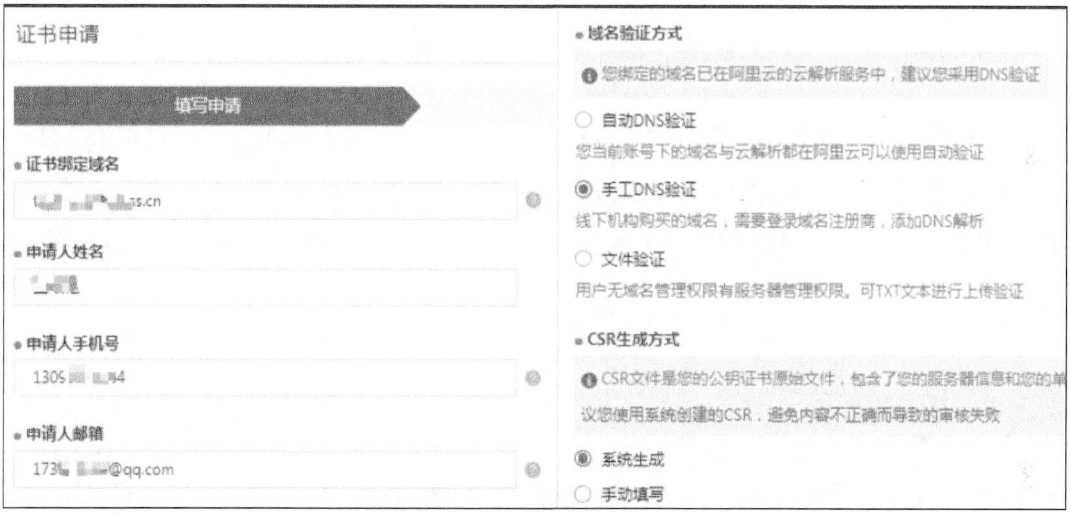

图 6-72

几分钟即可审核签发，将证书部署到负载均衡，也可以下载证书自己部署到 nginx、Tomcat 等 Web 服务，如图 6-73 所示。

图 6-73

打开负载均衡里的证书管理，在创建证书里选择上文已签发的证书，如图 6-74 所示。

图 6-74

SSL 证书每年都需要购买一次，这样有个麻烦的问题就是到期前的证件替换。如果都是通过云上的负载均衡进行替换则很简单，但大型集团公司里有很多系统对证书有需求，如何尽快替换全部本地服务器上的证件是个难点，还好阿里云上的证书可以并存一段时间，新旧证书都有效。

6.5.4　权限管理

权限在上文已经使用过了，云上的权限管理和分配是比较麻烦的，也最耗时间，因为资源种类太多，使用的子账号也多，尤其是资源细粒度的控制需要写脚本实现。目前阿里云上线了用户组和资源组的功能解决了大部分问题，但我个人觉得操作还是较复杂。

可以给某个子账号添加系统权限或自定义权限，如图 6-75 所示。

图 6-75

也可以自定义权限策略，比如 OSS 里有很多包，希望某个子账号只能访问某个 OSS 对象包时，就需要配置自定义策略，如图 6-76 所示。

图 6-76

其中的可视化配置功能支持的产品太少，较难用，只能自己写脚本实现。

第7章　云数据库 RDS

数据库是存放数据的物理仓库，实现对各类数据的增、删、改、查，是 IT 系统的最终落脚点，但数据库只有增、删、改、查还远远不够，需要对数据库里的数据进行管理，如数据的访问权限、存储方式、安全机制、数据一致性、备份恢复等。业务中台作为企业的核心能力，在数据库方面的业务压力还是挺大的。

- 全集团业务数据都要汇集到中台，存在数据库磁盘满导致宕机的风险。
- 没有专职的数据库管理员（DataBase Administrator，DBA）管理数据库，数据有被误删除的风险。
- 微服务架构需要多数据库的数据一致性。
- 多数据库之间需要数据迁移。
- 数据定时备份任务中也需要对增量实时备份，出现数据问题可以随时恢复到任何时间点。
- 数据库管理工具存在使用盗版的风险。
- 需要对生产环境的数据库进行操作审计。
- 数据库服务器硬件可以按业务需求变化或策略弹性伸缩。
- 数据库版本的软件升级影响正常业务服务。
- 需要解决数据库高并发问题，实现读 / 写分离。
- 存在多类数据库的需求，如 MySQL、SQL Server、Redis、MongoDB 等。

如果自己采购服务器搭建数据库服务，要实现以上对数据库的要求几乎不可能，尤其对数据库运维保障要求"三班倒"也不现实。基于以上原因我们选择了阿里云的 RDS 云数据库服务，其可以实现我们对数据库的基本需求，而且有大量工具支持自动化的运维。

在数据库的选型上，传统机场行业大多使用 Oracle，大家都觉得其安全、可靠、稳定。我发现很多业务系统的业务逻辑直接用存储过程去实现，这对业务中台数据库的选择造成了一些障碍：一方面阿里云的 RDS 不支持 Oracle，需要自己在云端搭建；另一方面旅客业务中台是面向 C 端旅客直接服务的，Oracle 无法满足横向的扩展，比如在 Oracle 实现的读 /

写分离、分库 / 分表等技术对于中台开发人员来说门槛太高了，将来我们也不太可能有专职的 DBA。基于以上原因以及业内多年去 IOE 的背景，我们决定在阿里云上开通 RDS 的关系数据库 MySQL、非关系数据库 Redis 及非结构对象存储服务 OSS 来实现对数据的存取管理。

7.1　关系数据库

RDS 是一种稳定可靠、可弹性伸缩的在线数据库服务，支持 MySQL、SQL Server、PostgreSQL、PPAS（高度兼容 Oracle 数据库）等，并且提供了容灾、备份、恢复、监控和迁移等方面的完整解决方案，实现了数据库的自动化运维。

7.1.1　RDS 的特点

- 灵活计费：支持按量付费（小时），用完即可释放，一般做测试时或短期使用费用较高，包年、包月更划算。时间越长费用越低。

- 按需配置：中台业务在旅客使用高峰期时，比如最近在中台上线了旅客身体健康申明应用，会有大量的并发操作，登录阿里云后台将 CPU、内存等配置扩容即可，访问高峰过去后再降下来。需要注意 RDS 变更配置会自动重启服务器，扩容所需时间按数据量不同而不同，因为后台涉及数据的自动迁移，大概 1 小时可以完成 40GB 数据库的扩容。迁移过程中数据库服务还是可用的，但还是建议放在无业务请求的时候变配。

- 即开即用：不需要购买服务器，也不需要购买软件授权，开通即用。

- 使用简单：云端的数据库和本地数据库在使用上几乎没有区别，数据迁移工具功能也很完善。

- 无须运维：阿里云负责 RDS 的日常维护和管理，包括软 / 硬件故障处理、数据库补丁更新等工作保障 RDS 的正常运转。多节点主从热备使得主库发生故障时自动切到备库，保证可用性。

- 数据库参数配置界面化：在后台管理界面配置参数，无须登录服务器输入命令。RDS 也没有入口，不支持远程登录数据库服务器。

- SQL 优化：RDS 能够自动收集慢 SQL，并能进行分析，给出优化方案。

- 内网访问：在同一个 VPC 内通过高速的内网通信，避免将数据库暴露在互联网。

- RDS 支持自动备份和手动备份：按备份周期自动备份，可根据自身业务特点随时发起备份。支持将 7 天内任意一个时间点的数据恢复到 RDS 临时实例或克隆实例上，数据验证无误后即可将数据迁回 RDS 主实例，通过数据传输服务（Data Transmission Service，DTS）还可以实现异地灾备。

7.1.2　RDS 与自建数据库对比

表 7-1 介绍了 RDS 与自建数据库的对比，RDS 的优势非常明显。

表 7-1

对比项	RDS	自建数据库
可用性	数据库主备服务自动切换	自行搭建主备复制和保障
可靠性	自动备份，随时恢复	自行保障，定期验证和演练恢复
安全性	预防 DDoS 攻击，及时修复安全漏洞	自行部署，自行修复
软硬件投入	无固定资产投入，按需付费，资源利用率高	一次投入，成本较高，利用率低
系统维护	无须运维	专职 DBA 进行维护，多班倒
部署扩容	随时扩容收缩	需采购，周期长
版权许可	无须考虑	需要授权采购

7.2　MySQL 数据库

RDS MySQL 基于阿里的 MySQL 源码分支，经过"双十一"高并发、大数据量的考验，拥有优良的性能。MySQL 支持实例管理、账号管理、数据库管理、备份恢复、白名单、透明数据加密以及数据迁移等基本功能，使用流程如图 7-1 所示。

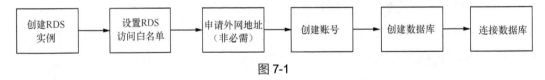

图 7-1

7.2.1　创建 RDS 实例

在阿里云后台找到 RDS 产品，选择创建 MySQL 实例；目前上线了 8.0 版本，选择 5.7 版本即可，如图 7-2 所示。

实例规格能满足自己的需求即可，不应选择太高的配置，因为 RDS 支持弹性伸缩，需要注意的是规格里分通用型、独享型和独占型，意思从字面就能理解。

图 7-2

系列里基础版单节点只实现了计算和存储的分离，供测试环境使用；高可用版是一主一备，一般生产就够用了，但在不同可用区 MySQL 服务有库存不足的情况。

存储类型里本地 SSD 盘存储和计算在一个节点，SSD 云盘和 ESSD 云盘是分布式存储，感觉差别不是太大，ESSD 云盘的扩展性较好，但选择的实例规格相对较少。

最终选择的 RDS 实例配置如图 7-3 所示。

图 7-3

完成支付后等待几分钟实例就创建成功，RDS 实例首页如图 7-4 所示。

图 7-4

7.2.2　设置 RDS 访问白名单

创建 RDS 实例后，其他计算机是访问不到该实例的，需要添加 IP 地址到白名单，允许这些 IP 地址访问该 RDS 实例，设置方式有如下几种。

- 127.0.0.1 表示不允许任何设备访问 RDS 实例。
- 0.0.0.0/0 表示允许任何设备访问 RDS 实例，生产环境的数据库不应这样设置，如图 7-5 所示。
- 一般需要将调用数据库的内网服务器 IP 地址配置在这里，可以用 IP 段，如 10.10.10.0/24 表示 10.10.10.X 的 IP 地址都可以访问该 RDS 实例；也可以指定多个 IP 地址，用逗号隔开。
- 设置白名单的页面中也提供了直接去选择现有 ECS 内网 IP 的功能，不用自己去找 IP 地址。

图 7-5

7.2.3　创建账号

RDS MySQL 实例支持两种数据库账号：高权限账号和普通账号。一个实例中只能创建一个高权限账号，其可以管理所有普通账号和数据库，拥有实例下所有数据库的所有权限。一个实例可以创建多个普通账号，需要手动给普通账号授予特定数据库的特定权限。

1. 创建高权限账号，一般不用于具体业务开发中，特殊场景需要高权限账号操作，如图 7-6 所示。高权限账号可以对普通账号进行权限设置，比如可以给报表用户设置只读权限。

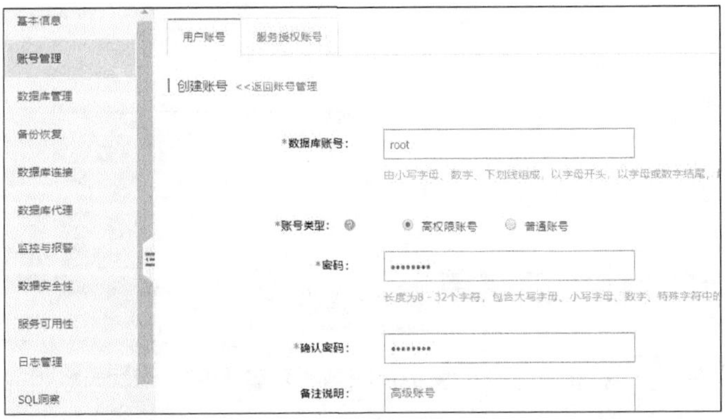

图 7-6

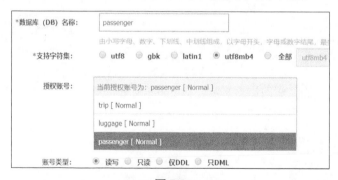

2. 创建普通账号，实际开发时和各业务中心运行都使用自己的普通账号即可，如图 7-7 所示。

图 7-7

3. 服务授权账号是当数据库出现问题需要阿里云后台工程师登录实例处理时的账号，需要为其授权，我们还没有使用过此功能。RDS 非常稳定，我们出现过两次主数据库的硬件故障，RDS 自动切换到备数据库上，没有影响业务功能。

7.2.4 创建数据库

一个实例下可以创建多个 MySQL 数据库，业务中台的每个业务中心都可以在同一个实例下对应一个 MySQL 数据库，但是也需要按并发量和存储容量分析，业务中心也可以分配自己的独立数据库实例。

1. 创建数据库并指定字符集、分配普通账号和授权账号，如图 7-8 所示。

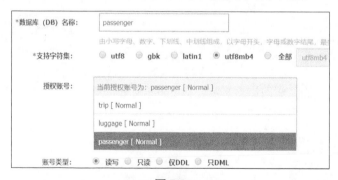

图 7-8

2. 完成其他两个业务中心的数据库的创建，如图 7-9 所示。

3. 一般推荐对 MySQL 使用 UTF8MB4 的编码格式，比如前端是微信小程序，旅客的昵称中带有各种图标时，如果用 UTF8 就会报错导致无法保存。

数据库名	数据库状态	字符集	绑定账号	备注说明
luggage	运行中	utf8	luggage	行李中心数据库
passenger	运行中	utf8mb4	passenger	旅客中心数据库
trip	运行中	utf8mb4	trip	行程中心数据库

图 7-9

7.2.5　申请外网地址

在阿里云内网同一个 VPC 的 ECS 可以通过 RDS 的内网地址连接，只需要将 ECS 内网 IP 加到 RDS 的白单名即可，而且阿里云已经提供了 Web 版的数据库管理工具 DMS，基本可满足日常开发和维护，但也有一些特殊的情况。

- 紧急的 bug，在测试环境无法复现，需要用本地的代码连接远程生产服务器调试，这种场景的风险极大，一般不推荐，可以采用数据同步工具连接测试库。
- 应用部署在腾讯云或华为云而数据库又在阿里云时，需要能够通过公网访问 RDS。
- 对于开发环境，大家都在本地开发，需要连接开发环境的 RDS。

RDS 实例默认不提供外网地址，在数据库连接页面申请外网地址即可，如图 7-10 所示。

图 7-10

外网地址不需要的时候可以释放掉，保证内网访问即可。

7.2.6　连接数据库

连接 RDS 有以下几种方式。

- 可用阿里云后台提供的数据管理 DMS 连接。DMS 是阿里云提供的图形化的数据管理工具，可用于管理关系数据库和非关系数据库，支持数据管理、结构管理、用户授权、安全审计、数据趋势、数据追踪、BI 图表、性能与优化等功能。DMS 不需要安装，可直接在浏览器操作，这是很好用的 MySQL 客户端，只可惜没有桌面版。

- 用数据库客户端连接到 MySQL 实例，如 HeidiSQL、Navicat、SQLyog 等，如果在本地连接就需要在上文的 RDS 中开通外网访问。
- 在应用中配置地址、端口、账号信息等进行连接，如 Java 的 JDBC。

中台项目的生产环境不允许外网连接，而通过 DMS 完全可以处理所有的数据库工作，开发环境的数据库可以通过客户端连接。我自从用了 RDS 和 DMS，就没装过数据库客户端。图 7-11 所示为用 Navicat 连接。

图 7-11

如果连接不成功可以考虑以下几种情况。

- 没有设置 IP 地址白名单，可以放开白名单，设置为 0.0.0.0/0 试试。
- 如果开启了高安全模式，需要将真实公网 IP 设置到白名单里，此时 0.0.0.0/0 不起作用。
- 内网访问保证在同一个 VPC 内。
- 内、外网地址不要弄反了。

7.3　数据管理 DMS

数据管理 DMS 支持 MySQL、SQL Server、PostgreSQL、MongoDB、Redis 等关系数据库和非关系数据库的管理，它是一种集数据管理、结构管理、访问控制、数据图表、数据趋势、数据轨迹、性能与优化、服务器管理于一体的数据管理服务，如图 7-12 所示。

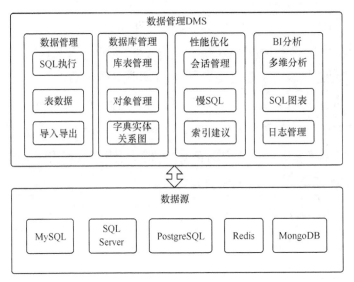

图 7-12

数据管理 DMS 的功能丰富，首页如图 7-13 所示。个人感觉改版后的 DMS 是想实现数据层的 DevOps，包含了整个开发流程，但对于业务中台来说已经微服务化的数据库，其逻辑已经进行细粒度的拆分，各业务中心功能聚集，并不需要复杂的流程化处理。

图 7-13

7.3.1　数据库登录

DMS 的旧版功能清楚，操作方便，能够满足需求。使用 DMS 登录 RDS，如图 7-14 所示。

图 7-14

用旅客中心的账号登录 DMS 后的页面如图 7-15 所示。

图 7-15

7.3.2　表管理

创建数据库和用户账号，一般只需要在 RDS 管理台创建和维护实例下的数据库和账号即可，不需要在 DMS 维护。

新建 passenger_member 表，包括基本信息、列信息、索引和主/外键，如图 7-16 所示。

图 7-16

新增维护数据库对象，如视图、存储过程、函数、触发器等，中台项目禁止使用这些数据库对象，因为中台架构将业务进行了微服务化，数据和表为了适应微服务化已经相对独立，也不允许有外键。

对表的管理功能也很全面，如图 7-17 所示。

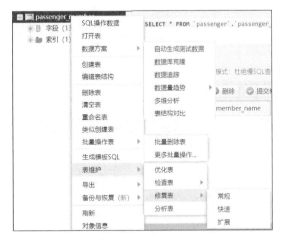

图 7-17

可以通过 SQL 窗口操作表，自动补全的功能很方便，如图 7-18 所示。

图 7-18

表的操作功能很全面，便捷操作区很方便，如图 7-19 所示。

图 7-19

7.3.3　导入和导出

DMS 提供的数据方案里有导入和导出功能，导入功能支持直接导入 SQL 文件和 CSV 文件，导出功能可以按数据库和 SQL 查询结果集导出，如图 7-20 所示。

图 7-20

7.3.4　生成在线文档

在工具里生成的在线文档相当于数据字典，可在线查看，可导出 Word、Excel 和 PDF，如图 7-21 所示。

图 7-21

工具里的实体关系图功能无法展示注释字段，但表数据量统计功能可以查询所有表的行数和存储大小。

7.3.5 性能监测和会话管理

DMS 使用阿里云数据库自治服务 DAS 进行性能管理和会话管理，如图 7-22 所示。

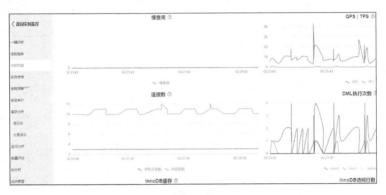

图 7-22

慢日志的查询，会实时分析并抓取慢 SQL，以便提升系统性能和发现问题，如图 7-23 所示。

图 7-23

会话管理，异常会话直接在后台被停掉，如图 7-24 所示。

图 7-24

7.4 数据库备份 DBS

数据库备份 DBS 可以实现实时数据备份，数据发生变化时，数据库备份会获得变更的数据，并将数据实时写入云存储，实现秒级 RPO 的数据备份以及精确到秒级的数据恢复。

- 成本低：DBS 使用阿里云的 OSS 来存储备份数据，不需要运维人员进行按量付费和分级存储，存储成本很低。
- 灵活易用：可以用于整个实例、多库、单库、多表和单表，可自由选择备份粒度，数据的恢复也实现细粒度恢复，备份恢复采用统一 Web 管理界面，从购买、配置到运行只需要简单几步即可完成。
- 高性能：通过实时数据流技术，可以读取数据库日志并进行实时解析，然后存储到云端存储上，实现对数据库的增量备份。能实现任意时间点的数据恢复。
- 安全：DMS 从内部已经实现了从传输到存储的安全防护和加密，对于存储的数据从用户鉴权、白单名、存储格式上进行了控制，并且实现了异地备份功能。

7.4.1 创建备份计划

登录阿里云后台找到 DBS 控制台，新建备份计划（创建备份实例），确定存储的规格和备份方式等，如图 7-25 所示。

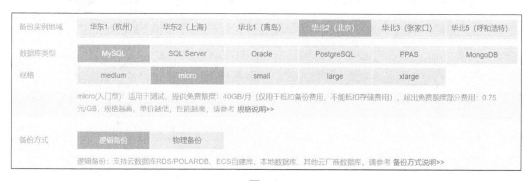

图 7-25

规格可根据月存储量选择，超出部分按量付费。

- medium（中配型）：适用于企业客户，提供的免费额度为 800GB/ 月。
- micro（入门型）：适用于测试，提供的免费额度为 40GB/ 月。
- small（低配型）：适用于个人客户，提供的免费额度为 400GB/ 月。
- large（高配型）：适用于企业客户，提供的免费额度为 1600GB/ 月。

- xlarge（高配型 – 无流量上限）：适用于大型企业客户，月费用固定，流量无限制。

备份方式分为逻辑备份和物理备份。

- 逻辑备份：数据库对象级备份，备份内容是表、索引、存储过程等数据库对象，中台可以选择逻辑备份中的关键表增量实时备份。

- 物理备份：数据库文件级备份，备份内容是操作系统上的数据库文件，中台可以选择每天一次的全量数据库备份。

支付后完成备份计划的创建，接下来对其进行配置，如图 7-26 所示。

图 7-26

7.4.2 配置备份计划

配置数据源和目标，除了 RDS，DBS 也支持自建数据库的备份，如图 7-27 所示。

图 7-27

选择备份对象，可以选择备份全部数据库，也可以选择备份其中一个数据库，或者备份几张表，这里选择备份一张 passenger_member 表，如图 7-28 所示。

确定备份时间开启增量实时备份，选择备份周期和具体的备份时间点，如图 7-29 所示。

图 7-28

图 7-29

确定数据保留时间，为了降低备份存储的成本支持对 OSS 中备份集的生命周期管理，超过时间后会自动删除，如图 7-30 所示。

图 7-30

预检查将会检查配置选项、数据库连通性、数据库日志（如果开启增量）等内容；检查完成后，就会立刻启动备份计划，如图 7-31 所示。

图 7-31

7.4.3 查看备份计划

行李查询备份计划如图 7-32 所示。

图 7-32

为了演示接下来的数据恢复，我在上文的 passenger_mrmber 表中删除张三和李四的数据，如图 7-33 所示。

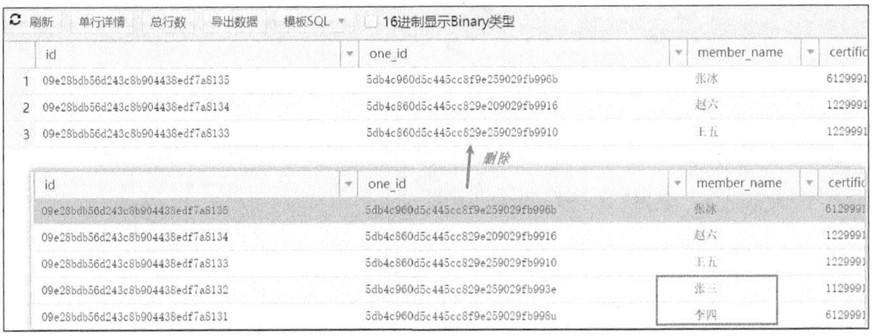

图 7-33

7.4.4 恢复备份数据

当数据库发生故障或人员误删数据时，可以通过备份的数据进行恢复。

在备份计划中，创建恢复任务，选择恢复数据的时间点，如图 7-34 所示。

图 7-34

选择恢复实例，如图 7-35 所示。

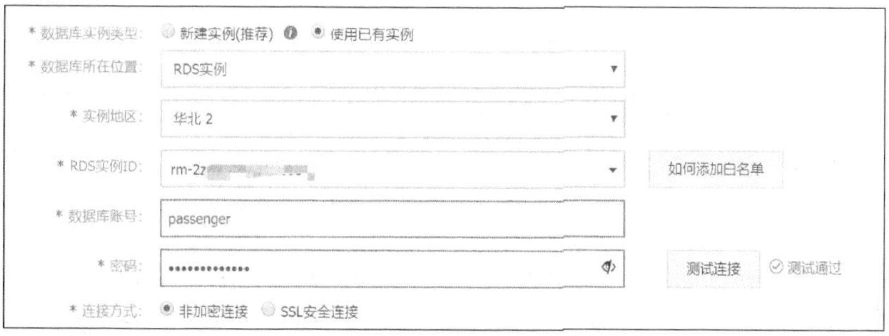

图 7-35

配置恢复对象，如图 7-36 所示。

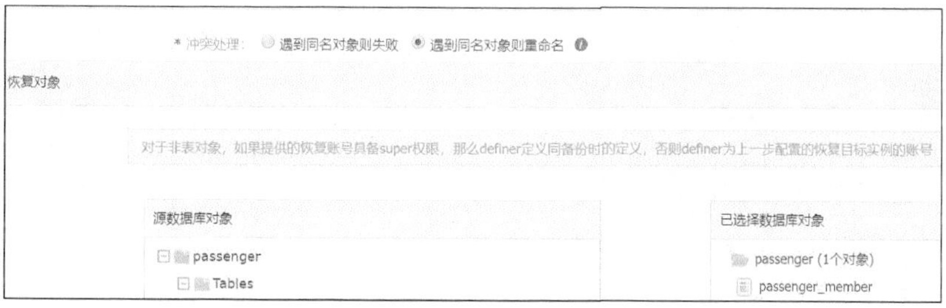

图 7-36

预检查后立即启动恢复任务，如图 7-37 所示。

图 7-37

数据库数据已经恢复，注意数据库中已经存在此表时会自动为其重命名，在恢复前可以将旧表先删除，如图 7-38 所示。

图 7-38

7.4.5   数据库恢复

最近提供 SaaS 的某互联网公司的主备数据库被人为删除，用了多天时间才恢复，可以想象后果很严重。该公司的数据库在腾讯云部署，有强大的腾讯云技术团队支持，数据恢复只是时间问题，我估计他们是在云上自建的数据库，只是没有用云端数据库服务，如果数据库部署到本地机房很有可能就找不回来了。上文只是简单地介绍了数据被误删除后的恢复方式，针对原有数据库已经完全被删除的情况，将介绍在阿里云上的几种恢复方案。

进入 RDS 管理台的备份恢复，检查备份设置是否默认开启了自动备份，检查备份周期，如图 7-39 所示。

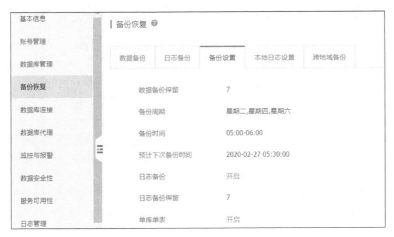

图 7-39

在数据备份中有备份的数据记录，选择数据库恢复（原克隆实例），如图 7-40 所示。

图 7-40

管理台会直接在后台创建新的 RDS 实例，选择恢复数据的时间点，支付后自动完成数据库新实例的创建和数据的恢复，应用层只需更新数据库连接即可，如图 7-41 所示。

图 7-41

7.4.6 跨地域备份恢复

上文的数据库恢复中默认备份是存储在实例所在地域，如果所在地域不可用时数据也无法恢复，虽然这个概率很小。RDS MySQL 提供跨地域备份（异地备份）功能，可以自动将本地备份文件复制到另一个地域上，跨地域的数据备份实现异地容灾恢复。比如可以将华北 2 的数据库实例的备份数据在华东 1 备份一份，出现故障时直接从华东 1 恢复数据库。

提前开启跨地域备份，默认是关闭状态，如图 7-42 所示。

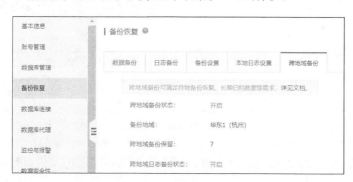

图 7-42

可以查询到跨地域的备份实例，如图 7-43 所示。

图 7-43

选择要恢复的数据备份，单击恢复后在当前地域重新创建数据库实例自动恢复数据库，如图 7-44 所示。

图 7-44

7.4.7 恢复到本地数据库

当需要将阿里云端的数据库恢复到本地机房数据库时，可以使用数据传输服务（Data Transmission Service，DTS）轻松实现，但如果阿里云端的数据库已经被删除，状态不可用时就没办法使用数据传输服务了。此时有 3 种方式恢复到本地数据库，需备份逻辑备份和物理备份，其中逻辑备份是需要手动定期在数据库实例单击实例备份完成，不会自动备份，物理备份是按上文的备份周期来自动完成，如图 7-45 所示。

图 7-45

第一种方式是通过逻辑备份进行恢复，只需要下载逻辑备份文件，在本地解压后，将 SQL 文件直接运行即可恢复如图 7-46 所示。但是我们业务中台没有专职运维人员，很难保证按时进行手工备份。

图 7-46

第二种方式是通过物理备份进行恢复，需要使用开源软件 Percona Xtrabackup 对数据库进行备份恢复，使用该软件可将云数据库 MySQL 的备份文件恢复到自建数据库中，具体操作查询阿里云帮助文档，实现并不复杂。

上文已创建关键数据表的备份计划，可以直接下载备份集，如图 7-47 所示。

备份任务配置								
▼ 备份任务	备份集ID	备份开始/结束时间	状态	保留到期时间	备份大小	备份方式	存储类型(全部) ▼	操作
全量数据备份	to7u6r4uuc6r	2020-02-26 02:42:45 2020-02-26 02:44:21	完成	2022-02-25 02:42:45	407.01 MB	逻辑备份	标准访问	管理 删除备份集 查询备份集 下载
增量日志备份								
恢复任务	sok3uprczjoh	2020-02-25 02:40:56 2020-02-25 02:42:53	完成	2022-02-24 02:40:56	405.74 MB	逻辑备份	标准访问	管理 查询备份集 下载
备份集下载								

图 7-47

将这些自动备份的核心表恢复到本地，比如我们日常在备份任务里将中台的会员、产品、订单、支付等核心表的数据实时备份，其他的操作记录、日志等则不需要实时备份。不管是用逻辑备份、物理备份还是备份集恢复的数据库，都是有时间差的，备份点之后产生的数据需要手工下载 Binlog 文件进行备份点后的数据恢复，如图 7-48 所示。

	数据备份	日志备份	备份设置	本地日志设置	跨地域备份			
基本信息	选择时间范围: 2020-02-20 至 2020-02-27 查询							
账号管理	一键上传Binlog后，Binlog文件将被上传至阿里云OSS，不影响实例的数据恢复功能，Binlog也不再占用RDS磁盘空间，请到基本信息页中查看已用空							
数据库管理	Binlog文件名	Binlog文件记录的开始时间	Binlog文件记录的结束时间	文件大小	Binlog所在实例编号 ❓			操作
备份恢复	mysql-bin.000015	2020-02-26 17:59:15	2020-02-26 23:59:20	779.46K	11424311			下载
数据库连接	mysql-bin.000015	2020-02-26 17:59:11	2020-02-26 23:59:16	786.72K	11424309			下载
数据库代理	mysql-bin.000014	2020-02-26 11:59:13	2020-02-26 17:59:19	781.73K	11424311			下载

图 7-48

备份文件都在实例的存储空间里，为确保数据的安全，数据恢复最重要的是 Binlog 日志文件可以定期上传到 OSS 进行存储，如图 7-49 所示。这个对象存储是不可见的，我们不需要知道它到底存在哪个存储空间里，只需要知道它的机制，就能做到数据任何时候也不会丢失。

图 7-49

还有一种比较保险的方式是阿里云提供云上数据库实时备份到本地机房的服务，备份方式为物理备份，但需要配置本地的网关到阿里云，设置方式和 VPN 的配置类似。

7.5 数据传输 DTS

数据传输服务可以实现各类同构或异构数据库间的数据迁移、数据库间数据实时同步、数据库增量数据的订阅等功能，例如 Oracle 到 MySQL、Oracle 到 PPAS 等。我之前做过多年的 ETL 开发工作，市面上的数据处理工具基本都用过，数据传输服务相比这些专业的工具更轻量、简单，几乎没有学习成本，但数据加工处理能力稍差一些，主要实现数据的传输。

7.5.1 数据迁移

数据传输服务支持本地数据库到云端的迁移、RDS 跨账号跨实例的迁移、数据库拆分与扩容等业务场景。能够支持数据库结构迁移、全量数据迁移和增量数据迁移。基于数据库日志的增量更新，例如 MySQL 的 Binlog 同步，可以在源数据库不停服的情况下完成数据迁移。

- 支持多种 ETL 功能，实现对源到目标实例不同的库名、表名或列名设置映射规则。
- 实现数据过滤，对要迁移的表设置 SQL 条件过滤，例如只迁移最近 3 个月的订单。
- 支持自建数据库上云，如 MySQL、SQL Server、Oracle、PostgreSQL、Redis 等。
- 支持从第三方云迁移至阿里云，如华为云、腾讯云、Amazon 等。
- 支持 RDS 实例间迁移、从阿里云迁移至自建数据库、自建数据库间的迁移。

7.5.2 创建迁移任务

中台项目中的数据迁移主要将本地数据中心相关基础表数据迁移到 RDS MySQL，如航空公司的基础信息、航班状态的码表信息等。以阿里云上的两个数据库为例演示迁移过程，将旅客中心的 passenger_member 表迁移到行程中心数据库里。

在阿里云管理台找到数据传输服务，创建迁移任务，如图 7-50 所示。

图 7-50

设置源库信息，可以是 RDS 或有公网 IP 的自建数据库，对于没有公网 IP 的自建数据库建议开通 VPN 网关或智能接入网关实现网络通信，如果是跨账号的 RDS 需要进行账号授权，如图 7-51 所示。

1.源库及目标库	2.迁移类型及列表	3.高级配置

源库信息

* 实例类型：	RDS实例	▾	DTS支持链路类型
* 实例地区：	华北2（北京）	▾	
* RDS实例ID：	rm-2ze8nyob▮▮▮▮	▾	其他阿里云账号下的RDS实例
* 数据库账号：	passenger		
* 数据库密码：	●●●●●●●●●●●●●	◎	测试连接 ⊘ 测试通过
* 连接方式：	● 非加密连接 ○ SSL安全连接		

图 7-51

设置目标库信息，支持 RDS 和自建数据库，因为目标库是 RDS，所以只能是本账号下的 RDS 实例，如图 7-52 所示。

目标库信息

* 实例类型：	RDS实例	▾
* 实例地区：	华北2（北京）	▾
* RDS实例ID：	rm-2ze8r▮▮▮ ▮▮▮y	▾
* 数据库账号：	trip	
* 数据库密码：	●●●●●●●●	◎ 测试连接 ⊘ 测试通过
* 连接方式：	● 非加密连接 ○ SSL安全连接	

图 7-52

选择迁移对象，最好将结构迁移、全量迁移和增量迁移都选择，在迁移过程中不要修改数据库结构，尽量在业务量最小的时候进行，保证增量数据的一致性，如图 7-53 所示。

图 7-53

映射源库、表、字段到目标库、表、字段关系，如果数据结构都相同则忽略，图 7-54 所示为将迁移后的表名都加前缀 trip，表 passenger_member 的所有列名加后缀 info。

图 7-54

还有一种场景是某业务数据表增长非常快，尤其是 MySQL 的单表性能不能支撑时，可以考虑进行分库、分表，这时就可以使用 SQL 过滤待迁移数据，实现同一张表数据依据不同的维度迁移到不同的库或者表中。基于此技术还可以实现按时间增量迁移或进行数据的归档，数据传输服务只能实现 where 条件的简单过滤，如果能增加扩展点，例如配置存储过程执行数据过滤加工，那就较完善了，不用再依赖其他 ETL 工具。

7.5.3　启动任务迁移

完成上文的任务配置后，需要对数据源和目标源进行预检查，支付后启动，开始任务执行，运行时长根据数据容量确定，如图 7-55 所示。有时感觉最后的增量迁移一直到不了 100%，可能和后台的实现机制有关，因为在迁移过程中源数据库还在写入数据。

图 7-55

把行程中心的数据库打开，已经可以看到从旅客中心迁移过来的表，并在表名前加了 trip，所有列名后加了 info，如图 7-56 所示。操作很简单，只需要把源和目标数据库配置好，如果有不一致的表名和字段名映射好即可，但它对数据的加工处理和清洗还比较弱，只能实现基本功能。注意迁移完成后及时释放任务。

图 7-56

7.5.4　数据同步

数据同步支持两个数据源之间的单向 / 双向同步，可以用于数据库的异地灾备、报表统计与业务操作分离、实时数据仓库等应用场景。数据同步支持 MySQL、云端的自建数据库、本地自建数据库（通过 VPN 网关、智能接入网关和专线与阿里云 VPC 内网实现互通），如图 7-57 所示。

业务中台微服务化后，数据被分散到各业

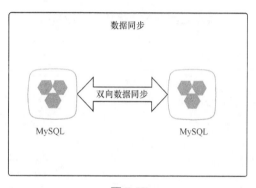

图 7-57

务中心的数据库，进行数据分析汇总统计就比较麻烦。比如需要实时统计各航班行李运输量，这时乘客信息在用户中心数据库，航班信息在行程中心数据库，行李信息在行李中心数据库，那么如何实现跨库跨实例的 join 操作呢？使用阿里云的 Quick BI 时多数据源的关联查询在高级版里不支持，这是基本需求，只能用专业版但费用太高。这种情况下可以使用数据同步将所有业务中心的数据表同步到一个大而全的数据库，这个数据库集成了所有业务主 / 外键的逻辑关系，而且同步是实时的，此数据库的功能就是实现实时的统计汇总，也可以解决 Quick BI 工具多数据集的关联问题。智能数据分析章节会用到该工具，接下来演示此部分内容。

创建同步作业，如图 7-58 所示。

图 7-58

配置数据源，为了在 Quick BI 工具里实现多个业务中心的统计汇总，居然可以自己同步自己，如图 7-59 所示。

源实例信息		目标实例信息	
实例类型:	RDS实例	实例类型:	RDS实例
实例地区:	华北2（北京）	实例地区:	华北2（北京）
* 实例ID:	rm-2ze8nyo⬛⬛26k893ty	* 实例ID:	rm-2ze8nyo⬛⬛⬛k893ty
* 数据库账号:	root	* 数据库账号:	root
* 数据库密码:	••••••••	* 数据库密码:	••••••••
* 连接方式:	⦿ 非加密连接 ○ SSL安全连接	* 连接方式:	⦿ 非加密连接 ○ SSL安全连接

图 7-59

源库和目标数据库都指定为同一个，单击开始即可，如图 7-60 所示。

源库对象	已选择对象 [将鼠标移到对象行，单击编辑可修改库名或表名及过滤条件]
若全局搜索，请先展开树 🔍	🔍
⊟☐📁 luggage	luggage_count 源库名:luggage (2个对象)
⊟☐ Tables	luggage_info
⊟📁 passenger	luggage_operation
⊟☐ Tables	luggage_count 源库名:passenger (1个对象)
⊞☐📁 sys	passenger_member
⊟📁 trip	luggage_count 源库名:trip (1个对象)
⊟☐ Tables	trip_info
⊞☐📁 trippassenger	

图 7-60

开始同步，如图 7-61 所示。

图 7-61

查看数据库，自动创建了数据库 luggage_conet，在 Passenger_member 表，加了一条旅客数据，则新数据库中会自动同步过来，如图 7-62 所示。

图 7-62

7.6　混合云数据库管理 HDM

我们在项目中没有用到混合云数据库管理（Hybrid Cloud Database Management，HDM），因为中台的数据库已经全面云化，但很多企业场景是将应用层部署在云上，将数据部署在本地机房。大家可能都在担心数据在云端是否安全，数据是否会被云厂商使用，从我们使用的经验来看云端的安全防护能力是远远高于本地的防护能力，此外我个人觉得要想使用好公有云，首先得信任它。当然现实情况中不一定所有的业务都放在公有云，未来一定是一种混合云的架构，大型集团搭建自己的私有云，甚至是公有云的专有化部署，主要运行公司内部的核心系统，另一部分运行在公有云，甚至是多个公有云上，目前我们正在做这方面的工作。基于这样的背景将介绍阿里云的混合云数据库管理。对很多企业来说，上云会面临一定的迁移成本和时间成本。

- 上云期间，需要同时管理本地 IDC 和云上数据库资源。
- 如何使用最少的维护时间完成多个环境间的流量切换，并保障数据一致性，是要考虑的问题。

HDM 是混合云数据库管理平台，帮助企业打通混合云数据库架构，提供多环境下统一管理、快速弹性、容灾切换的能力。HDM 不仅支持 MySQL、SQL Server 等关系数据库，也支持 MongoDB 和 Redis 等非关系数据库。用户只需要完成实例接入，就可以使用 HDM 的集群管理、统一监控、统一告警、统一 Dashboard 等功能，如图 7-63 所示。

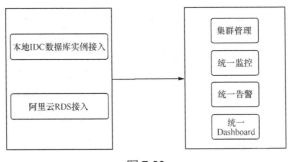

图 7-63

HDM 首页如图 7-64 所示。

图 7-64

7.7 非关系数据库

阿里云上提供的非关系数据库类型比较丰富，中台项目使用了 Redis 和 MongoDB 数据库。

7.7.1 Redis 数据库

Redis 数据库支持字符串、链表、集合、有序集合、哈希表、流数据等多种数据类型，及事务、消息订阅与发布等高级功能，支持内存 + 硬盘的存储方式，提供数据高速读写能力的同时满足数据持久化需求。

实例信息页面如图 7-65 所示。

图 7-65

Redsi 版的 DMS 页面和 MySQL 版的类似，如图 7-66 所示。

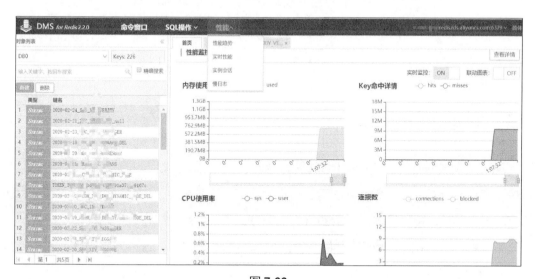

图 7-66

中台项目主要用 Redis 存取以下两方面的数据。

- 数据库将相对稳定的数据放在内存里，可提高数据库的读取性能，如热门城市、航班状态等信息。
- 作为自增序列使用，业务中的流水号、核销码都可以通过 Redis 实现。

7.7.2　MongoDB 数据库

云数据库 MongoDB 版提供多节点的高可用架构，具有弹性扩容、容灾、备份回滚、性能优化等功能，如图 7-67 所示。支持灵活的部署架构，提供的实例架构包括单节点实例、副本集实例以及分片集群实例，满足不同的业务场景。

中台项目的业务中心本身没有使用 MongoDB 数据库，在项目初期 MongoDB 可以用来存取所有的日志信息，方便跟踪排查线上问题，但当时的阿里云日志服务功能太简单，很难满足中台对日志的查询管理需求，现在的日志服务已经升级得较好用了。我们没有使用 MongoDB 数据库，现在也只是应用层的一些业务应用在使用 MongoDB。

图 7-67

7.8　对象存储 OSS

现在是大数据时代，非结构化数据在大数据中的比重更大，如何快速、方便、可靠、低价和安全地存取视频、图片、语音、日志等非结构化数据对于中台项目非常关键，比如旅客的证件照片、投诉视频、海量的行为数据等。传统项目大概有以下两种解决方式。

- 将非结构化数据编码后存储在关系数据库的大字段中，这种方式对数据库的要求很高，但效率较低。
- 搭建文件服务器，将非结构化文件存储到文件服务器中，再将文件的地址以字符串存储在数据表的字段里，这种方式对文件服务器的性能要求也比较高，对于高并发的场景难以应对。

旅客服务中台会有海量的非结构化数据，靠自己的技术和本地资源很难满足需求，我们综合评估后使用了阿里云的 OSS，它可以满足各种场景下数据的存取。

7.8.1 OSS

阿里云的 OSS 提供了基于网络的云端数据存取服务。通过网络随时存储和调用包括文本、图片、音频和视频等在内的各种非结构化数据。可以在任何应用、任何时间、任何地点存储和访问任意类型的数据。服务设计可用性不低于 99.995%，用户根本不需要关心运维和性能。OSS 将数据文件以对象的形式存在于存储空间中，如图 7-68 所示。

OSS 具有如下特点。

- 高可靠：数据实现自动、多重、冗余备份，因为自建文件服务器一旦出现磁盘坏道，数据丢失风险极大。

- 高安全：实现多级防护，如数据加密、白 / 黑名单、细粒度权限、主 / 子账号等保证数据的安全。

- 成本低：无须运维，分级存储，存储空间可弹性伸缩。如果自建则需要专人运维，带宽扩容成本也很高。

- 集成数据服务：提供了图片处理、音 / 视频转码、文档预览、图片场景识别、人脸识别等服务，包括图片格式的转换，以及缩略图、剪裁、水印、缩放等多种操作。

- 使用简单：提供标准的 RESTful 接口、丰富的 SDK 包、客户端工具、控制台，方便地上传、下载、检索、管理用于 Web 网站或者移动应用的海量数据。

- 不限文件数量和大小。根据所需存储量无限扩展存储空间，解决了传统硬件存储扩容问题。

图 7-68

OSS 基本操作的流程如图 7-69 所示。

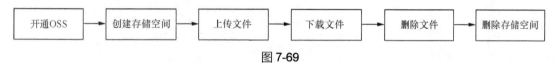

图 7-69

7.8.2 创建存储空间

在 OSS 控制台可以查看和管理所有的文件。

- 创建一个或者多个存储空间，向每个存储空间中添加一个或多个文件。
- 可以给每个存储空间绑定自己的域名，更方便访问。
- 通过获取已上传文件的地址进行文件的分享和下载。
- 通过修改存储空间或文件的读、写权限来设置访问权限。

系统大版本上线后操作手册、演示视频、Excel 模板等需要发给用户，使用了 OSS 后只需将文档和视频在控制台上传到 OSS，将文档对应的域名地址直接发出去即可，而不需要线下传输。实现访问链接不变，内容可以随时修改。在控制台创建存储空间，如图 7-70 所示。

图 7-70

存储类型选标准存储可满足数据经常被访问的要求。若数据长期存储，访问较少，可选择低频访问。

读写权限对外显示选择公共读，所有人有链接即可访问，写操作需要有权限。

当存储空间用来实现前端页面部署，可开通日志查询、可视化查询，存储空间如图 7-71 所示。

图 7-71

7.8.3 上传文件

创建了存储空间之后，可以上传任何类型的文件到存储空间中。

在管理控制台上传文件，如图 7-72 所示。

图 7-72

Java 项目引入 OSS 的 Maven 坐标后，只需 3 行代码即可实现上传文件，需要给子账号开通 OSS 相关存储空间的管理权限，如图 7-73 所示。这里细化到某个存储空间的授权，需要在权限管理中写脚本，如果麻烦就直接把 OSS 的权限都给子账号。

```java
// 创建OSSClient实例，指定地域节点，并使用子账号的Key和Secret进行API访问
OSS ossClient = new OSSClientBuilder().build(endpoint, accessKeyId, accessKeySecret);

// 创建PutObjectRequest对象
PutObjectRequest putObjectRequest = new PutObjectRequest("<BucketName>","<ObjectName>",new File("<LocalFile>"));

// 上传文件
ossClient.putObject(putObjectRequest);

// 关闭OSSClient
ossClient.shutdown();
```

图 7-73

使用命令行工具 ossutil，中台项目的后台管理端使用 Vue 前 / 后端分离开发，一般前端 Vue 经过打包编译后生成 HTML 代码，再部署到 nginx 或其他 Web 服务器上实现动静分离，OSS 已经提供了静态网站托管功能，只需要将前端代码上传到 OSS 的存储空间即可。我们可以编译打包代码后在 OSS 管理台手工上传，但这种方式很麻烦，使用云效平台直接从 Git 库拉取前端代码，自动编译打包后上传非常方便。

7.8.4 绑定域名

每个 OSS 里的文件都提供了域名访问，但默认的域名很长、不友好，可以将存储空

间直接绑定到自己的域名访问，原理就是域名的 CNAME 转发，如图 7-74 所示。需要注意如果域名也在阿里云主账号下会自动对 CNAME 记录进行域名解析，如果域名不在阿里云主账号需要自己手动添加 CNAME 记录，如果不需要对外暴露域名，使用自带的域名即可。

图 7-74

域名绑定后可以添加 SSL 证书，实现 HTTPS 访问，但发现一个不是太友好的问题，比如系统要进行等保三级认证，在整改的过程中 OSS 托管的前端页面不能关闭 HTTP 的访问，我们希望用户访问 HTTP 时自动跳转到 HTTPS，但 OSS 这块实现比较复杂，最终是自己实现了 HTTP 数据传输的加密。

7.8.5　下载分享文件

单击文件查看详情，可以通过 URL 直接访问文件。一般在开发中会将生成的 URL 存储在数据库的 URL 字段中，如图 7-75 所示。OSS 也提供了 API/SDK 和命令行工具下载访问。

图 7-75

7.8.6　静态网站托管

通过控制台将自己的存储空间配置成静态网站托管模式，并通过绑定的自定义域名访问该静态网站。指定存储空间的默认首页和默认 404 页，可以将存储空间内的资源以静态网页的形式展示出来。这个功能非常适合前 / 后端分离的架构开发，直接省掉了 Web 服务器层，而且 OSS 通过 CDN 等方式使用户根本不需要考虑性能问题，可以将 PC 端管理台页面和用户端的 H5 页面都部署在 OSS 上，新建一个 HTML 文件传到 OOS 的存储空间里，如图 7-76 所示。

图 7-76

设置首页的 HTML 文件和错误页面即可完成配置，如图 7-77 所示。

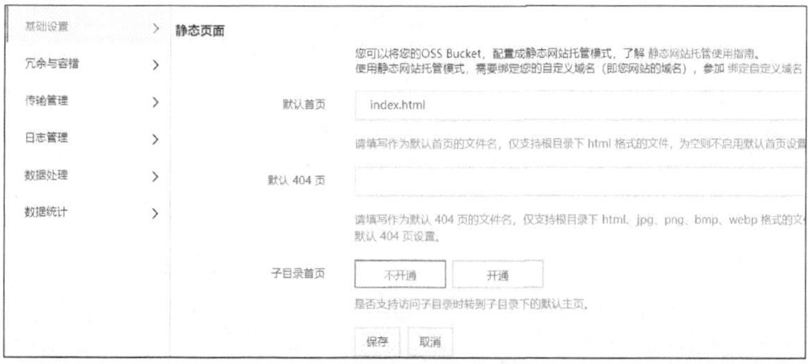

图 7-77

访问正常，完整的 Vue 项目发布在第 8 章介绍，如图 7-78 所示。

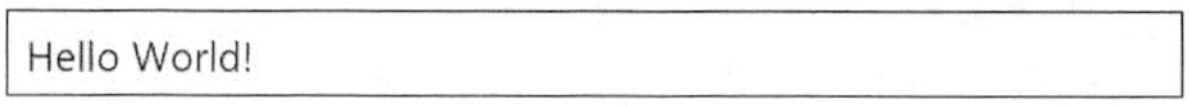

Hello World!

图 7-78

7.8.7　数据服务

可以对图片的显示样式进行定义，可以设置图片质量和水印等，如图 7-79 所示。

图 7-79

显示时只需要在链接后加上样式编号即可，如图 7-80 所示。

图 7-80

OSS 提供的这类服务还是比较丰富的，如文档预览、文档格式转换、人脸识别、图片分析、二维码识别等数据分析和处理。

第8章 分布式中间件 EDAS

8.1 EDAS 介绍

在支付公司的时候研发部门分为产品部、开发部、测试部、技术部和系统部，每一次上线的流程大概是这样：

- 测试人员在测试环境进行测试并出示测试报告；
- 开发人员将生产环境的代码打包和上线操作方案一起发给技术部的部署工程师；
- 开发人员带着打印好并签字的测试报告给部署工程师；
- 部署工程师打开包文件将数据库等生产地址按上线操作方案改为准生产地址；
- 部署工程师登录准生产服务器替换部署包，并通知开发人员完成部署；
- 开发人员找到测试工程师，要求在准生产验证上线内容，并出示准生产测试报告；
- 部署工程师重复上面的步骤来部署生产环境。

多部门、多系统涉及的流程多、手工操作频繁，经常会出现人为线上 bug，就算只进行页面样式修改这样简单的迭代上线，每次也要工作到后半夜。中台项目需要敏捷、快速地响应需求，所以必须要解决持续集成部署的问题，如果没有阿里云的 EDAS 平台，我们甚至有可能不会使用业务中台架构。

8.1.1 什么是 EDAS

EDAS 是阿里云上的 PaaS 平台，提供应用开发、部署、监控、运维等全生命周期管理，对微服务进行了封装和治理，开通即用，用户不需要关心微服务底层的各功能组件的部署和运维，这也是我们选择微服务架构的主要原因。如果自己搭建整套的 Spring Cloud 微服务环境，复杂度和运维难度都难以保障。EDAS 架构如图 8-1 所示。

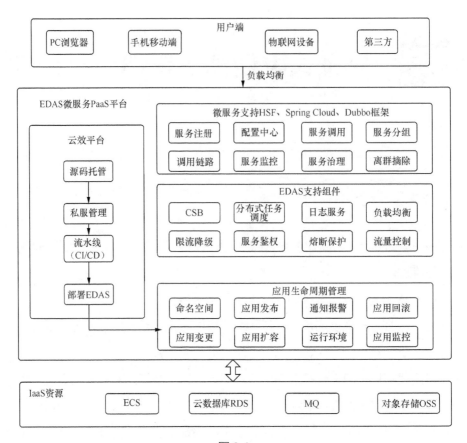

图 8-1

EDAS 免去了运维人员逐台登录服务器，逐台部署的繁杂操作。只需要登录 EDAS 控制台，就可以通过 WAR 包、JAR 包或镜像等多种方式快速部署应用，随时随地管理应用，包括应用创建、部署、启动、回滚、扩缩容及删除等操作，应用可以部署到 ECS 集群和容器服务 Kubernetes 集群中。如果有开发、测试、生产等多套运行环境，只需使用命名空间进行环境隔离。

EDAS 支持三大主流微服务框架 HSF、Dubbo 和 Spring Cloud，无须改变原有开发模式，实现零代码修改就能完成 Dubbo 和 Spring Cloud 应用在 EDAS 内的部署上云，有效降低运维成本，支持灰度发布、流量控制等多种功能，实现了微服务应用开发和部署的最简化。如果应用使用 Spring Cloud 开发，那么使用 EDAS 后使用者无须构建也不需要知道 ZooKeeper、Eureka 和 Consul 等微服务依赖的组件服务，极大降低运维成本。

EDAS 的应用全生命周期管理如下。

- EDAS 支持将原生 Spring Cloud、Dubbo 以及 HSF 开发的应用托管到 EDAS 中，只需添加相关依赖，修改很少的配置即可获取 EDAS 应用托管、服务治理、监控报警和应用诊断。

- 实时监控应用的服务器资源和微服务的健康状态，可以快速发现和定位问题。
- 应用部署完成后，可以通过 EDAS 控制台进行应用全生命周期管理。

8.1.2 微服务管理

服务治理集成了众多服务治理组件，可应对突发流量洪峰和雪崩问题，提高平台稳定性。

- 弹性伸缩：弹性伸缩能够感知应用内各个实例的状态，实现应用扩容、缩容。
- 限流降级：解决后端核心服务因压力过大造成系统反应过慢或者崩溃的问题。
- 健康检查：定时检查整个应用的运行状态，排查和定位问题。
- 灰度发布：实现应用版本间的平滑过渡。

微服务管理提供服务和服务间调用链查询功能，管理分布式系统中每个组件和服务。

- 服务拓扑：以拓扑图的形式直观了解各服务间的相互调用关系及相关性能数据。
- 离群实例摘除：检测微服务应用实例的可用性动态调整，以保证服务成功被调用。
- 调用链查询：通过设置查询条件，可以准确找出哪些业务的性能较差，甚至是异常的。

8.1.3 组件应用

针对分布式和微服务应用的疑难问题，阿里云提供了多个组件支持。业务中台主要使用如下 3 个阿里云产品。

- CSB：类似于传统的 ESB 但更轻量，实现能力对外开放，也可以接入外部服务和接口进行管理控制。例如直接将 HSF 服务挂在 CSB 上自动转换 HTTP 接口可对外服务。
- 应用实时监控服务（Application Real-Time Monitoring Service，ARMS）：可以迅速、便捷地为企业构建秒级响应的应用监控能力。覆盖了应用服务端、浏览器端、业务关键指标等全链路。
- 分布式任务调度 SchedulerX：可编排定时任务用于分布式任务调度。这个平台非常关键，中台部署都是多实例负载，定时任务很可能在多个计算机同时跑，就会导致不一致。SchedulerX 很好地解决了这个问题。

8.2　EDAS 应用

　　本节以行程中心为例，通过 EDAS 环境完成行程中心的部署，目前 EDAS 可以免费部署 5 个应用，EDAS 的计费维度为应用实例数而不是应用本身，比如一个应用需要两个 ECS 实例作为负载，就按两个计费。首先开通 EDAS 服务，如图 8-2 所示。

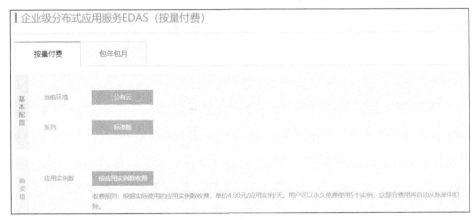

图 8-2

8.2.1　创建命名空间

　　命名空间为应用提供了互相隔离的运行环境，如开发、测试和生产环境就创建 3 个命名空间，开通 EDAS 后默认会分配一个命名空间。这里创建一个测试环境的命名空间，如图 8-3 所示。

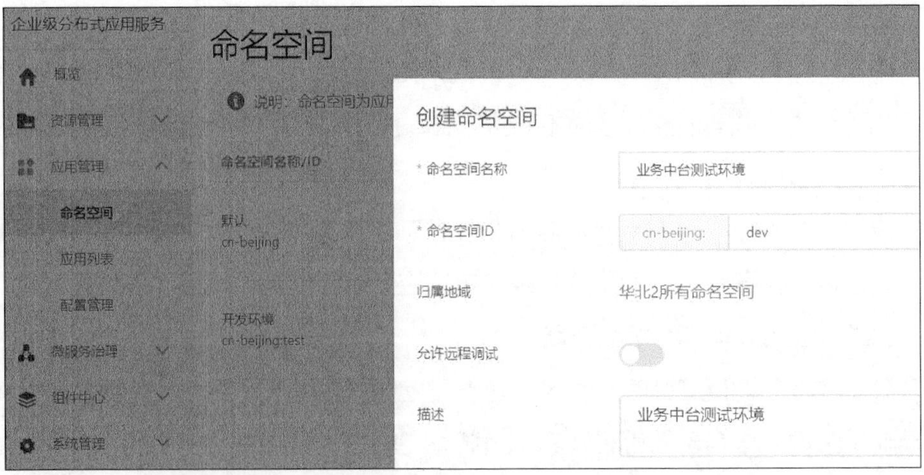

图 8-3

在业务中台的前期开发中出现过几次和命名空间有关的问题，如在调用 HSF 微服务接口时只有默认命名空间可用，自己创建的无法调用等。还出现生产环境的命名空间收不到 MQ 消息，只能重新分配新命名空间的问题。

8.2.2　创建集群

集群是 EDAS 需要用到的 ECS 的集合。在测试环境的命名空间下创建名字为 dev 的集群，类型为 ECS，如图 8-4 所示。

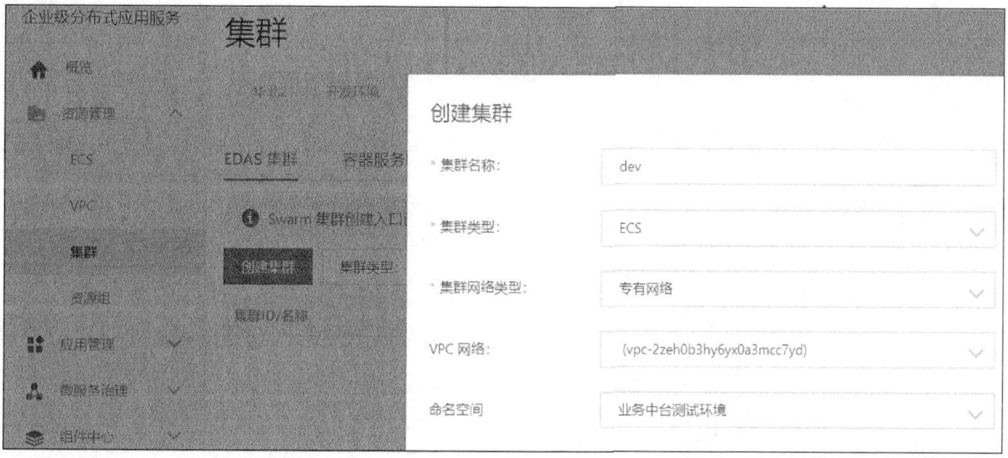

图 8-4

导入 ECS，行程中心需要两个节点进行负载均衡，所以先购买 2 台 ECS 作为行程中心计算节点，注意购买实例时要选择专有网络和安全组，不需要开通公网 IP，如图 8-5 所示。

图 8-5

将购买的 ECS 导入 dev 集群中,如图 8-6 所示。

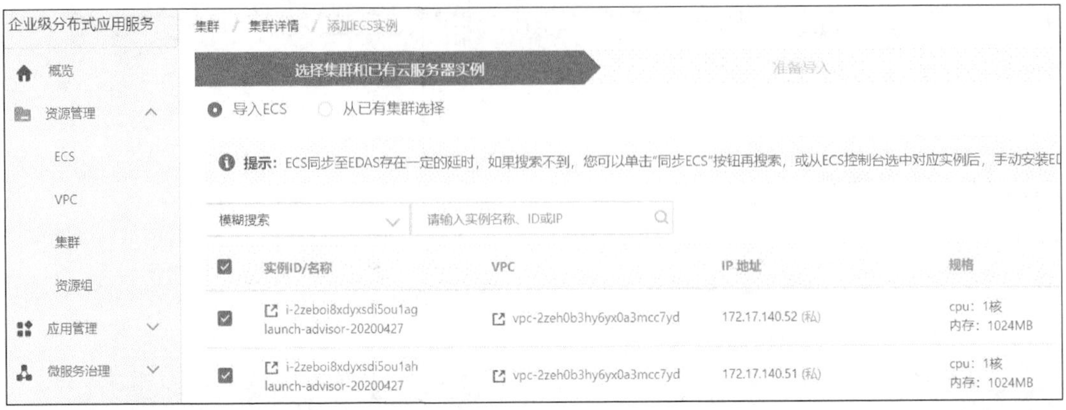

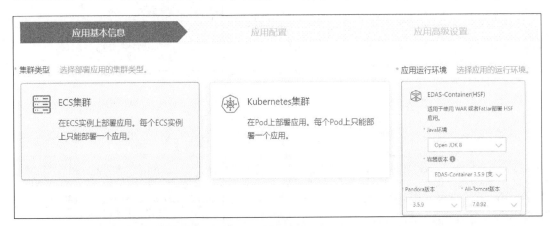

图 8-6

完成导入后的 ECS 只能被此集群使用,其他集群无法使用这些 ECS,一般使用一个集群管理资源即可。

8.2.3　创建应用

创建应用选择 ECS 集群时比选择 Kubernetes 集群更简单,而且云效流水线暂不支持 Kubernetes;各业务中心是用 Spring Boot 开发的,运行环境选择 EDAS-Container(HSF),版本选择 3.5.9,如图 8-7 所示。再录入应用名称 edas-trip。

图 8-7

部署包来源先选择不部署,后面用云效流水线去拉取代码仓库的代码进行自动化部署;选择集群中刚导入的实例运行行程中心项目,如图 8-8 所示。

图 8-8

应用创建完成，可以对应用进行启动、停止、部署、扩容等操作和管理，如图 8-9
所示。

图 8-9

8.2.4　配置应用

设置应用的运行环境，点击设置 JVM，自定义配置中输入 -DENV=dev（-DENV=
pro 生产环境），对应我们代码中的配置文件 application-dev 和 application-pro；
Tomcat 端口号是行程中心的启动端口 7001，编码选择 UTF-8，如图 8-10 所示。

图 8-10

这里的参数需要和代码里的配置保持一致，如图 8-11 所示。

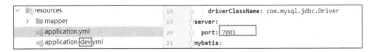

图 8-11

8.2.5 开通 ECS 安全组端口

需要确保行程中心涉及的两个端口 7001 和 7002 在 ECS 上是对外开通的，进入实例安全组，查看配置端口是否放开，是否被占用，将 7001 到 7020 端口都开放即可，因为中台还有几个应用需要开放端口，如图 8-12 所示。

图 8-12

如果不使用阿里云的云效流水线部署，则只需要在本地将部署 JAR 或 WAR 包准备好，在管理台上传即可完成部署，不需要登录每个 ECS 自己替换包，如图 8-13 所示。

图 8-13

接下来介绍如何通过云效平台的流水线进行自动化部署。

8.3　流水线部署

流水线的本质是研发到交付的流程，它把流程中的不同阶段任务串接在一起，并且可以定时、自动化地一步一步地执行。

- 简单的应用通过手工触发、构建并部署到一个特定的环境，是一条基本的流水线。
- 复杂的应用通过源码提交自动触发，通过各个环节和阶段的构建、部署、检测直到上线，是一条完整的端到端的流水线。

云效对 EDAS 进行了集成，可以将云效上打出来的 WAR 包或 JAR 包部署到 EDAS 中。

云效支持多种研发模式及部署回滚等功能。EDAS 提供了中间件、部署、运维、日志、监控等服务。云效与 EDAS 结合可以很好地提供一站式持续交付体验。EDAS 提供了多种部署能力，云效目前只支持基于 JAR 包和 WAR 包部署，不支持 EDAS 容器部署。

8.3.1　创建云效应用

使用云效发布应用前需要在云效里创建云效应用，进入云效在研发→应用→创建新应用，按前文创建企业和项目，如图 8-14 所示。

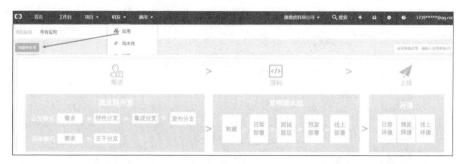

图 8-14

输入应用名称完成创建，如图 8-15 所示。

图 8-15

8.3.2 添加运行环境

新增的云效应用最终部署到哪个运行环境需要设置，阿里云支持多种类型的运行环境，在添加环境中选择日常环境和 EDAS 部署，日常环境可以理解为测试环境，如图 8-16 所示。

图 8-16

在创建的测试环境里单击部署配置，将云效的应用环境和 EDAS 的应用进行关联，将 EDAS 应用 ID 复制到云效即可，如图 8-17 所示。

图 8-17

完成关联后，保存配置策略。如果关联报错一般是登录云效的子账号没有 EDAS 权限，需要去 RAM 子账户管理中授权。如图 8-18 所示，如果 EDAS 应用和云效应用的创建者不一样的话也会报错，需要在 EDAS 的权限管理中将云效应用的创建者授权。如果 EDAS 只有 1 个实例则批次选择 1 批，2 个实例选择 2 批。

图 8-18

8.3.3 创建流水线

需要注意的是云效里有两套流水线，分别是新版和旧版，新版更加简单不需要手工写部署命令文件，即可应用流水线。在新建流水线时选择 Java，模板选择部署到 EDAS，如图 8-19 所示。

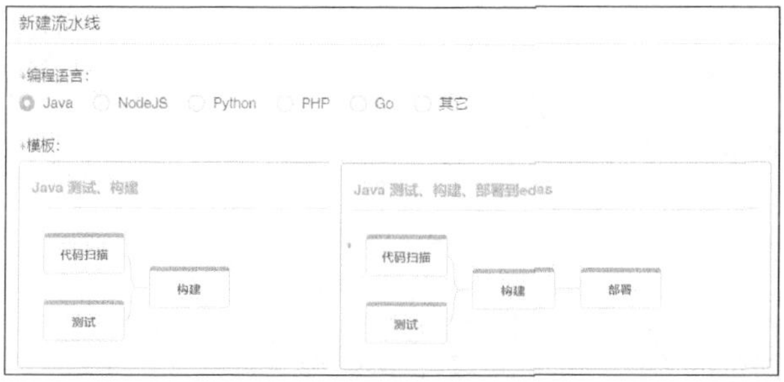

图 8-19

下一步为流水线添加代码仓库位置。目前云效支持阿里云 Code，码云以及用户自建的 Git 库作为流水线输入源，中台代码在阿里云 Code 托管，录入行程中心代码仓库地址后自动带分支，如图 8-20 所示。旧版流水线支持的代码仓库很少。

图 8-20

设置流水线名称并关联应用，创建后进入流水线编排页面，如图 8-21 所示。

图 8-21

配置任务，在部署阶段的任务：部署到 EDAS 里选择应用和相应的环境，如图 8-22 所示。

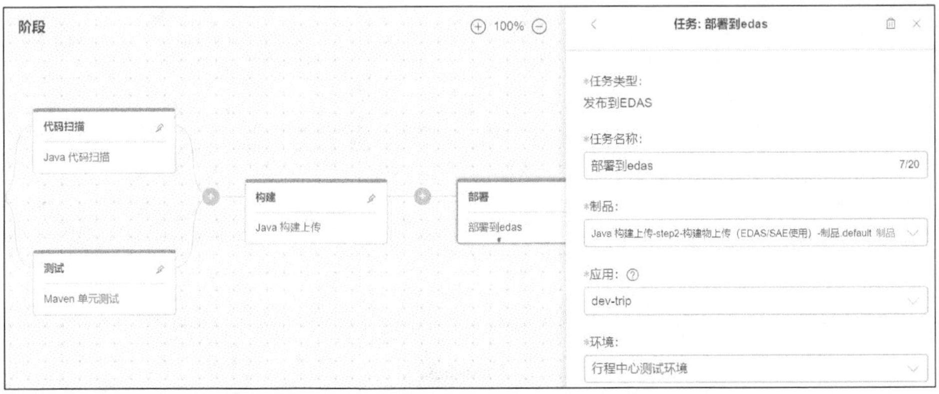

图 8-22

- 输入源：代码库如 Git 库。云效支持阿里云 Code，码云以及用户自建的 Git 库作为流水线输入源。这里已经将上一步选择的阿里云代码仓库关联上了。
- 阶段：在流水线中需要按顺序执行的一组任务的集合，一个阶段可以是手动运行也可以是自动运行。阶段之间可以是串行也可以是并行；这里分为代码扫描、测试、构建和部署 4 个阶段。也可以自己维护，例如可以将测试阶段删除。
- 任务：在阶段中需要用户完成的操作。在构建阶段里默认的任务是 Jave 构建上传，对于中台 demo 项目在打包命令后增加 -s settings.xml，如图 8-23 所示。

因为中台用到了阿里云的私服，所以 settings.xml 中配置了私服的地址，这个 XML 文件在私服页面可以下载或者使用第 4 章使用的本地 settings.xml（包含 EDAS 地址），需要将这个文件复制到项目的根目录，如图 8-24 所示。

图 8-23

图 8-24

上传文件地址是按图 8-25 所示的格式拼接的输出地址，在构建的时候日志里会显示出来。

图 8-25

8.3.4 运行流水线

流水线按照阶段进行任务执行，先把测试阶段删除。

执行代码扫描阶段如图 8-26 所示。

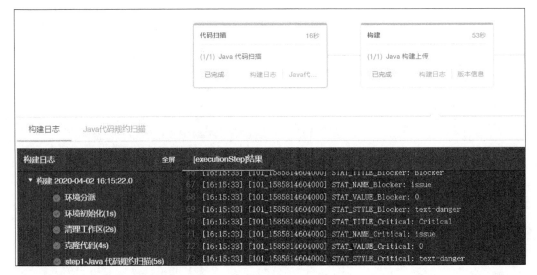

图 8-26

执行构建阶段如图 8-27 所示。

图 8-27

执行部署到 EDAS 任务。如果是多实例自动实现灰度发布，则实现了系统上线部署不影响正常业务功能，如图 8-28 所示。

查看 EDAS 服务，发现日志已经启动，如图 8-29 所示。

在 EDAS 里实例运行正常，如图 8-30 所示。

图 8-28

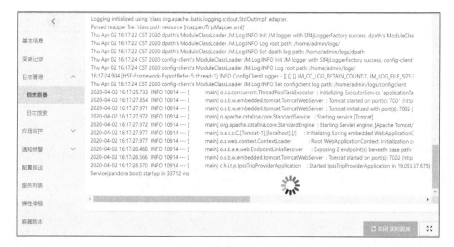

图 8-29

图 8-30

HSF 服务已经启动，可以看到服务的提供者和消费者，如图 8-31 所示。

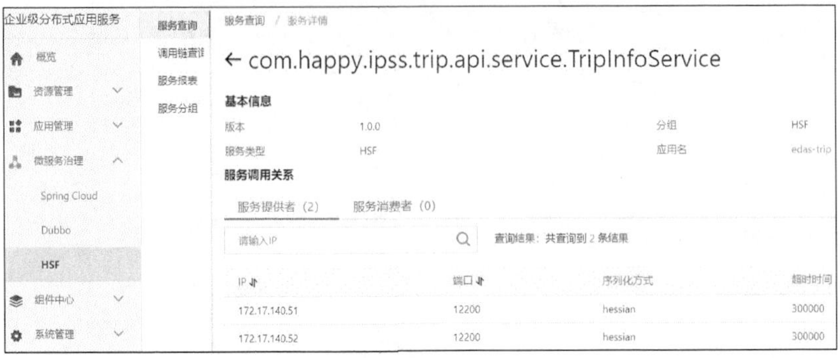

图 8-31

用相同操作为其他两个业务中心和一个业务应用创建 EDAS 应用，共 4 个 EDAS 应用，如图 8-32 所示。

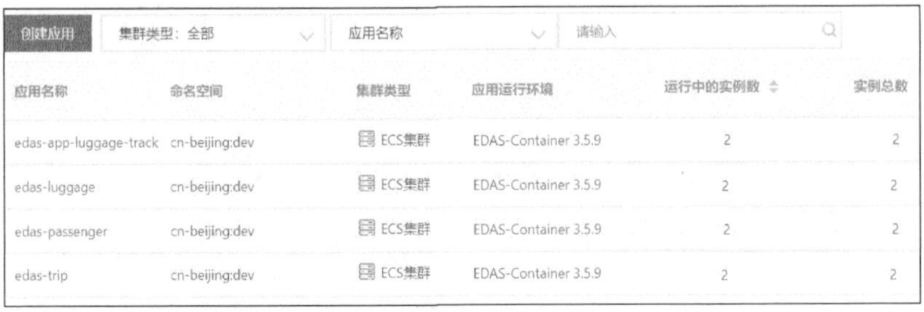

创建应用 | 集群类型：全部 | 应用名称 | 请输入

应用名称	命名空间	集群类型	应用运行环境	运行中的实例数	实例总数
edas-app-luggage-track	cn-beijing:dev	ECS集群	EDAS-Container 3.5.9	2	2
edas-luggage	cn-beijing:dev	ECS集群	EDAS-Container 3.5.9	2	2
edas-passenger	cn-beijing:dev	ECS集群	EDAS-Container 3.5.9	2	2
edas-trip	cn-beijing:dev	ECS集群	EDAS-Container 3.5.9	2	2

图 8-32

创建流水线并运行，共 4 条流水线，如图 8-33 所示。

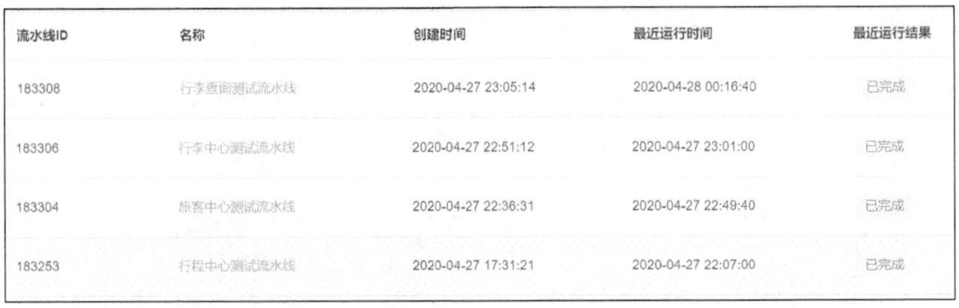

流水线ID	名称	创建时间	最近运行时间	最近运行结果
183308	行李查询测试流水线	2020-04-27 23:05:14	2020-04-28 00:16:40	已完成
183306	行李中心测试流水线	2020-04-27 22:51:12	2020-04-27 23:01:00	已完成
183304	旅客中心测试流水线	2020-04-27 22:36:31	2020-04-27 22:49:40	已完成
183253	行程中心测试流水线	2020-04-27 17:31:21	2020-04-27 22:07:00	已完成

图 8-33

行李查询作为中台的“消费者”是个普通的 Spring Boot 项目，在配置流水线时需要增加一个删除本地 Maven 仓库的命令，如图 8-34 所示。

可以在 EDAS 里查询 3 个业务中心的 HSF 在线微服务，如图 8-35 所示。

单击行程服务名，可以查询到行程中心服务的消费者是两个行李查询应用，如图 8-36 所示。

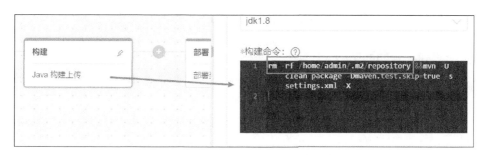

jdk1.8
构建
Java 构建上传
部署
*构建命令：
rm -rf /home/admin/.m2/repository &&mvn -U clean package -Dmaven.test.skip=true -s settings.xml -X

图 8-34

服务名
请输入服务名
服务名 版本 分组 应用名 实例数
com.happy.ipss.luggage.api.service.LuggageService 1.0.0 HSF edas-luggage 2
com.happy.ipss.passenger.api.service.PassengerService 1.0.0 HSF edas-passenger 2
com.happy.ipss.trip.api.service.TripInfoService 1.0.0 HSF edas-trip 2

图 8-35

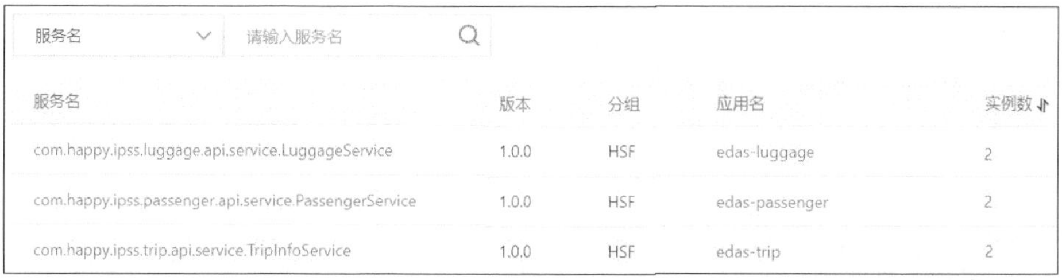

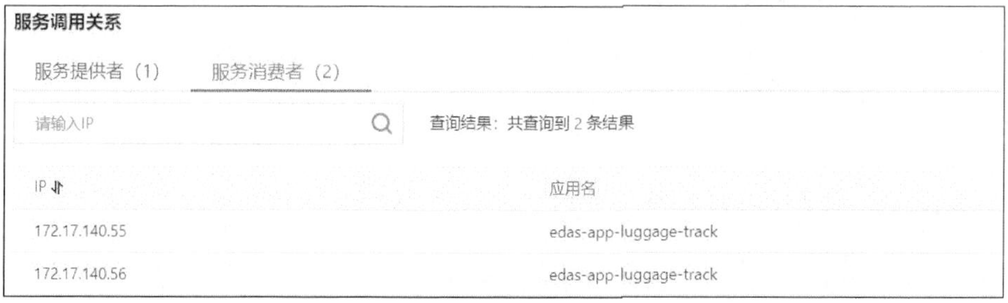

服务调用关系
服务提供者（1）
服务消费者（2）
请输入IP
查询结果：共查询到 2 条结果
IP 应用名
172.17.140.55 edas-app-luggage-track
172.17.140.56 edas-app-luggage-track

图 8-36

8.3.5 应用后台访问配置

完成流水线部署后，行李查询应用需要通过公网给小程序和后端 PC 管理台提供 HTTP 服务，所以需要将行李查询应用 EDAS 里的两个实例挂到公网负载均衡上。先创建一个负载均衡实例，如图 8-37 所示。

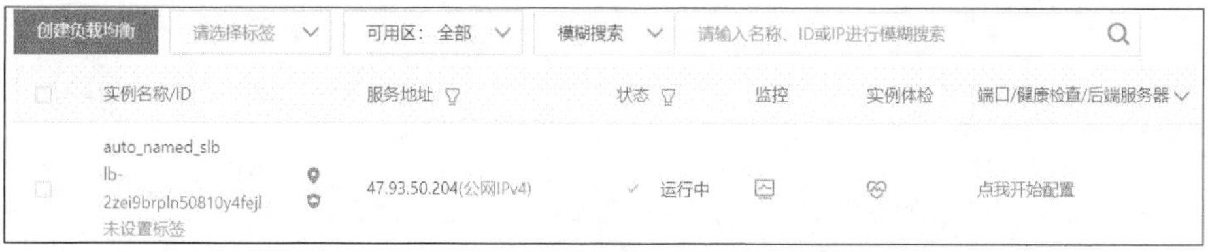

创建负载均衡
请选择标签
可用区：全部
模糊搜索
请输入名称、ID或IP进行模糊搜索
实例名称/ID 服务地址 状态 监控 实例体检 端口/健康检查/后端服务器
auto_named_slb
lb-2zei9brpln50810y4fejl
未设置标签
47.93.50.204(公网IPv4)
运行中
点我开始配置

图 8-37

在 EDAS 里选择公网负载均衡，选择已购买的负载均衡，如图 8-38 所示。

图 8-38

配置端口 80，选择默认服务器组即可通过公网 IP 访问接口，如果无法访问可以打开负载均衡实例控制台，将健康检查状态关闭再尝试，如图 8-39 所示。

图 8-39

使用浏览器可以正常访问接口，如图 8-40 所示。

图 8-40

在域名管理中将负载均衡的公网 IP 解析到二级域名上，增加一个 A 解析，如图 8-41
所示。

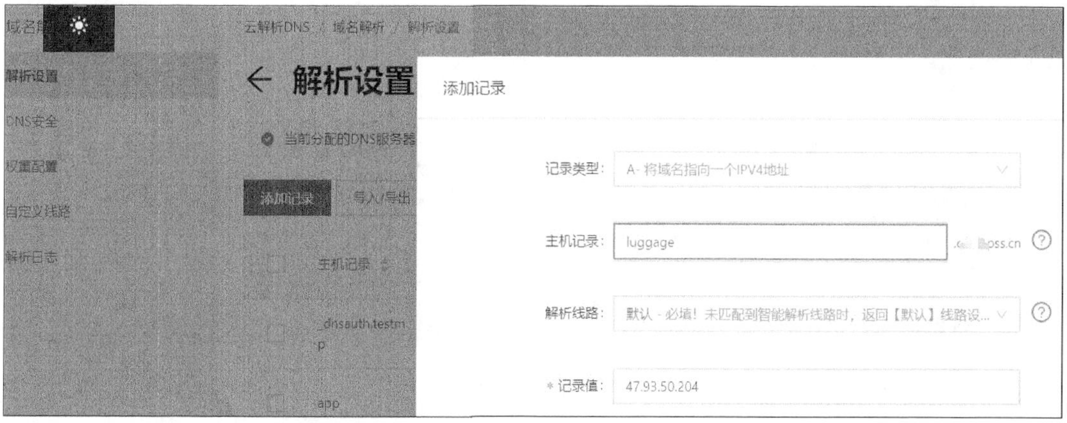

图 8-41

通过域名也可以访问，如图 8-42 所示。

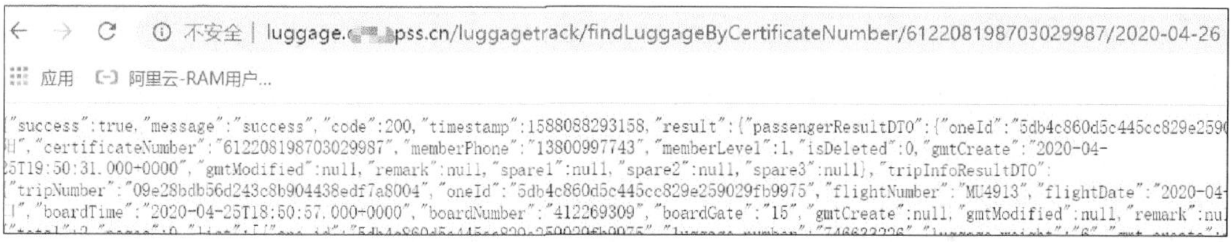

"success":true,"message":"success","code":200,"timestamp":1588088293158,"result":{"passengerResultDTO":{"oneId":"5db4c860d5c445cc829e2590
","certificateNumber":"612208198703029987","memberPhone":"13800997743","memberLevel":1,"isDeleted":0,"gmtCreate":"2020-04-
25T19:50:31.000+0000","gmtModified":null,"remark":null,"spare1":null,"spare2":null,"spare3":null},"tripInfoResultDTO":
"tripNumber":"09e28bdb56d243c8b904438edf7a8004","oneId":"5db4c860d5c445cc829e259029fb9975","flightNumber":"MU4913","flightDate":"2020-04-
","boardTime":"2020-04-25T18:50:57.000+0000","boardNumber":"412269309","boardGate":"15","gmtCreate":null,"gmtModified":null,"remark":nul

图 8-42

我们前端使用微信小程序展示，小程序要求后台接口必须是 HTTPS 才可以接入，接
下来在负载均衡上配置 SSL 证书。在阿里云后台 SSL 证书里申请免费版单域名证书，然
后下载 SSL 证书，如图 8-43 所示。

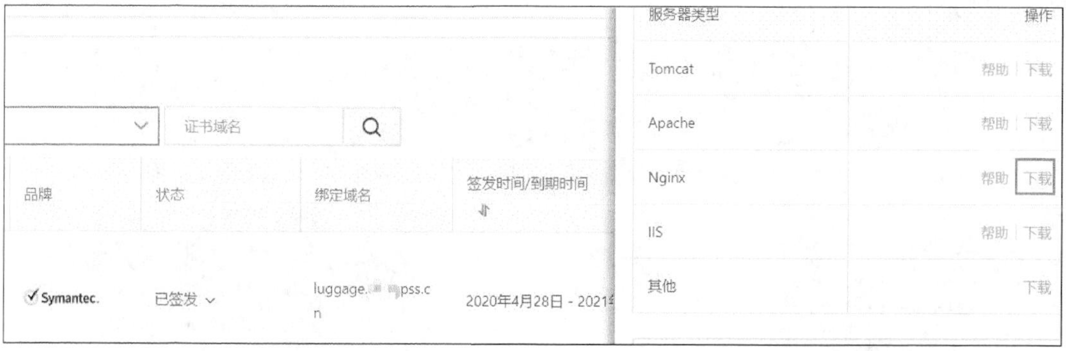

图 8-43

找到负载均衡实例，将下载的 SSL 证书导入，如图 8-44 所示。

图 8-44

添加 HTTPS 的 443 端口，如图 8-45 所示。

图 8-45

选择导入的证书和服务器组，关闭健康检查（如果打开需要配置心跳地址），如图 8-46 所示。

图 8-46

访问正常，如图 8-47 所示。

图 8-47

以上是通过公网负载均衡实现了外网访问，避免了后端服务器直接暴露在互联网上，并实现了高可用的负载均衡。读者可能发现我们部署的接口没有鉴权，只要知道接口地址就可以任意调用。有一种更理想的方案是通过私网负载均衡实现负载，在前端开通 API 网关，通过 API 网关再调用私网的负载均衡，好处是通过 API 网关提供完整的 API 发布、管理、维护生命周期管理，包括自动生成接口文档和 SDK，对接口进行授权管理、流量控制和监控报警，甚至可以将 API 接口发布到云市场实现变现。用户只需进行简单的操作配置，即可快速、低成本、低风险地开放服务，大概的流程如下。

1. 创建 API 分组，并对分组绑定访问域名。
2. 在分组内创建 API 接口，包括 API 基本信息、请求参数、后端服务地址、返回结果。
3. 发布 API 接口，提供了测试、准生产和生产这 3 个发布环境。
4. 创建调用者应用并授权访问接口，生成 AppKey 和 AppSecret。
5. 应用方调试和调用接口，提供各种语言的 SDK 调用并下载使用。

有兴趣的读者可以参考阿里云开发文档自行配置。

8.3.6　发布小程序

打开微信开发工具，修改后台接口地址为带 https 的域名，如图 8-48 所示。

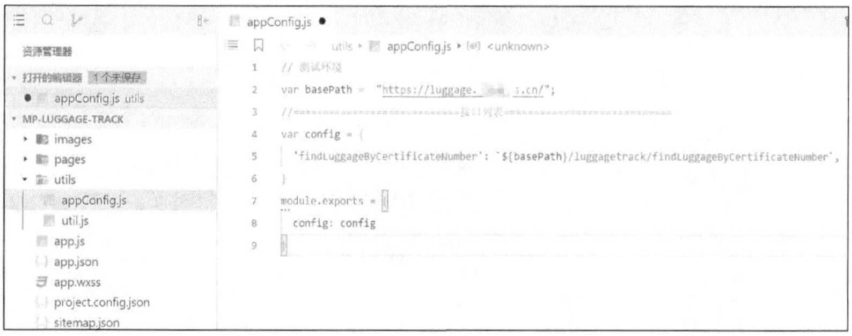

图 8-48

单击上传，如图 8-49 所示。

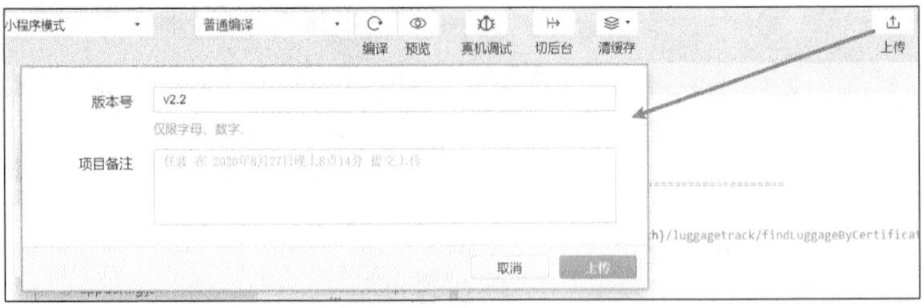

图 8-49

进入微信公众平台，将后台接口的域名配置到微信服务器域名里，如图 8-50 所示。

图 8-50

将小程序设置为体验版，即可用微信扫描体验版二维码进行发布前的测试，如图 8-51 所示。

图 8-51

没有问题后提交审核发布即可，需要先完善小程序信息才能发布，如图 8-52 所示。

图 8-52

8.3.7 前端页面发布到 OSS

项目前/后端分离后，前端模块 Vue 打包后的相关 Web 静态资源（HTML、CSS、JS 文件）可以直接发布到阿里云的 OSS 上运行，省去了部署 Web 服务器的工作。OSS 不仅可以存储各类数据和文件，还可以当作静态网站托管使用，并通过存储空间绑定的自定义域名访问该前端页面。可以在本地将手工打包好的静态资源上传到 OSS 上，但比较麻烦，我们接下来使用云效流水线实现自动发布。旧版云效需要写很多命令才能完成，新版进行了大量封装，配置起来非常简单。

首先开通 OSS 并新建一个存储空间 ipss-app-admin，如图 8-53 所示。

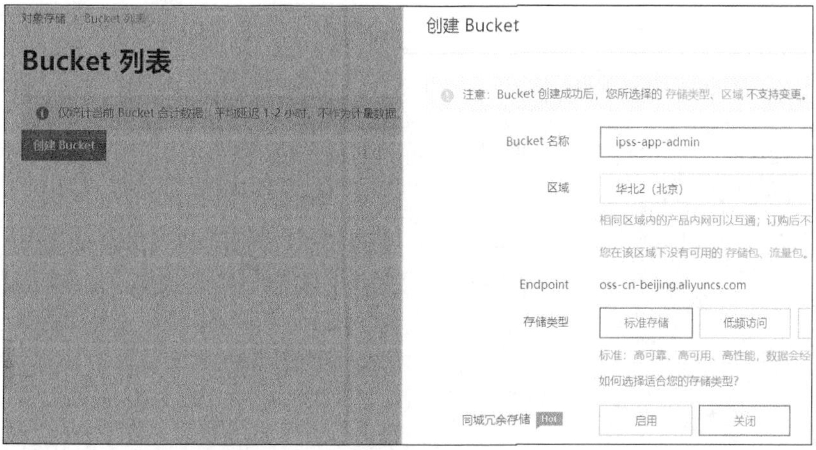

图 8-53

在云效里创建应用 dev-app-admin，和 Java 不同，这里不需要添加运行环境，如图 8-54 所示。

图 8-54

在云效里新建 NodeJS 流水线，选择第一个模板——Node.js 测试、构建、部署到主机即可，如图 8-55 所示。

图 8-55

按步骤选择前端代码仓库、分支，关联云效应用 dev-app-admin，完成流水线创建，并将自动生成的阶段都删除，然后添加 Node.js 构建阶段，如图 8-56 所示。

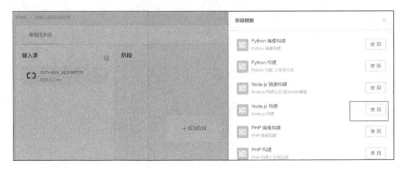

图 8-56

录入构建命令，删除"构建物上传"步骤，新增阶段 1，如图 8-57 所示。

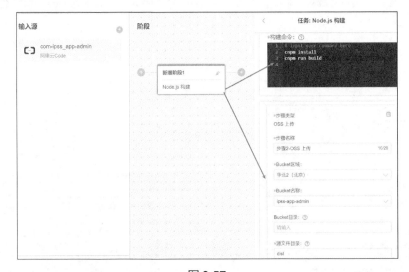

图 8-57

保存并运行流水线，如图 8-58 所示。

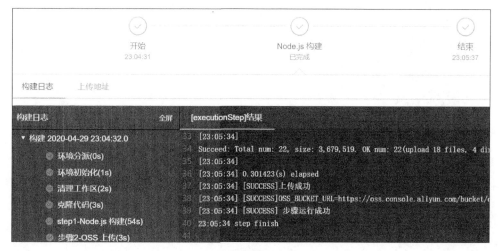

图 8-58

在 OSS 的文件管理里已经可以看到打包后上传的代码文件，如图 8-59 所示。

图 8-59

在 OSS 里配置自己的域名，如图 8-60 所示。

图 8-60

在域名管理里配置 CNAME，实现 OSS 域名和自己域名的映射，如图 8-61 所示。

图 8-61

修改存储空间为公共读权限，如图 8-62 所示。

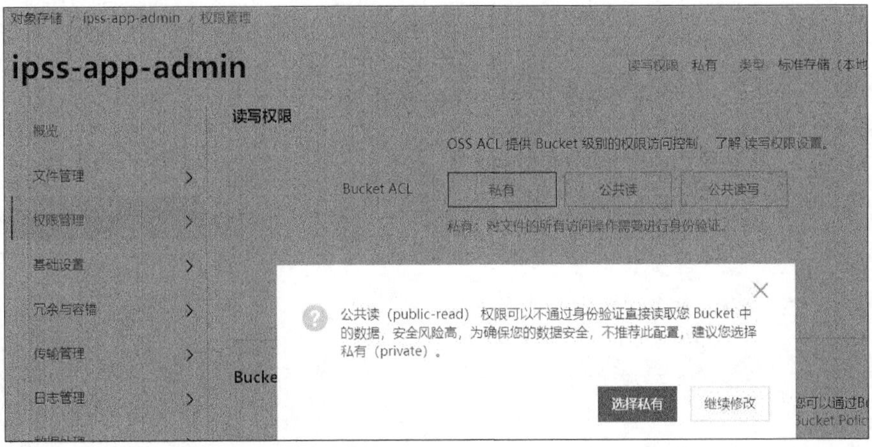

图 8-62

在权限管理中设置跨域访问规则，如图 8-63 所示。

图 8-63

在基础设置里配置静态页面首页，如图 8-64 所示。

图 8-64

使用浏览器已经可以正常访问前端页面，如果无法访问可以将 src/router/index.js 中的 router.beforeEach 方法删除，不进行登录 token 的验证，如图 8-65 所示。

图 8-65

也可以在 OSS 里配置 SSL 证书实现 HTTPS 的加密访问，如果前端是 HTTPS，那么后台接口的地址也需要是 HTTPS。

到目前为止我们已经完成了全部功能的开发和阿里云 PaaS 环境的部署，包括行程中心、旅客中心、行李中心和行李查询应用这 4 个 Java 项目，以及 1 个旅客端微信小程序项目和 1 个后台管理端 Vue 项目。

8.3.8　VPN 连接 EDAS 环境

在极端场景下生产环境出现故障，但在测试环境无法复现时，可以利用 VPC 隧道实现本地开发人员 PC 和阿里云 VPC 的网络互通，从而实现本地开发人员 PC 和 VPC 内的 HSF 服务的相互调用。整个搭建过程较复杂，详细步骤可参考阿里云的帮助文档，这里列出主要的步骤。

- 在阿里云上开通一台 ECS，安装 VPN 服务，通过 Docker 拉取 OpenVPN 镜像安装。
- 在 VPN 服务里生成客户端证书，并通过 winSCP 等工具将生成的个人 OpenVPN 证书导出到本地。
- 在本地安装 OpenVPN 客户端，并导入个人 OpenVPN 证书。
- 测试本地和阿里云内网的联通情况。
- 在阿里云服务器上获取鉴权参数，并写入本地开发人员的文件中。
- 在阿里云服务器上获取运行配置参数，并写入本地开发人员的文件中。
- 在本地开发工具如 IDEA 里配置 VPN 租户参数和 EDAS 注册中心参数即可。

8.4　GTS

一个完整的业务往往需要调用多个子业务或服务，随着业务的不断增多，涉及的服务及数据也越来越多，越来越复杂。如果将一个系统分拆成多个服务的组合，就产生了跨服务调用的分布式事务问题。微服务分布式环境下调用关系复杂、访问多个或多种的数据源，只有保证数据的一致性才能使用微服务架构。例如旅客在小程序端改签了行程，在业务应用中需要调用旅客中心修改积分权益、在行程中心修改行程、在行李中心变更状态，这三个微服务对应后台 3 个不同的数据库。在执行中行李中心微服务更新失败需要回滚行程中心和旅客中心的操作，这个功能在单系统单数据库很好实现，但在分布式环境上实现起来非常复杂，阿里云的 GTS 提供了一套完整的解决方案。

阿里云的 GTS 是一款高性能、高可靠、接入简单的分布式事务中间件，用于解决分布式环境下的事务一致性问题。GTS 包括客户端、资源管理器和事务协调器。客户端执行分布式事务的发起与结束；资源管理器完成事务的开启、提交、回滚等操作；事务协调器对 GTS 的事务进行生命周期的管理，如图 8-66 所示。

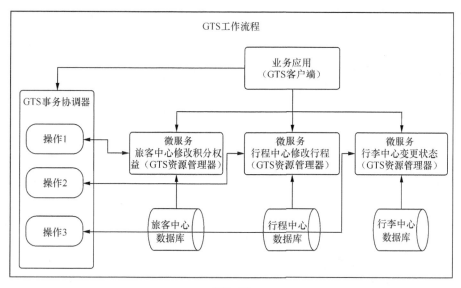

图 8-66

8.4.1 GTS 特点

- 简单易用：GTS 让应用开发人员不再需要考虑复杂的事务问题，对业务无侵入，使用时仅需在事务入口简单加个注解（@TxcTransaction）声明事务，就能轻松实现高性能、高可用、多数据源的分布式事务。
- 高可用性：在应用宕机、出现节点故障等各类异常情况下均可保证数据严格一致。
- 多数据源：支持 MySQL、PolarDB、RDS、DRDS、PostgreSQL、Oracle 等数据源。
- GTS 支持多种主流的 RPC 服务框架，包括 EDAS、Dubbo、Spring Cloud 等。

8.4.2 开通 GTS

登录 GTS 控制台并开通，按量付费，如图 8-67 所示。

图 8-67

我们刚使用 GTS 时没有按量付费，5 个并发请求是免费，我们购买了 20 个并发，业务人员在进行大批量的 Excel 导入时 20 个并发就不够，导致业务异常不能结束。如果是按量付费就不会存在这种问题，如图 8-68 所示。

| 尊敬的用户，您好！在此处创建事务分组只适用于阿里云环境运行，本地开发环境的接入请使用公网测试的专用事务分组 txc_test_public.1129361738553704. | | | | | | | | | |

| 事务分组列表 | | | | | | | | | |

事务分组全称 ⓘ	当天事务总数	当天事务分支总数	创建时间 I↓	状态（全部）▽	监控	订购时间 I↓	到期时间 I↓	实例规格	操作
ipss-trip-update.1265765970471750.BJ	0	0	2020年3月24日 24:07:11	按量计费	📈	2020年3月24日 24:07:10		按量付费	

图 8-68

8.4.3 使用 GTS

首先在业务中心项目的配置文件里加上 GTS 的配置信息，使用 GTS 需要子账号授权，如图 8-69 所示。

```yaml
application-dev.yml ×
1   database:
2       user: ${DB_USER:trip}
3       password: ${DB_PASSWORD:███}
4       host: ${DB_HOST:rm-2zeq72097r███ ███sql.rds.aliyuncs.com:3306}
5       dbname: ${DB_NAME:trip}
6   txcScanner:
7       groupName: ipss-trip-update.1265765970471750.BJ
8       enable: true
9       accessKey: ${TXC_ACCESSKEY:LTAIlBvO███A}
10      secretKey: ${TXC_SECRETKEY:HrCnmBSZWlsedfMy ███}
```

图 8-69

引入 GTS 的 Maven 依赖包，如图 8-70 所示。

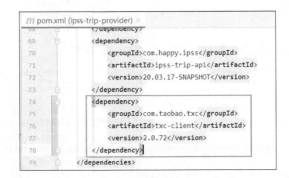

```xml
pom.xml (ipss-trip-provider) ×
68      </dependency>
69      <dependency>
70          <groupId>com.happy.ipss</groupId>
71          <artifactId>ipss-trip-api</artifactId>
72          <version>20.03.17-SNAPSHOT</version>
73      </dependency>
74      <dependency>
75          <groupId>com.taobao.txc</groupId>
76          <artifactId>txc-client</artifactId>
77          <version>2.0.72</version>
78      </dependency>
79  </dependencies>
```

图 8-70

在需要分布式事务的类方法中加一行注解即可，行程业务中心 demo 没有涉及增、删、改的操作，如果方法内调用了多个业务中心的 HSF 接口，出现异常时可自动回滚实现事务的一致性，如图 8-71 所示。

```
public PageDTO findTripInfos(TripInfoParamDTO tripInfoParamDTO) {
    Log.info(" 行李查询 根据旅客oneid分页查询旅客的所有行程: "+ JSONUtil.toJsonStr(tripIn
    return pageUtil.selectPage( template: "TripMapper.selectByParam",tripInfoParamDTO);
}

/**
 * 更新行程
 * @param tripInfoParamDT
 */
@TxcTransaction
public void updateTrip(TripInfoParamDTO tripInfoParamDT) {
    Log.info(" 行李查询 更新行程状态: "+ JSONUtil.toJsonStr(tripInfoParamDT));
}
}
```

图 8-71

8.5　PTS

PTS 是阿里云提供的 SaaS 化分布式压测平台，可以模拟海量用户的真实业务场景，全方位验证业务站点的性能、容量和稳定性。PTS 可快速衡量系统的业务性能状况，并为性能问题定位。PTS 通过 Web 方式使用，提供丰富的接口编排功能。支持按需设定压测模式、压测量级、压测时间，快速发起压测，监控压测过程并生成报告。它还集成了开源工具 JMeter。

8.5.1　PTS 功能

- 压测场景构建：要发起一次性能压测，首先需要创建一个压测场景，进行业务接口的编排，如多个接口并行或者有序串行。
- 压测流量控制：随机调度遍布全国各地的压测引擎，一分钟内快速启动压测，支持最高千万级的流量瞬时脉冲，多重机制确保压测流量及时停止。
- 压测数据监控：包括每个接口的并发、TPS、响应时间、采样的日志等。同时从不同细分维度统计了接口请求的成功、失败情况和响应时间。
- 生成压测报告：系统会自动收集压测过程中的监控数据（包括云监控、ARMS 的数据）形成压测报告，供您查看和导出。

- 集成了 JMeter 工具：支持开源压测工具 JMeter 引擎发起的压测。只需要在本地完成 JMeter 脚本调试，即可在 PTS 上快速进行自定义并发的压测。

性能测试流程如图 8-72 所示。

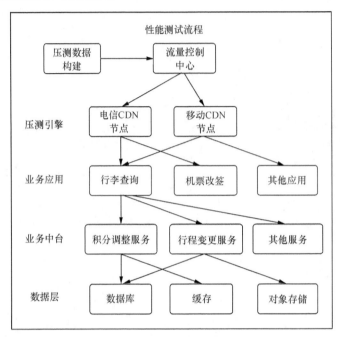

图 8-72

以前在银行做系统时，上线前需要提供性能测试报告。我作为项目经理会协调公司测试部门抽调性能测试人员驻场，搭建 LoadRunner 环境及初始脚本大概需要一周时间，等完成业务场景的测试一个月时间就过去了，当然开发人员可以使用简单的 ab 测试或用 JMeter 进行 HTTP 接口的压测。阿里云端的 PTS 优势很明显。

- 操作简单：不需要专业的性能测试知识，实现了可视化操作。
- 高度仿真：覆盖不同运营商上百个城市虚拟用户的并发操作，最大程度还原用户流量。
- 功能全面：多维度的数据监控统计分析和报告，可快速定位问题。
- 高效便捷：一分钟内发起上千万个压测任务。

8.5.2　使用压测

创建压测场景，旅客小程序在登录时需要通过微信的 openId 获取用户基本信息，可以通过压测获取用户信息的接口性能，如图 8-73 所示。

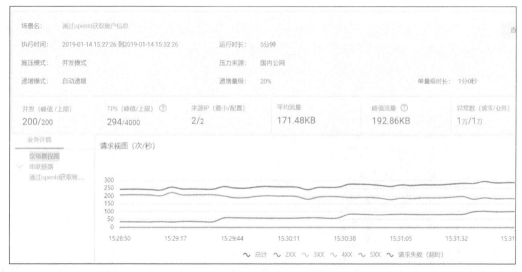

图 8-73

生成测试报告，如图 8-74 所示。

图 8-74

8.5.3　真机测试

中台项目的最前端是旅客服务小程序和 H5 应用，小程序的手机兼容性做得比较好，但 H5 应用则存在大量的兼容问题。旅客的手机型号、操作系统、浏览器版本都不同。为了最大化地保证可用性，阿里云上的移动研发平台 mPaaS 提供了真机测试服务，可以解决应用崩溃、各类兼容性问题、功能性问题和性能问题。

可以按需求筛选需要的机型，远程真机测试中提供了几百台真机，如果某个机型是占用状态则需要等一等，如图 8-75 所示。

图 8-75

进入手机即可使用，可以通过 App 或打开浏览器进行测试，阿里云上的真机测试功能单一，比如键盘输入需要在右边剪贴板复制，不能在屏幕输入，但好处是此产品在阿里云后台菜单隐藏得很深，知道的人少，机器基本都是空闲状态。按分计费用完后即时退出，如图 8-76 所示。

图 8-76

支持其他的测试，包括兼容性、功能、性能等，如图 8-77 所示。

图 8-77

查看测试结果，如图 8-78 所示。

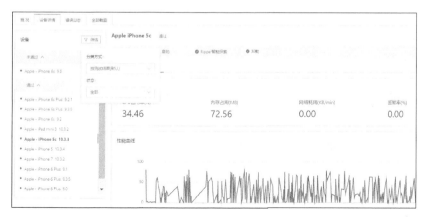

图 8-78

阿里云云效平台也提供了多种测试方案，可根据业务需求选择使用，如图 8-79 所示。目前主要支持的语言是 Java。

图 8-79

8.6　分布式任务调度 SchedulerX 2.0

定时任务是信息系统的基本功能。比如我们在给机场的旅客提供线上服务产品时，当该旅客的航班起飞后需要自动将相应的产品进行过期处理；还有每天晚上需要将航班数据和旅客行程从实时表迁移到历史表，保证业务的性能及时响应；每天给当天生日的会员发祝福短信等，都需要系统按一定的规则按批次执行相应的业务代码。系统微服务化后数据库和业务服务化的拆分对任务调度提出了新挑战。阿里的云分布式任务调度 SchedulerX 2.0 是阿里基于 Akka 架构自研的新一代分布式任务调度平台，实现了编排定时任务和分布式任务调度。

它使用户可以在控制台配置和管理定时调度任务、查询任务执行记录和运行日志，简单几行代码就可以将海量数据分发到多台机器上执行。我记得在做支付系统时发生过一次事故，我们使用 Spring 自带的定时任务执行某个业务功能时，在虚拟资源池中部署了 3 个节点，定时任务会在同一个时间点同时在 3 个节点执行，这样导致了业务 bug，我们只希望该任务执行一遍，先用数据库加锁机制解决，又引起其他事务类问题，最后是在任务代码里判断当前IP 地址是否是指定执行代码的 IP 地址才予以解决，还是挺麻烦的。业务中台都是多节点负载部署，也存在同样的问题，SchedulerX 2.0 完全可以零代码侵入支持并保证可用性。

8.6.1 SchedulerX 2.0 特点

SchedulerX 2.0 的运行流程如图 8-80 所示。

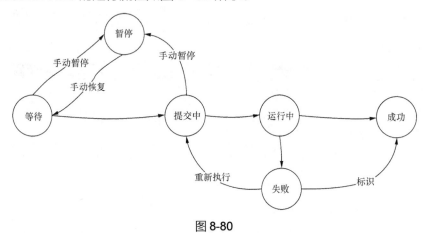

图 8-80

可以使用 SchedulerX 2.0 支持部署在 EDAS 上的应用实现分布式任务调度。

- 多语言支持，包括 Java、Node.js、Linux 命令、HTTP 接口等。
- 灵活触发方式，支持定时执行、周期性执行、接口触发、任务依赖触发。
- 丰富的任务类型，包括定时任务、并行计算和任务依赖。
- 轻量简单，不需要关心任务的调度逻辑，只需在业务应用里添加上 Schedulerx 2.0 的客户端 JAR 包，实现一个 Job Processor 接口，然后在 Schedulerx 2.0 控制台配置一个任务即可。
- 可靠任务容灾，任务可以在多台客户端计算机里的任何一台计算机执行，如果客户端出现宕机的情况，服务端会自动选择其他客户端去运行任务。
- 控制台方便用户创建、删除、修改任务，提供了立即触发执行一次的功能，方便用户测试以及关键时刻手动执行一次；还为用户提供了历史执行记录查询的功能。

8.6.2 SchedulerX 2.0 使用

在 EDAS 组件中心开通 SchedulerX 2.0,如图 8-81 所示。

图 8-81

为 EDAS 应用创建应用分组,如图 8-82 所示。

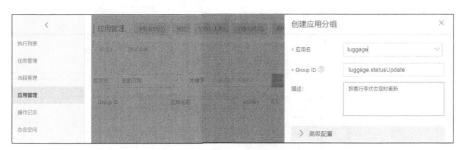

图 8-82

在 行 程 中 心 pom.xml 文 件 中 引 入 SchedulerxWorker 的 Maven 坐 标, 如
图 8-83 所示。

```xml
<dependency>
    <groupId>com.aliyun.schedulerx</groupId>
    <artifactId>schedulerx2-spring-boot-starter</artifactId>
    <version>1.0.8</version>
</dependency>
```

图 8-83

在行程中心 application.yml 里配置 SchedulerX 2.0 和 groupId,如图 8-84 所示。

```yaml
schedulerx2:
    endpoint: addr-bj-internal.edas.aliyun.com
    namespace: 6778d934-4669-4ca4-b8e4-85d4d1*****
    groupId: luggage.statusUpdate
    enabled: true
    aliyunAccessKey: LTAIDV21ejY*****
    aliyunSecretKey: paZIILzgV4B8ORfb8R5OD9qJs*****
```

图 8-84

新建实现调度任务的类，如图 8-85 所示。

```
@Slf4j
@Component
public class LuggageHandfreeJob extends JavaProcessor {
    @Autowired
    private LuggageHandfreeServiceB luggageHandfreeServiceB;
    @Override
    public ProcessResult process(JobContext context) throws Exception {
        log.info("do schedulerx2.0 LuggageHandfreeJob");
        boolean isOk = true;
        try {
            luggageHandfreeServiceB.syncOrderByAl();
        }catch (Exception e){
            isOk=false;
        }

        return new ProcessResult(isOk);
    }
```

图 8-85

将应用部署到 EDAS，中台项目只需重跑云效流水线即可。进行任务配置后，即可启动执行，如图 8-86 所示。

图 8-86

8.7 ARMS

云监控主要解决计算资源和系统级的监控报警问题，在应用层阿里云提供了 ARMS，支持 EDAS 里部署的应用监控。基于前端、应用、业务自定义等维度，ARMS 迅速、便捷地为企业提供秒级响应的业务监控服务。

8.7.1 ARMS 功能特点

ARMS 的工作流程大概如图 8-87 所示。

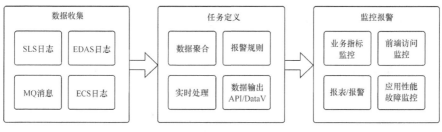

图 8-87

- 数据收集：支持从 SLS 日志、EDAS 日志、MQ 和 ECS 日志上抓取日志。
- 任务定义：通过任务配置来定义数据聚合、报警规则、实时处理、数据输出等，从而定义出自己的应用场景。通过前端监控、应用监控等预设场景直接进行业务监控。
- 支持根据业务功能定制实时监控和报警：例如，中台通过阿里云的智能接入网关连接本地机房和阿里云端网络，旅客行程和行李数据通过链路传输，如果链路中断会严重影响业务功能，可以使用 ARMS 监控行程和行李数据是否正常接收，监听到异常会报警通知相关人员进行处理，如果专线中断则启用 4G 信号传输，如果智能接入网关出现问题则切换备机或使用 VPN 传输。

8.7.2 ARMS 使用

ARMS 的使用流程如图 8-88 所示。

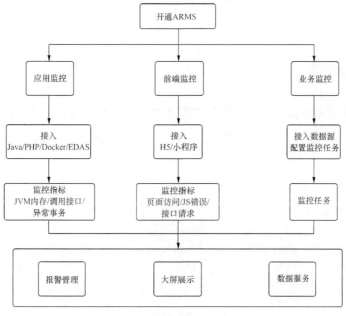

图 8-88

借助 ARMS，可以对 EDAS 应用进行应用拓扑、接口调用、异常事务、慢事务、SQL 分析等监控，如图 8-89 和图 8-90 所示。ARMS 与 EDAS 进行了功能集成，通过在 EDAS 控制台简单操作即可将 EDAS 应用快速接入 ARMS 中。

图 8-89

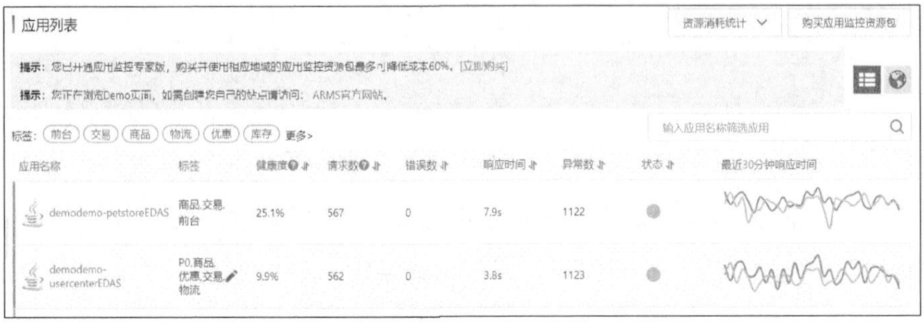

图 8-90

8.8　消息队列 RocketMQ 版

8.8.1　异步消息

旅客需要实时掌握自己的行李动态，当行李状态发生变化时能够随时掌握，比如用户行李状态从分拣变更为装机时系统要及时将信息推送给旅客。

1．串行方式

该业务用串行方式处理的流程如图 8-91 所示。

```
装机员            行李平台        发送变更到        发送变更到        发送短信
终端扫到行李  →  写入数据库  →  航班保障系统  →  业务中台  →  通知旅客
                  1秒            1秒            1秒            1秒
```

图 8-91

整个处理过程都完成后，第 4 秒旅客才能收到自己的行李已经装机的短信，如果并发量大时时间会更长。

2．并行方式

该业务用并行方式处理的流程如图 8-92 所示。

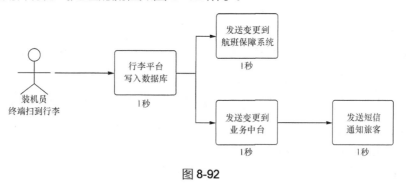

图 8-92

在并行方式下，旅客需要等待 3 秒即可收到消息，但是行李平台必须得等待航班保障系统和业务中台的反馈才能继续处理下一件行李，而业务中台还得等短信发送的结果才能反馈给行李平台。这对于机场海量的行李数据处理来说，效率就太低了。

3．异步方式

该业务用异步方式处理的流程如图 8-93 所示。

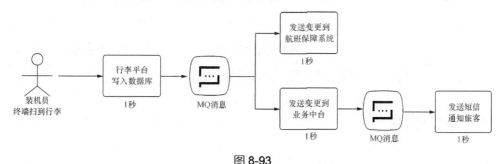

图 8-93

行李平台将变更状态写入数据库后，将变更消息放入 MQ 中，即可返回处理下一件行李，同理业务中台将消息放到 MQ 后，并不需要等待发送短信结果。

异步解耦是 MQ 的主要特点，可以减少请求的响应时间和系统间的解耦工作。将比较耗时而且不需要即时（同步）返回结果的操作作为消息放入 MQ。高并发场景实现了流量削峰，由于使用了 MQ，只要保证消息格式不变，消息发送方和接收方并不需要彼此联系，也不需要受对方的影响；中台需要整合后台的各种业务能力和服务，就必须对接每个业务系统，但各业务系统的开发语言不同、接口标准不同、通信协议不同，在后期进行接口变更、升级就更麻烦了，可以说接口对接会耗费一个应用系统的大量时间和工作量，有的系统甚至无法对接。如果采用 MQ 进行系统间的消息传递，则对接的系统不需要"见面"，只需把消息内容协商好即可，中台的很多系统对接都采用异步 MQ 方式。

8.8.2 消息类型

- 普通消息：MQ 中无特殊要求和适用场景的消息，满足大多数场景，区别于有特性的消息，如定时消息、延时消息、顺序消息和事务消息。
- 定时消息：将消息发送到 MQ 后，接收方并不能马上消费此消息，必须得等设定的时间到后才能消费。例如旅客上飞机后手机无信号，在航班落地的时间点通过定时消息将行李短信推送给旅客。
- 延时消息：将消息发送到 MQ 后，接收方并不能马上消费此消息，必须延迟一定时间才能消费。例如旅客注册会员后，赠送行李免费打包服务，并且 7 天内有效，此时可以发送延时消息，服务信息在 7 天内可以在 MQ 消费，如果 7 天内没有享受此服务，则延时消息被自动丢弃。
- 顺序消息：严格按照顺序来发布和消费的消息。生产者按照一定的先后顺序发布消息；消费者按照既定的先后顺序订阅消息，即先发布的消息一定会先被客户端接收到。例如行李状态的变化一定是先分拣、后装机。
- 事务消息：是解决中台微服务架构中分布式事务的一种方案，通过消息的二次确认和消息回查来达到分布式事务的最终一致性。如果读者的中台项目使用里阿里云 EDAS 部署可以用 GTS 实现分布式事务。

8.8.3 MQ 使用

1．开通 RocketMQ，创建实例

实例是用于消息队列 RocketMQ 版的虚拟机资源，会存储消息主题（Topic）和客户端 ID（Group ID）信息。可以按资源所在地域创建，如果本地或外部服务器也需要使用 MQ 则选择公网创建，对于中台项目外部对接的系统较多，不能保证这些系统都上阿里云，有在腾讯云上的，有在本地机房的，所以用公网的 MQ 较灵活不受地域限制。而且可以将公网 MQ 作为一种资源来支持本地系统间的交互，公网 MQ 费用较低。

可以将 RocketMQ 实例（见图 8-94）看成是国家的高速公路网，属于基础设施。所有车都可以在高速公路行驶，而北京的 5 环内则属于地域实例，在限行时间内外省的车辆不容许行驶。

图 8-94

2．创建 Topci

Topic 是 MQ 对消息的一级归类，消息生产者将消息发送到 Topic，而消息消费者则通过订阅该 Topic 来获取和消费消息。可以按消息业务类型分类如 TopicA 发送行李消息、TopicB 发送旅客消息；也可以按消息类型分如 TopicA 发送普通消息、TopicB 发送顺序消息。在实例下创建 Topic 为 luggage_status_update，用来推送行李状态变更的消息，如图 8-95 所示。

图 8-95

子账号要使用 Topic 需要授权，在 Topic 管理中可以查看到授权脚本，如图 8-96 所示 RAM 子账号统一授权分配权限时，最早使用阿里云 MQ 时，是有图形化的操作页面授权的，后来阿里云将访问控制统一后，这一方面的工作量就很大，这种脚本方式很容易出错还不好调试。

图 8-96

3．创建 Group ID

创建完实例和 Topic 后，需要为消息的生产者和消费者创建 Group ID，标识某个消息是谁发送的、谁接收的，如图 8-97 所示。Group ID 和 Topic 的关系是 $N:N$，也就是说一个 Group ID 可以作为生产者发送消息给多个 Topic，一个 Group ID 可以作为消费者订阅和消费多个 Topic 上的消息，一个 Topic 可以接收多个 Group ID 发来的消息，一个 Topic 也可以被多个 Group ID 消费。比如经过武汉的高速公路有很多，每一条 G70、G4 都是个 Topic，西安要给武汉运送物资，则西安作为 Group ID 将物资发送到 G70 往武汉的高速上。北京作为 Group ID 也可以将物资发送到 G4 往武汉的高速上。但西安不能将物资发送到 G4 上，因为 G4 不经过西安，西安和北京都是消息的生产者，武汉的 Group ID 可以从经过它的高速上接收所有的物资，也就是武汉是消息的消费者。当然西安的 Group ID 也可以作为消费者接收物资。我们开始使用阿里云上的 MQ 时生产者和消费者是独立的，后来阿里云不知是出于什么原因把生产者和消费者合并为一个了，这样不是很好理解。

图 8-97

4．发送和接收消息

在调用 SDK 发送和订阅消息的时候，需要指定创建的 Topic 和 Group ID，还需要调用账号的 AccessKey 和 SecretKey，如图 8-98 所示。后台示例代码短短几行就实现了发送和接收。

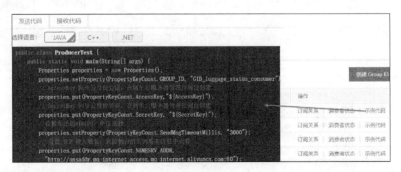

图 8-98

5．消息标签

在消息队列 RocketMQ 版中，Topic 与消息标签（Tag）都是业务上用来对消息归类的标识，区分在于 Topic 是一级分类，而 Tag 可以理解为二级分类。针对消息分类，您可以创建多个 Topic，或者在同一个 Topic 下创建多个 Tag。但通常情况下，不同的 Topic 之间的消息没有必然的联系，而 Tag 则用来区分同一个 Topic 下相互关联的消息，例如全集和子集的关系、流程先后的关系。比如航班消息是个 Topic，行李消息也是个 Topic，在航班信息 Topic 中，A 机场的航班消息是个 Tag，B 机场的航班消息也是个 Tag。在发送和接收时都以 Tag 粒度进行过滤即可。可以把运送物资的高速公路 G70 的每条车道看作是个 Tag，第一车道运送生鲜蔬菜，第二车道运送设备机器。接收时需要蔬菜的只去第一车道去接收即可。

6．消息出现异常

当消息出现异常时，阿里云后台提供了多种查询方式跟踪每个消息的状态和轨迹，如图 8-99 所示。

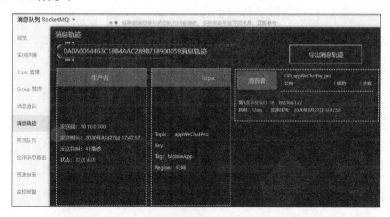

图 8-99

阿里云上除了 RocketMQ 外，还提供了基于 RabbitMQ 的消息队列 AMQP 版、消息队列 Kafka 版、消息队列 MNS 版、面向移动互联网和物联网的微消息队列 MQTT 版。云端提供的产品较丰富固然是好事，但会让用户迷茫选择哪个产品。在中台上构建机场出租车业务应用时，该应用需要给手机应用推送消息，但阿里云上的移动推送有并发量的限制无法满足需求，后来使用 MQTT 实现了高并发的移动端应用的消息推送。我们曾经遇到过 EDAS 的某个命名空间不能消费 MQ 的问题，尝试过各种手段也不行，最后重新创建 EDAS 命名空间才解决，所以公有云也是用户在使用中不断完善和成熟的。

基于云端的开发不像传统模式一次搞定，云端的技术的更新速度非常快。比如我们用的消息队列 RocketMQ，一直以来可用性和稳定性都很好，突然有一天在配置新的 Topic 时发现阿里云将 RocketMQ 进行了升级，居然去掉了生产者和消费者的概念，统一为 Group ID，既可以作为生产者发消息，又可以作为消费者接收消息。虽然它的升级不影响以前版本的使用，但也需要逐步将原有代码进行更新，要不然就要存在两个版本的 MQ 实现代码。这种情况我们碰到挺多的，如 EDAS 的升级、云效部署流水线的升级、SchedulerX 2.0 的升级，所以需要架构师和开发人员不断地学习和更新知识。为了提前和及时知道云端的更新以便于提前应对，我们与阿里云后台组建了企业标准服务钉钉群，该群会及时将近期云端部署的升级计划发到群里；另一方面云端碰到复杂难以解决的问题通过工单沟通效率低，可以直接将相关人员拉群里快速处理问题。

8.9 日志服务

业务中台的各业务中心通过负载均衡运行在多个 ECS 上，而使用 EDAS 和云效流水线部署已经将 ECS 透明化。虽然部署不需要登录服务器，但日常的日志查询如何解决；另外，一个行李查询应用的日志会存储在旅客中心多个 ECS 实例、行程中心多个实例、行李中心多个实例和行李查询应用多个实例上，每次查询会调用多个实例的多个微服务接口，那如何高效地将一个查询流程的所有日志按前后顺序列出来，进行问题排查呢？以前的实现方式是自己通过 ELK 进行日志的统一收集查询，但 ELK 的海量日志运维是个头疼的问题，目前阿里云上也提供了类似的日志服务解决日志查询和大数据统计分析的问题。

日志服务是阿里云提供的针对海量日志收集、存储、查询的平台化服务。使用日志服务来集中收集服务器集群中所有的日志，并支持实时消费、实时查询和投递到 OSS、MaxCompute 等其他云产品做大数据分析。业务中台项目还没有涉及数据中心和大数据分析这块，可以先用日志服务把业务台的日志集中收集进行可视化查询。

8.9.1 日志项目

开通日志服务并创建日志项目 luggagetrack，日志服务会自动创建 OSS 来实时存储日志数据，在日志项目里再创建日志库 luggage-track，一个项目下可以创建多个日志库分别保存各类业务日志，如图 8-100 所示。对于中台项目可以采用生产环境一个项目，测试环境一个项目，在项目里再区分业务中心日志库，业务应用日志库。

图 8-100

8.9.2　日志接入

日志接入的数据源几乎包含了中台能用到的所有数据来源，如图 8-101 所示。选择业务中心的日志组件 LogBack，然后对 Logtail 进行简单配置即可。

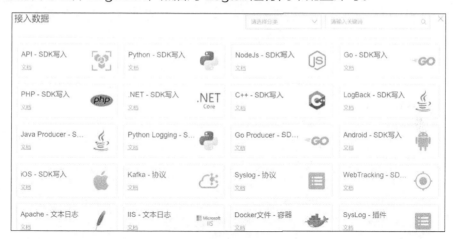

图 8-101

8.9.3　写入日志

重写旅客中心的日志配置文件，增加了一个输出到阿里云日志服务的 appender，并删除了之前输出到本地文件的 appender，如图 8-102 所示。

其他业务中心和应用的日志配置文件的修改方法相同，但日志配置文件里的 Topic 需要设置为各自的，在日志里可以区分是哪个业务中心的日志。修改完成后重新请求行李查询接口，如图 8-103 所示。

```
<configuration scan="false" scanPeriod="10 seconds">
    <property name="LOG_PATTERN" value=" 旅客中心 %d{yyyy-MM-dd HH:mm:ss.SSS} %msg %-5level %logger{50} %n"/>
    <!--为了防止进程退出时,内存中的数据丢失,请加上此选项-->
    <shutdownHook class="ch.qos.logback.core.hook.DelayingShutdownHook"/>
    <appender name="CONSOLE" class="ch.qos.logback.core.ConsoleAppender"...>
    <appender name="aliyun_dev" class="com.aliyun.openservices.log.logback.LoghubAppender">
        <endpoint>cn-beijing.log.aliyuncs.com</endpoint><!-- 子账户及网络配置 -->
        <accessKeyId>LTA         .         </accessKeyId>
        <accessKey>HrCnmBSZWlsedfM          q</accessKey>
        <projectName>luggagetrack</projectName><!-- 日志地址 -->
        <logstore>luggagetrack</logstore><!-- 日志库 -->
        <topic>ipss-passenger</topic>
        <encoder><Pattern>${LOG_PATTERN}</Pattern></encoder>
        <timeFormat>yyyy-MM-dd'T'HH:mmZ</timeFormat>
        <timeZone>UTC</timeZone>
    </appender>
    <root level="INFO">
        <appender-ref ref="CONSOLE"/>
        <appender-ref ref="aliyun_dev" />
    </root>
</configuration>
```

图 8-102

← → C ⓘ localhost:7009/luggagetrack/findLuggageByCertificateNumber/122999198101011653/2020-02-28

{"success":true,"message":"success","code":200,"timestamp":1583335824250,"result":{"passengerResultDTO":{"oneId":"5db4c860d5c445cc829e259029fb9910","memberName":"王五","certificateNumber":"122999198101011653","memberPhone":"13388569999","memberLevel":2,"isDeleted":0,"gmtCreate":"2020-02-25T11:00:35.000+0000","gmtModified":null,"remark":null,"spare1":null,"spare2":null,"spare3":null},"tripInfoResultDTO":{"tripNumber":"09e28bdb56d243c8b904438edf7a8003","oneId":"5db4c860d5c445cc829e259029fb9910","flightNumber":"CA1122","flightDate":"2020-02-27T16:00:00.000+0000","flightI28T00:12:45.000+0000","boardNumber":"332233331","boardDate":"43","gmtCreate":null,"gmtModified":null,"remark":null,"spare1":null,"spare2":null,"spare3":null},"pageLugga[{"one_id":"5db4c860d5c445cc829e259029fb9910","luggage_number":"233344545","luggage_weight":"9","gmt_create":null},{"one_id":"5db4c860d5c445cc829e259029fb9910","luggage

图 8-103

8.9.4　查询日志

在日志服务后台查询刚才行李查询应用的所有日志，3 个业务中心的日志按执行顺序已经查询出来，各中心的日志是使用 topic 字段区分的，如图 8-104 所示。

图 8-104

8.10 CSB

阿里云 API 网关实现了中台能力和业务应用的开放和托管服务，但是中台的很多能力是后台系统提供的，比如机场的停车缴费、大巴购票都是独立的业务系统。这些系统的开发厂家不同、开发语言不同、接口协议不同，如何高效快速地将这些业务对接进来呢？此外，中台通过 HSF 微服务的 RPC 对上层业务应用提供服务能力，但是如果是第三方或不可信的应用是不容许直接调用的，此时需要鉴权和流量控制等功能。阿里云的 CSB 解决了以上问题。

8.10.1 CSB 功能特点

CSB 可以实现跨环境、跨协议的服务互通，主要针对应用能力对外开放和服务互相访问的场景，提供统一的安全授权、流量限制等管理和控制；实现企业内部各部门之间、企业与合作伙伴或者第三方开发人员之间业务能力的融合、重塑、创新，如图 8-105 所示。与 API 网关不同，CSB 具有协议适配能力，支持常用协议服务的接入和开放，支持多种服务注册发现机制，微服务以及遗留系统的服务可以直接在 CSB 上开放接口，CSB 还支持跨环境联动，允许像访问本地服务一样访问其他环境的服务。

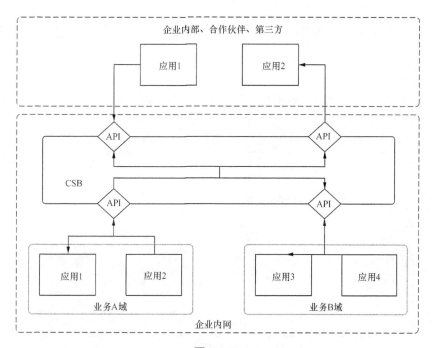

图 8-105

- 接口服务总线：提供高可用、稳定高效、可线性扩容的服务能力以及丰富全面的访问控制功能。支持常用协议、服务的接入和开放（HTTP/HSF/Dubbo/SOAP Web Service）；支持复杂类型和结构的出入参数定义，以及高度定制化、灵活的数据变换；支持服务访问签名，支持流量限制、设置黑白名单、服务路由、响应过滤等访问控制。
- 接口发布周期管理：提供服务的发布、全生命周期管理、服务的授权和消费的 SDK。
- 接口运维监控：提供服务调用统计、链路分析，以及系统的监控和巡检。

8.10.2　CSB 使用

在 EDAS 的组件中心开通，CSB 的使用费用还是比较高的，如图 8-106 所示。

图 8-106

创建一个 CSB 实例，如图 8-107 所示。

图 8-107

新建一个服务组，如图 8-108 所示。

图 8-108

可以使用 CSB 将一个已有的后端服务 / 应用发布为接口, 以便其他服务订阅和调用, 如图 8-109 所示。同时, 您的服务也可以订阅和调用在 CSB 中发布的服务。

图 8-109

● 发布服务: 按服务类型可以发布 RESTful 服务、发布 Dubbo 服务和发布 HSF
服务, 如图 8-110 所示。

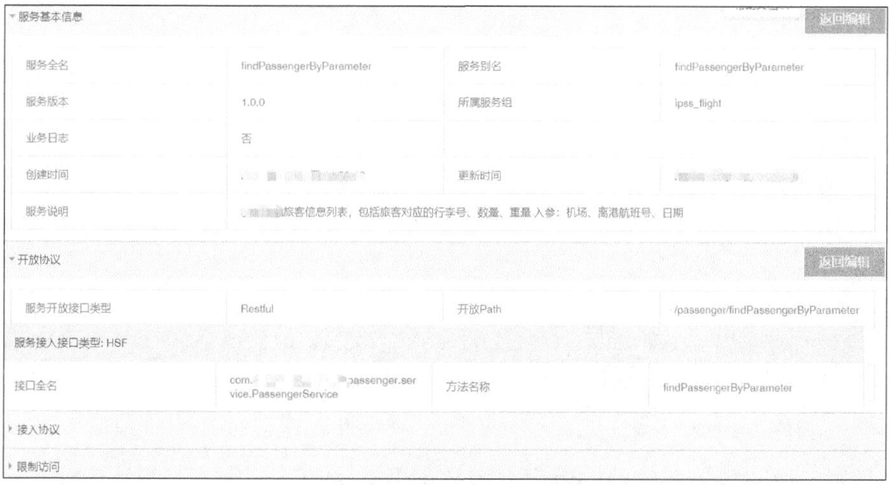

▼ 服务基本信息			返回编辑
服务全名	findPassengerByParameter	服务别名	findPassengerByParameter
服务版本	1.0.0	所属服务组	ipss_flight
业务日志	否		
创建时间		更新时间	
服务说明	旅客信息列表, 包括旅客对应的行李号、数量、重量 入参: 机场、离港航班号、日期		

▼ 开放协议			返回编辑
服务开放接口类型	Restful	开放Path	/passenger/findPassengerByParameter
服务接入接口类型: HSF			
接口全名	com. passenger.service.PassengerService	方法名称	findPassengerByParameter

▶ 接入协议

▶ 限制访问

图 8-110

● 订阅服务: 服务发布后, 订阅者使用消费凭证对发布的服务发起订购, 发布者审
批后订购生效, 然后订阅者调用服务, 服务信息详情如图 8-111 所示。

< 返回	我的订购		
发布服务	当前实例: csb_aliyun_cn_beijing_ipss_zhongtai		
发布设置		查看服务	
统一级联发布	服务名 ∨	服务信息详情　参数信息	
服务发布审批	级联服务　订购中的服务		
在线测试		服务全名	findPassengerByParameter
	服务名 ↓↑	服务别名	findPassengerByParameter
订阅者 ∧	findPassengerByParameter	所属服务组	ipss_
订购服务		服务开放类型	Restful
我的订购		服务状态	停止
我的凭证		服务说明	获得值机乘机旅客信息列表, 包括旅客对应的行李号、数量、重量
调用统计 ∧			

图 8-111

- 调用服务：可以使用命令行方式或代码方式通过 CSB SDK 调用服务，也可以在后台页面进行测试，如图 8-112 所示。

图 8-112

CSB 的以下几个问题导致我们最终放弃了使用。

- 机场的存量系统较多，如果使用 CSB 就必须要这些存量系统集成 CSB 的 SDK 开发，这对于传统行业的信息系统建设要求太高了，很多系统正常运维保障就不错了，客观条件不容许大量的存量系统去适应业务中台进行改造。例如我们在和集团办公平台的 OA 厂家对接时，旅客在小程序上的投诉建议直接流转到集团的 OA 平台流转处理，业务中台将相关投诉 HSF 协议的接口通过 CSB 发布出来，OA 平台在集成 CSB 的 SDK 时发生了 JAR 包冲突，而 OA 平台版本较老使用非 Maven 项目结构，它有 200 多个 JAR 包根本无法解决 JAR 包的冲突。
- CSB 收费较高，根据部署实例 CPU 核数并按天计算费用，计算下来费用较高。
- CSB 的服务调用更多的是支持后台系统的调用，提供了 Java 版 HTTP 和 WebServicer 的 SDK。对于非 SDK 的前端调用较困难，例如我们在和 OTA 平台对接时，很难要求这些平台去集成 CSB 的 SDK。

基于以上原因，我们在使用 CSB 一段时间后就放弃了。我们自己研发了一套对接中心解决碰到的系统对接问题，包括应用管理、接口授权、流量控制、签名密钥管理等功能。

第9章 人工智能

作为三年级孩子的家长，我在家长课堂上分享了基于人工智能的智能问询演示。在阿里云的云小蜜上只用几分钟就搭建起了一个小学班级的智能机器人，实现了基本的一问一答和多轮的对话，孩子们听得入了迷，也亲眼见证了机器人是如何一步步实现智能的。现在的小孩智商极高，很容易就能找到机器人存在的缺陷，并精准地提出了让机器人变成"智障"的问题。可以把人工智能分为以下 3 个阶段。

- 帮助人类的阶段，让人类的能力变得更强，比如计算机的运算能力使我们的工作效率比手工时代提高了很多。
- 代替人类的阶段，人类可以完成的工作机器人也能完成，比如无人驾驶技术可能代替人类驾驶。
- 超越人类的阶段，人类干不了的工作机器人也能完成，我们可以从漫威公司的电影中看到未来的场景。

人工智能现在还处于第一个阶段，从帮助人类正在向代替人类努力。机场每天有几千通电话，后台有呼叫中心的软 / 硬件支撑，客服人员三班倒工作量也极大，每个呼叫中心旁边都有减压室，可以想象客服人员的压力有多大。基于这样的背景开发智能问讯机器人，可解决大量重复问题，它具有基于多轮对话的能力处理核心和常用业务的功能。阿里云上提供了 SaaS 化的人工智能服务云小蜜、知识库、智能语音交互和云呼叫中心等服务，基本可以满足大多数客服场景的需求。接下来简单介绍阿里云的产品如何实现简单的人工智能问讯场景。

9.1　云小蜜

云小蜜是一款面向开发人员的会话机器人，支持在不同的消息端上实现基于自然语言处理（Natural Language Processing，NLP）的智能会话，如网站、App 及实体机器人等。用户可以在云小蜜中配置自己特有的知识库实现智能问答，也可以通过多轮对话与第三方 API 集成实现自助服务。云小蜜首页如图 9-1 所示。

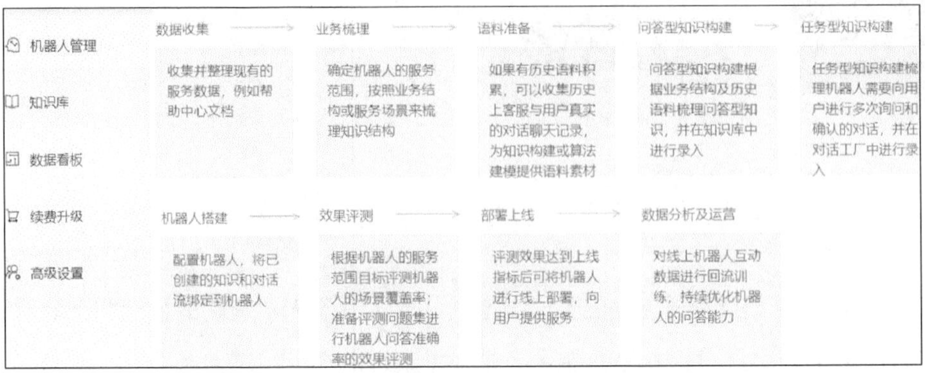

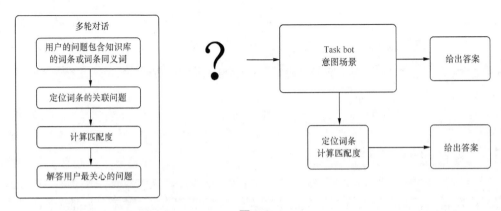

图 9-1

9.1.1　使用流程

云小蜜有以下几个基本概念。

- 知识库：是机器人的大脑和灵魂，机器人能回答问题需要依赖知识库里的海量知识。
- 会话机器人：直接给用户提供服务，包括接收问题和响应答案；每个机器人都拥有自己的知识库、对话工厂和会话接口。当业务涉及场景多时，可以部署不同的机器人来满足各个业务场景的需求。
- 用户意图：就是用户想要知道什么，机器人根据知识库与用户进行多轮对话，收集对话信息并识别用户意图，从而提供服务。

会话机器人的使用流程大概如图 9-2 所示。

图 9-2

- 开通云小蜜：创建在线文本机器人即可，如图 9-3 所示。

- 数据准备：将企业现有的所有业务知识进行梳理，如果有历史语料，则将录音转为文字帮助分析，基于合理的分析确定机器人服务的业务

图 9-3

范围。例如我们要实现行李查询相关的机器人智能应答，首先把近一年的客服录音通过阿里云录音文件识别服务转换为文字，从文字中梳理与行李查询相关的内容。
- 静态知识库建立：根据业务范围将知识按类别录入云小蜜的知识库里，识别出每个知识的核心关键词、同义词和相似问法。
- 多轮对话任务建立：根据业务范围设计需要用户多次询问和确认的对话，在云小蜜的对话工厂配置。比如行李查询先要让旅客输入证件号码，对话工厂识别后再调用行李查询应用的接口，行李查询应用调用业务中台的 HSF 接口最终返回给旅客结果。
- 部署上线：将知识库、多轮对话与机器人绑定，如果是在线页面交互形式则需要前端应用、小程序、H5 与云小蜜接口对接，将云小蜜的智能问讯能力提供给旅客使用；如果是电话交互形式则需要云小蜜与本地的呼叫中心系统对接，实现自动应答。
- 回流训练持续优化，定期将机器人回答不了或命中率低的问题进行回流，完善答案的优化流程。

9.1.2　知识库

建立知识库的步骤如图 9-4 所示。

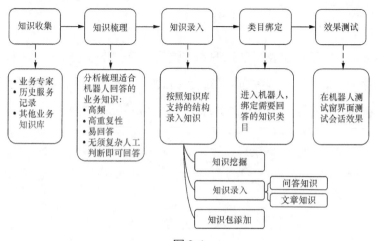

图 9-4

基于整理的数据构建知识库，云小蜜知识库通过类目分类，类目可以在多级，在类目下管理知识。新建两个类目，在行李查询类目下新建了知识"行李超重怎么办？"，如图 9-5 所示。

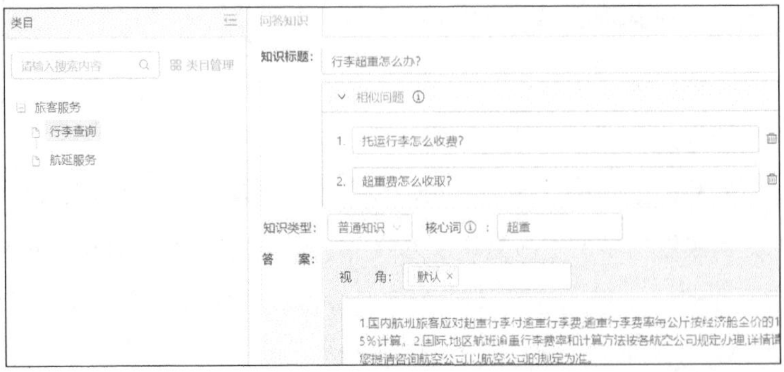

图 9-5

- 尽量将旅客相似的问法都添加进去。
- 核心词是用来定位旅客问题的关键词，机器人命中知识主要靠核心词，机器人先将问题范围缩小到"超重"，然后再分析该核心词下的知识以应答用户提问。
- 视角可以针对 PC、手机等终端定义不同的回答。
- 云小蜜提供了大量的行业知识包，可根据需要导入，如图 9-6 所示。

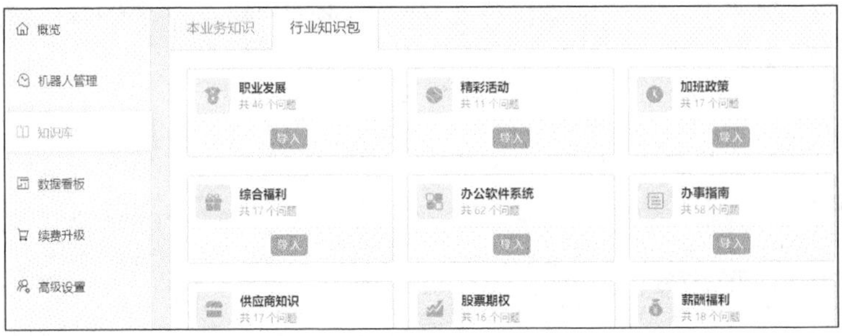

图 9-6

构建机器人最大的工作量就是对知识库的更新维护，推荐下载 Excel 模板，在 Excel 里整理好知识后导入即可，上线后可以在后台页面维护知识条目。知识库创建好后，需要机器人实例与类目进行绑定，机器人才能学会类目下的知识，如图 9-7 所示。

图 9-7

可以使用云小蜜提供的测试窗测试，还可以根据需要开启闲聊功能，如果是对外提供公众服务建议不要开启，如图 9-8 所示。旅客问没带身份证能坐飞机吗？如果没有命中，机器人回答"你咋不坐坦克"这样的闲聊最好关闭。

图 9-8

云小蜜测试窗效果如图 9-9 所示。

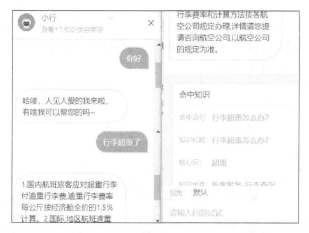

图 9-9

最后通过会话接口直接调用 HTTP 即可集成到自己系统使用，接口地址、公共参数和签名方式可参考云小蜜帮助文档，如图 9-10 所示。

图 9-10

9.1.3 多轮对话

知识库只能实现一问一答，但现实中很多场景需要 2 轮甚至多轮的对话才能解决问题，这就需要用到云小蜜的另一个功能——对话工厂。

旅客：我要查行李。

机器人：请输入证件号码。

旅客：22999198101011653。

机器人：张先生您好，您的行李目前正在转运中，详情已经通过短信发送到您的手机，请问您还需要什么帮助？

在这个场景中，旅客第一句话表达了查行李的意图，但是对比预设好的查行李逻辑，还缺失了一个关键信息"查谁的行李"；此时，机器人自动反问（机器人的反问话术需求自定义），直到收集齐所有关键信息，机器人就去执行这个任务。比如根据证件号码查询旅客中心接口识别出旅客是谁，再调用行李中心查询接口返回结果，甚至识别出用户是中转旅客的话可以直接帮他进行行李中转。

对话流设计如图 9-11 所示。

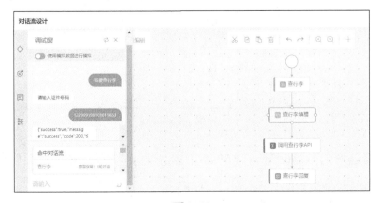

图 9-11

第一个圆圈代表对话流程开始，就是一个入口，没有特殊含义。

第二个查行李是个触发节点，是对话流的关键触发节点，当满足该节点包含的条件时，才能顺利触发该节点对应的对话流。此节点内设置了查行李的意图，意图用于确定用户的表述和需要的参数，利用算法支持了语义的泛化能力。比如定义查行李的意图，并定义了收集证件号码的参数。

第三个是查行李填槽节点，如果用户触发意图的句子缺失槽位（即关键信息），则会逐个进行反问，直到收集齐为止。比如设置"请输入证件号码"来收集参数值。

第四个是函数节点，可以直接通过 HTTP 去调用业务系统的接口，也支持自定义 JS 函数实现业务逻辑。

最后一个是回复节点，定义给用户回复信息的一种方式，可支持编辑纯文本（包括中文、英文、标点符号等），也可以支持编辑 JSON 格式的数据，由触达用户端自行展示。

9.1.4　机器人训练

机器人训练是一个辅助人工智能训练师进行智能产品数据挖掘、知识优化的智能训练工具平台，工作流程如图 9-12 所示。

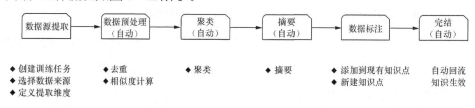

图 9-12

机器人训练平台具有如下特点。

- 数据闭环：充分利用真实的线上反馈数据进行智能训练及评测，提升命中率。
- 智能辅助处理：通过数据清洗、聚类、推荐等辅助手段，提升训练的合理性。
- 线上一体化操作：无线下流程，保障数据安全及数据准确性。

通过以上流程最终将机器人没有回答上来的问题进行逐步完善。如果提供电话实现机器人服务，需要接入阿里云的云呼叫中心、智能语音交互、文字转语音、语音转文字等服务，如图 9-13 所示。从我们的经验来看，风险点主要在于老的呼叫中心系统是否支持云小蜜的接入。

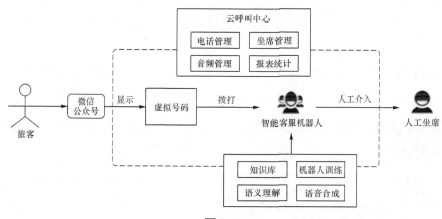

图 9-13

9.2 其他服务

9.2.1 短信服务

旅客在机场值机并托运行李后，行李会在机场的多个环节进行流转。业务部门提出需求，当行李状态变更时能主动推送信息到旅客终端。这里需要解决以下几个问题。

首先以什么方式通知旅客，C 端的入口是小程序，如果能以小程序消息推送的方式提醒旅客是最方便的，但微信小程序在消息推送方面还没有完全放开。

以短信方式推送行李状态，首先要查询旅客的手机号码，可以通过微信授权获取用户信息（包含手机号码），也可以主动要求用户通过手机验证码的方式获取。可以使用阿里云短信服务解决，短信服务是阿里云为用户提供的一种通信服务，如图 9-14 所示。

图 9-14

- 支持向国内和国际秒级到达，国内短信"三网合一"与中华人民共和国工业和信息化部携号转网平台实时互联。
- 短信通知：向用户下发相关提醒信息，如行李状态变更、订单确认、支付通知等通知短信。
- 短信验证码：变量灵活，支持带入变量；内容灵活，可支持各业务场景，如用户注册登录、身份认证、手机绑定等场景。

- 推广短信：支持多种推广内容的短信发放，如业务推广、会员关怀等内容的短信。
- 异步通知：根据短信发送状态，如发送成功回调成功后的逻辑，失败回调失败的逻辑。
- 开通即用，无须自行搭建短信平台，免运维，提供多种语言 SDK，包括 Java、Python、.NET 等。

使用短信服务的步骤如下。

短信服务发送的短信中包括短信签名和短信模板。使用短信签名和短信模板前必须提交短信服务审核，审核通过的签名和模板才能使用在短信中。

短信签名是短信发送者的署名，表示发送方的身份，如图 9-15 所示。

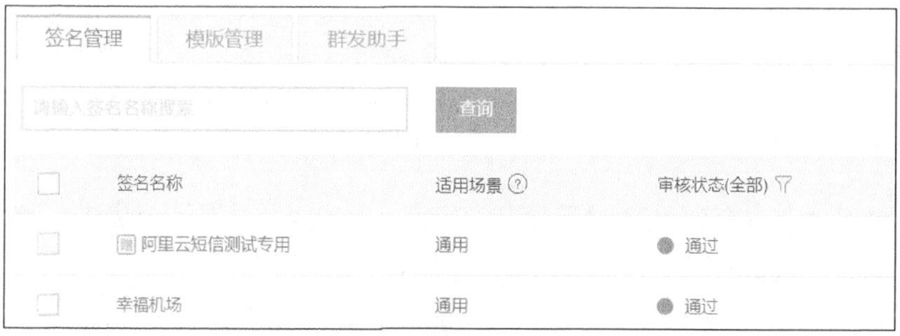

图 9-15

短信模板是发送的短信内容，如图 9-16 所示。

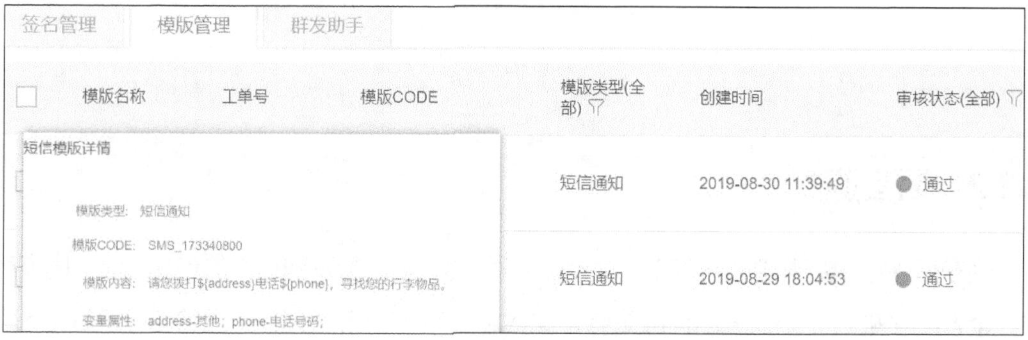

图 9-16

发送短信。在控制台上可以手动选择签名和模板对批量手机号进行发送，这种方式只是进行测试时用，一般采用短信接口方式根据业务场景来发送，实现本地业务和短信业务的一体化。短信服务接口提供短信发送、发送状态查询、短信批量发送等能力，阿里云提供了非常人性化、简单化的代码级支持，如图 9-17 所示。

图 9-17

对于发送失败的短信需要即时下载失败详情，模板问题可发工单解决，最好在系统的巡检里加上短信失败的检查，如图 9-18 所示。

发送时间	发送总数(条)	发送成功(条)	发送失败(条)	已发送未回执(条)⑦	发送成功率	操作
2020-03-01	297	288	9	0	96.97%	失败详情
2020-03-02	722	720	2	0	99.72%	失败详情
2020-03-03	330	328	0	2	99.39%	失败详情

图 9-18

9.2.2 语音服务

现在智能手机经常会将通知类的短信进行拦截，用户看不到推送的信息。但如果旅客的行李发生了破损就必须强制提醒旅客，此类场景就需要自动拨打电话给旅客，通知旅客进行相应的处理，也可以使用阿里云的语音服务。

阿里云的语音服务包含语音通知、语音验证码、语音互动、语音双呼、智能语音交互及智能外呼机器人等，可以根据使用场景或业务优势选择不同的语音产品。

- 语音通知：作为短信通知的有效补充，提供多样化通知手段，并通过电话的强提醒模式，第一时间通知到用户，解决通知不及时的问题。

- 语音验证码：短信验证收不到时，可以作为其强有力的补充，同时用于代替短信验证码，可用于防刷单。
- 智能语音交互：在智能电话客服案例中已经使用了实时语音识别服务将语音实时转写为文字，通过算法从知识库里找到合适的答案，再使用语音合成服务将文字转为语音通过电话播报给用户。

语音服务的接入和短信服务基本一致，只是多了一步购买归属地号码。语音号码是用于使用语音通知时，向终端客户发起呼叫的号码。终端客户在来电时，看到的号码显示就是这个语音号码，支持普通号码和 400 号码，如图 9-19 所示。

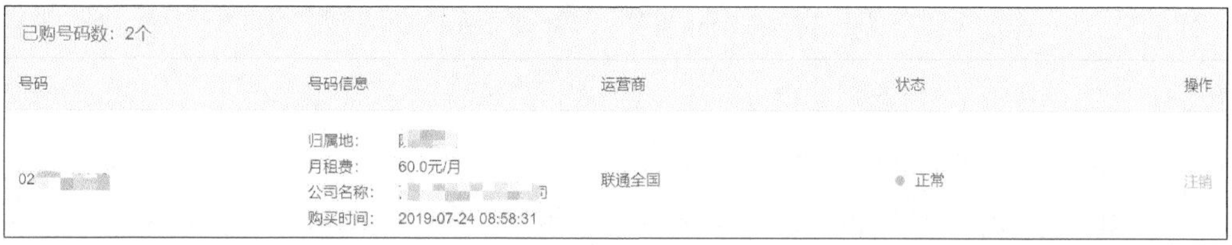

已购号码数：2个				
号码	号码信息	运营商	状态	操作
02▓▓▓▓▓	归属地：█▓▓ 月租费：60.0元/月 公司名称：▓▓▓▓▓ 购买时间：2019-07-24 08:58:31	联通全国	● 正常	注销

图 9-19

9.2.3 云市场

阿里云上的基础资源 IaaS 和技术中台 PaaS 日益成熟，上层被 SaaS 化，阿里的合作伙伴在云上提供了围绕云计算产品的软件应用及服务，包括服务、建站、API、办公软件、基础软件等，商品数量达上万种，如图 9-20 所示。共同构建云上生态，使信息化建设更简单、更方便、更快捷。

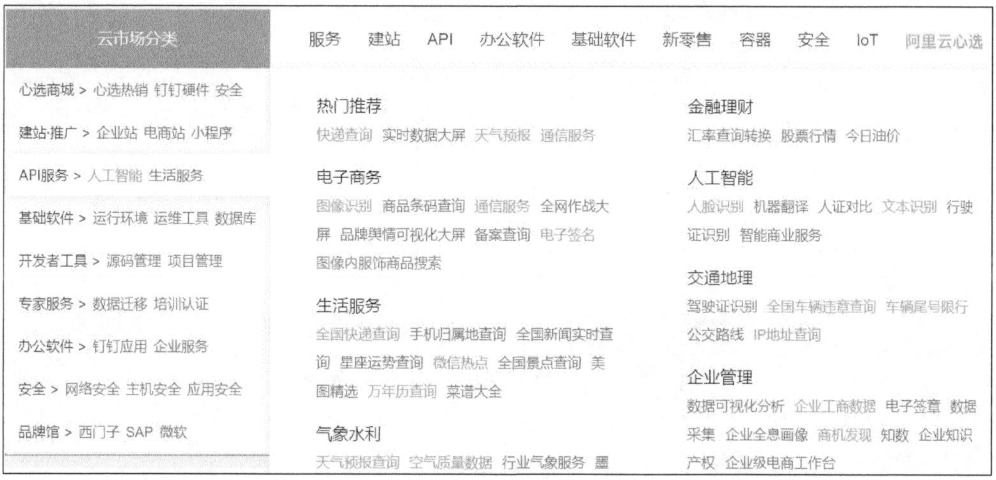

图 9-20

搭建中台项目说明企业业务已经达到了一定的规模，也更注重企业资源的整合复用。一般来说云市场有以下两种使用方式。

- 一种是你用别人提供的服务。比如说在旅客查询行李时需要输入证件号码，输入18 位数字比较麻烦，可以使用云市场里的 OCR 服务，直接通过照片识别出旅客的证件号码。再比如旅客注册会员时录入信息是否一致，则可以使用身份证、姓名、手机号的三要素认证服务。

- 另一种是你公司的服务也可以注册到云市场，提供给别人使用并可以定价收费。比如机场可以提供实时的航班信息服务。

我们之前一直使用阿里云的云效平台进行 Sprint 敏捷项目管理，但随着业务中台和业务应用越来越丰富，中台需要给十几个机场提供服务，这样涉及很多远程沟通和跨组织跨系统的协同，暴露出云效管理有以下不足。

- 阿里云应用没有云效功能，移动端只能用钉钉里的云效插件，功能单一、体验差。
- 云效没有 PC 客户端，项目变更不能及时通知，只能自己去后台查询。
- 云效的在线文档不能分享和公开，没有表格功能，不能满足日常需求。

基于以上原因我们在云市场购买了敏捷项目工具 Teambition 企业专业版，此工具非常专业，对项目和任务的沟通就像 QQ 一样方便、快捷，而且其集成了语雀在线文档，解决了团队文档和文件资料的管理问题。语雀可满足团队协作需求但没有 App 和 PC 客户端，正好 Teambition 的客户端可以直接写语雀文档，费用又可以从阿里云的账户支付，没有比 Teambition 更适合我们项目的了。Teambition 被阿里收购后正在和云效整合，希望在 CICD 方面更加完善。

第10章　智能数据分析

10.1　Quick BI 自助可视化工具

传统项目开发中用户会提出业务统计需求，比如需要展示行李的运转效率趋势图。数据开发人员接收到此需求先进行分析和数据模型的设计，再写 SQL 语句实现业务多维度统计分析（复杂的数仓还需要建立主题、集市等汇总层），最后将分析结果（比如一个大宽表）通过 ETL 工具传输给报表应用进行展示。这种开发模式的问题是数据分析完全依靠 IT 人员，尤其是传统企业完全依靠乙方技术人员，也有的企业专门招聘懂 IT 的数据分析人员，进行相关的数据整理和分析，但是由于所处的角色和对业务的认识深度不同，并且表达和理解不一致等原因可能需要重复进行确认才可能达到最终的效果。但往往由于这些人没有直接和业务挂钩或者对业务的不理解，分析结果可能出现偏差，不能得到很好的结果。所以在海量数据和实时在线的当下，这种模式已经不能满足一线人员的需求，很多公司都希望为业务人员提供一个便捷的自助分析服务，将分析工作落实到真正有需要的人手上，而不完全依赖 IT 开发人员。

阿里云提供的 Quick BI 是一种类似 Tableau 的自助可视化工具，可帮助非技术人员快速分析、呈现出所见即所得的可视化分析结果。它虽然没有 Tableau 的功能丰富，但最大的好处就是轻量、简单，开通即用，不需要服务端的服务器部署、用户数的购买授权、客户端的安装等。demo 中运用 Quick BI 的效果如图 10-1 所示。

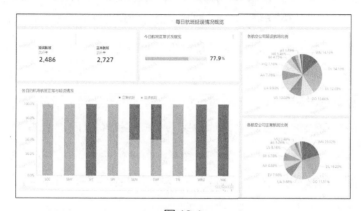

图 10-1

Quick BI 提供了海量数据实时在线分析服务，支持拖曳式操作，数据逐级下钻，提供了丰富的可视化效果，实现；数据分析、报表制作等工作。Quick BI 的更新速度也很快，功能越来越丰富，但和 Tableau 等专业化工具相比还有很大的提升空间。

10.1.1 Quick BI 核心流程

Quick BI 使用流程如图 10-2 所示。

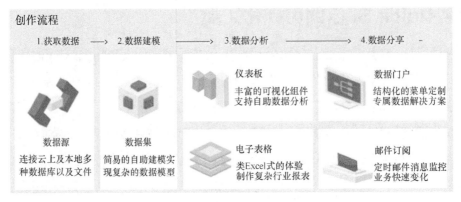

图 10-2

- 数据源：一切分析都是基于原始数据，Quick BI 支持从云数据库、本地数据库、Hadoop、上传本地文件等获取数据。

- 数据集：将数据源中的数据集合创建为数据集，以数据集作为上层统计分析的基础数据，类似传统 BI 的数据建模过程，Quick BI 只需要简单拖曳几步即可完成，不需要专业技能，但很可惜目前标准版和高级版不支持跨数据源建数据集。

- 仪表板：将数据以磁贴式可视化的方式呈现，支持通过各种数据筛选和查询，使用拖曳方式组织各种数据展现，支持线图、饼图、柱状图、漏斗图、树图、气泡地图、色彩地图等 40 多种图表；支持查询条件和表间数据联动效果，并且支持分享链接到公网。

- 电子表格：对数据集的数据进行统计汇总得到结果，也可以是明细数据，对数据可以逐级向下访问，包括行 / 列筛选、条件过滤、分类汇总、自动汇总等功能，并支持数据导出和免密分享公网。专业版支持跨数据集汇总分析。

- 数据门户：可以将制作好的各种仪表板、电子表格以门户的方式对外展示，还支持外挂链接，支持模板和菜单栏的基本设置，相当于做了个数据中心的网站。

- 邮件订阅：可以将报表以订阅任务的方式发送给用户，可以设置任务的发送周期和接收方式，如通过邮件或钉钉等方式接收。

- 权限管理：实现不同的人看不同的报表内容，达到行级粒度权限管控，支持将电子表格、仪表板、数据门户分享到互联网实现免登录。

Quick BI 的特点如下。

- 非专业人员上手快、简单，满足不同岗位的数据需求，入门门槛低。
- 所见即所得，想要什么样的图表直接选择即可，分析效率高。
- 分享功能，发布的报表可以直接挂接到任何外部系统。但子账号开发的报表不支持。分享链接是统计结果的查询和展示，不支持拖曳分析。
- 数据权限行级管控，轻松实现同一份报表内不同角色只看到相关数据。但必须要用阿里云子账号登录阿里云后台，不太友好。
- 适应多变的业务需求，根据业务发展随时调整。

10.1.2　开通并添加用户

Quick BI 包括标准版、高级版和专业版，高级版没有跨源查询，这个功能在中台项目中进行统计分析时非常重要，因为中台的数据库微服务化后拆分为多个数据源，如表 10-1 所示。

表 10-1

功能划分	标准版	高级版	专业版
阿里云公共数据库接入	(ECS)MySQL (ECS)SQL Server (ECS)PostgreSQL Oracle	标准版基础上增加： Hive Vertica SAP IQ(Sybase IQ)	同高级版
本地文件上传	支持CSV、Excel上传	支持CSV、Excel上传 支持上传到数据库(4种)	支持CSV、Excel上传 支持上传到数据库(4种)
数据表建模	数据表建模 SQL建模	数据表建模 SQL建模 跨空间复制	数据表建模 SQL建模 跨源查询 跨空间复制
电子表格	—	单Sheet	多Sheet

一般使用子账号开发报表，而不用主账号，所以需要将子账号添加到 Quick BI 的组织管理中，子账号才可以使用 Quick BI，如图 10-3 所示。

图 10-3

10.1.3　创建数据源

Quick BI 支持云数据库和自建数据库两大类数据源，支持的数据源如图 10-4 所示。

图 10-4

目前高级版不支持多源关联，前文的中台案例中有 3 个数据库，即行李中心数据库、行程中心数据库、旅客中心数据库。如果创建 3 个数据源，数据源之间就关联不起来，而且上层的数据集也没办法关联，所以在讲数据传输 DTS 时，通过数据同步工具将 3 个数据库的表同步到统一的 luggage_count 数据库中。本节以此数据库进行 Quick BI 功能演示。

选择一个工作空间，数据源选择 MySQL，如图 10-5 所示。测试时用个人空间即可，如果是多人开发可以选择默认工作空间或创建其他工作空间，也可以共享数据源。

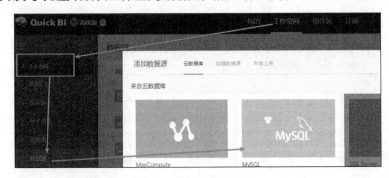

图 10-5

录入 MySQL 数据库的连接信息，并测试连接，如图 10-6 所示。

图 10-6

如果 MySQL 数据库有白名单的限制，则需要将页面提示的 IP 地址加到数据库的白名单里，如果数据库对访问 IP 没有限制则不用设置，如图 10-7 所示。

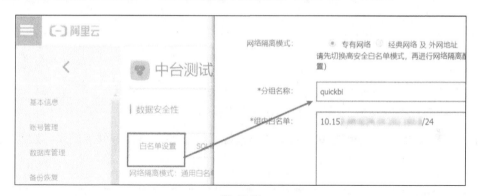

图 10-7

创建完成后会显示数据源里的表及表的字段信息，数据源的粒度只能是表级，如图 10-8 所示。

图 10-8

10.1.4　创建数据集

数据集是仪表板和电子表格的基础数据，需根据导入的数据源来创建需要的数据集。有多种方式创建数据集，我一般用自定义查询 SQL 的方式创建数据集。在数据源页面单击即席查询 SQL，录入 SQL 执行显示结果，图 10-9 所示只查询 2020 年后的行李和行李轨迹数据，检查数据没有问题后单击创建数据集即可。

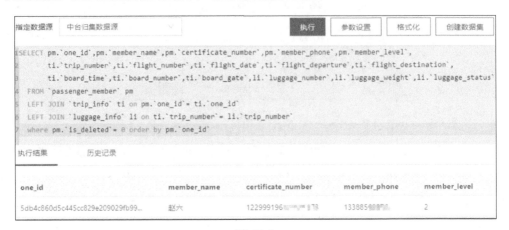

图 10-9

即席分析 SQL 还支持动态参数，在 where 语句后面追加 SQL 参数，参数格式为 ${ 物理字段名 : 参数别名 }，该参数可以在查询控件中被引用。

创建完数据集后，对此数据集可以进行刷新预览、设置过滤条件等操作，如图 10-10 所示。

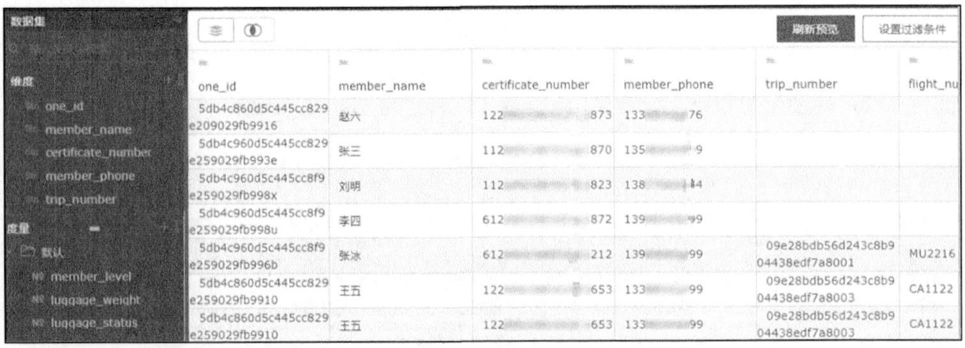

图 10-10

也可以对每个统计维度和度量进行设置，如修改显示名、隐藏、删除、数字格式化、维度和度量转换等功能；如果有地理位置字段，需要将维度类型切换为地理信息才能在地图中使用，如图 10-11 所示。

（a）　　　　　　　　　　（b）

图 10-11

有的读者对维度和度量可能不理解，我家孩子上小学三年级，每次期末考试后老师都要从不同的维度汇总成绩，如按班级统计平均成绩。这里的班级就是统计维度，平均成绩是班里每个人成绩的平均值，每个人的成绩就是度量值；按课程统计最高和最低成绩，课程就是维度，成绩是度量值。Quick BI 会自动将数值型默认为度量值，可以根据需求相互转换。会员等级是数值型，它会被自动识别为度量值，实际中需要对会员等级进行分组统计，所以需要将会员等级转换为维度值，并将旅客唯一标识转换为度量。

10.1.5　制作仪表板

仪表板将数据集加工汇总得到的结果以可视化形式展示出来。仪表板采用了灵活的磁贴式布局来显示报表数据的交互。它不仅可以将数据以可视化的方式呈现，还支持通过各种数据筛选和查询，使用各种数据展现方式，突出数据中的关键字段。

新建仪表板，选择行李查询应用数据集，会自动带出数据集的维度和度量，如图 10-12 所示。

图 10-12

在工具条选择柱状图，分别双击行程航班号码中的维度、度量旅客唯一（选择去重计数）和行李重量（选择计数）标识，单击更新即可显示柱图，如图 10-13 所示。

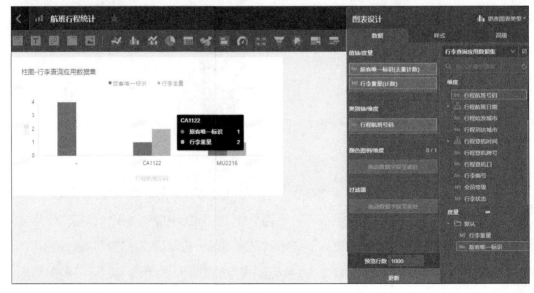

图 10-13

左边柱状图显示 4 个没有行程的会员，用过滤条件不显示这些人，在样式里调整显示名称，如图 10-14 所示。

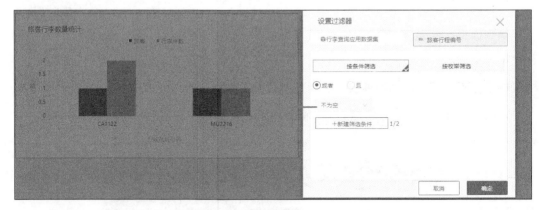

图 10-14

增加出发地和航班日期查询条件即可完成，如图 10-15 所示。

再新建一个交叉表，双击需要显示的字段展示明细数据，可以冻结行和列，也支持分页，如图 10-16 所示。

制作完的仪表板可以预览、更改图表类型、发布、公开（生成一个公网的 URL 直接查看），如图 10-17 所示。

图 10-15

图 10-16

图 10-17

10.1.6　制作电子表格

电子表格类似于日常的 Excel 统计汇表，以表格的方式直观展示。仪表板适合统计的维度值少的情况，比如按会员等级维度统计，会员等级也就固定的几个值，不会太多；但如果想要按航线去统计，机场飞往其他地，其他地飞来机场的航线就太多了，只能使用电子表格多行的方式统计，如图 10-18 所示。

电子表格功能适用于 Quick BI 高级版和专业版的群空间下，个人空间不支持。高级版不支持跨空间复制数据源和数据集，前文例子都是在个人空间实现的，所以还得重新在群空间里创建数据源和数据集。

图 10-18

在中台项目开发中大部分业务汇总可以使用仪表板的交叉表格实现，电子表格用得并不多。

- 数据集选择区：在数据集选择区内可以切换已有的数据集，并自动识别维度和度量，和仪表板操作一样。
- 电子表格配置区：在电子表格配置区设置维度和度量的数据计算规则，并且根据展示需要设置单元格的颜色、字体、数据格式等多种操作，和仪表板操作类似。
- 电子表格展示区：在电子表格展示区，按照单元格展示和引用数据，完成数据的再加工，和操作 Excel 一样方便。
- 电子表格也支持各类函数，如常用的数据库函数、日期函数、财务函数、逻辑函数、统计函数等。

10.1.7　制作数据门户

数据门户是通过菜单形式组织的仪表板的集合。通过数据门户可以制作复杂的带导航菜单的门户服务，图 10-19 所示中创建了两个一级菜单和一个二级菜单。

数据门户还支持外部链接挂载进来，但是这个产品目前没有与互联网链接的功能分开，只能在组织内进行分享。如果要查看数据门户必须要有一个阿里云账号，登录阿里云才能查看，但实际情况可能更多的是在阿里云开发功能并通过公开链接将其挂到自己的系统菜单里，所以数据门户的功能在我们的开发过程中没有用到。还有一点要解决的就是报表公开后的数据安全问题，得到链接的人都能访问，现在没有 token 机制。

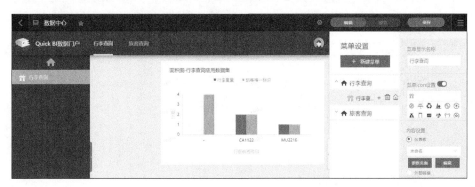

图 10-19

10.2　DataV 数据可视化

从我们的经验看业务中台建设实施难度挺大的，实施过程不像传统模式就是建设一个信息系统，一方面是技术涉及的面和深度，另一方面要打破各业务的壁垒，贯通业务流程和数据，有大量的工作和开发量才能保证按时上线。大家这么辛苦地完成中台的上线，如何能将成果展示出来呢？就像每年的"双 11"我们都能看到一块阿里的交易额实时大屏展示，交易额度时刻不停在变动非常直观，这样的效果是由几万开发人员在后台支撑，提供实时数据的功劳，前台的展示使用了阿里云提供的数据可视化工具 DataV。DataV 是阿里云出品的拖曳式可视化工具，专注于业务数据与地理信息融合的大数据可视化。

10.2.1　DataV 功能特点

DataV 能将数据由单一的数字转化为各种动态的可视化图表，从而实时地将数据展示给用户。相比 Quick BI 的仪表板，数据可视化用更生动、友好的形式，即时呈现隐藏在瞬息万变且庞杂数据背后的业务信息，更加聚焦核心业务点和实时性。

- 满足各类场景和人群需求，开通即用。基于浏览器不需要安装任何软件，所见即所得，无须编程能力，只需要通过拖曳，即可创造出专业的可视化应用。
- 使用三维渲染引擎，借助 GPU 的计算能力实现海量数据渲染。

- 使用海量的图表组件，非专业人员也可呈现高水准的可视化效果，如地理轨迹、地理飞线、热力分布、地域区块、三维地图、三维地球，实现地理数据的多层叠加。

- 提供多种场景模板，如何能在简单的一页之内让用户读懂数据之间的层次与关联，这就关系到色彩、布局、图表的综合运用。DataV 提供指挥中心、地理分析、实时监控、汇报展示等多种场景模板，即便没有设计师，您的可视化作品也会显现出高水平的设计水准。

- 能够接入阿里云的分析型数据库和关系数据库，支持本地 CSV 文件上传、在线接口接入等，非常方便就能接入业务中台的服务接口。

10.2.2　创建可视化应用

在阿里云后台开通 DataV 服务，登录 DataV 控制台，可以看到文字和视频教程。

选择适合自己展示的模板，也可以自己在空白画板中重新设计，我们一般会选择一个简单的数据看板模板。

在 DataV 大屏模板页面中，可配置各组件的样式，我们只保留两个图表组件并设置标题，如图 10-20 所示。

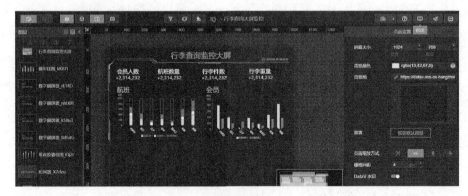

图 10-20

配置数据来源，中台项目已经有非常多的接口提供数据，如图 10-21 所示。

图 10-21

我们使用数据库作为数据来源，如图 10-22 所示。

图 10-22

设置会员人数的数据来源，如图 10-23 所示。

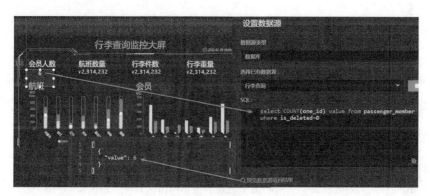

图 10-23

每个组件都需要配置数据源、配置数据刷新时间，以及对组件的样式进行调整。

10.2.3 大屏发布分享

完成配置后发布，这里的发布和 Quick BI 不一样，DataV 的链接可以直接在互联网访问，不需要阿里云账号，如图 10-24 所示。

图 10-24

复制该链接，然后可以在任何设备上展示，可以自适应各种分辨率和屏幕大小，如图 10-25 所示。

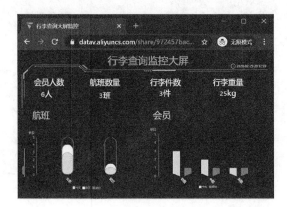

图 10-25

10.2.4 DataV 的组件

DataV 大屏上的所有数据都是由一个个组件组成的，所以 DataV 大屏的开发主要有组件的布局、组件数据的获取与加载。目前 DataV 支持的组件类型如表 10-2 所示。

表 10-2

组件类型	组件
常规图表	包括柱状图、拆线图、饼图、散点图以及其他类型的图表
地图	包括三维地球、基础平面地图、三维平面世界地图、三维平面中国地图和三维球形地图
媒体	包括萤石云播放器、单张图片、RTMP 视频流播放器、轮播图和视频
文字	包括轮播列表、键值表格、通用标题、跑马灯、词云、轮播列表柱状图、数字翻牌器、多行文本、进度条、状态卡片、文字标签和时间器
关系网络	包括关系网络、弦图和 ECharts 网络图
素材	包括箭头标绘、自定义背景块、边框、装饰和标志墙
交互	包括轮播页面、全屏切换、iframe、时间轴、地理搜索框、Tab 列表和其他高级交互组件
其他	包括一些辅助图形，例如时间选择器
更多组件	您可以通过更多组件，添加订阅第三方图表组件

内置的众多组件如果满足不了需求，Datav 还支持自定义开发组件以及集成第三方如 ECharts 的图表组件，也支持组件之间的交互和数据触发，可以把整个大屏数据都联动

起来。

DataV 非常适合中台项目的能力展示，中台平时隐藏在业务应用后面，是应用的强力支援。用户端在使用应用提供的服务时，感觉不到业务中台的存在，但中台又是企业的业务能力核心，所以中台部门完全可以通过可视化的大屏展示自己的业务能力。

结语

我在 14 年的 IT 研发工作中，经历了从 Servlet 技术、Struts 框架、Spring 架构、模板技术，到现在的微服务、前/后端分离、Serverless、AI 技术等。我发现每一次的技术更新都是对复杂技术进一步的抽象和复用，让使用者不需要关心具体的实现方式，只需要通过简单的集成就能使用，对于将来的 IT 发展我估计也是这样的发展方向。IT 会逐步下沉到更底层，对外输出的仅仅是"傻瓜化"的工具，让非专业的业务人员参与到 IT 建设中来，甚至成为系统功能的创造者。比如我们讲的 Quick BI 和 DataV 这两个工具，开发人员只需要把基础数据提供出来，剩下的事都交给工具和业务人员完成，这不仅仅是技术的升级，甚至已经影响到将来全社会的分工协作界限。技术可以一次次抽象出来复用，那业务模块是不是也可以这样？从理论上说，将业务模块抽象到合适的粒度是有可能实现的。服务铁路旅客的业务能力，能不能直接挪到航空旅客用？这就是需要业务中台解决的问题。但很明显由于业务和组织存在更高复杂度和差异度，所以非常难实现。

从第一次接触业务中台的概念到负责中台设计、实施、上线运行，我认为中台概念合理且先进。从架构的角度看，企业数字化转型和 IT 架构一下子清晰了很多，可以从更高的层次分析和把握整个企业的 IT 架构，前台业务敏捷迭代快速响应用户需求，中台业务稳固支撑。反过来前台的大量需求不断地滋养中台的成长和完善。不过在企业里真实情况是这样吗？真正能做好、运营好业务中台的可能并不多。提出中台概念的阿里也是经过了十几年的沉淀才达到目前的阶段，能够想象过程一定很不容易。阿里是以战略提出的中台架构，京东以组织架构中台化开始，不难想象某个集团企业要开发上线一个中台的信息系统来解决企业存在的问题，失败的风险会极大。本书也仅仅介绍了基于阿里云的技术中台将各种工具和技术整合，从技术的维度将实施业务中台的一些经验教训进行了分析和总结，尽最大努力实现一个高可靠、高性能、低成本、低运维的业务中台模型。最后提几点我对实施业务中台的建议和想法。

1. 企业中存在很多相同或类似的业务需求，通过 IT 将这些业务功能抽象化，下沉为通用的、复用的业务能力，全面支持各业务线的快速发展，并提供业务创新的能力平台和底座，这是实施业务中台的核心价值。所以业务中台是为业务服务的，各业务中心要了解和掌握你所支撑的业务具体情况是什么样子，对业务知识和流程要有深刻的认识。

2. 业务中台化不会有一套拿来改改就能用的方案，必须具体情况具体分析，中台化的过程一定是很艰难的。需要让企业的主要负责人知道什么是中台，信息系统中台化后组织结构的调整和业务流程重组可执行吗？企业的业务发展到了必须实施中台战略的地步吗？

3. 能用微服务解决就暂时用微服务技术去支撑业务的发展，如果微服务能解决还要上中台的话，我个人不太推荐。本书的基础内容还是微服务，是用微服务的技术支撑了业务中台的运行。我们上线了业务中台后也在逐步地调整和适应，步子迈得稍微大了一点，业务中心分得太细导致复杂的业务依赖关系和分布式事务的问题，所以也在对业务中心进行从细到粗的合并，一些"镀金"的功能将以微服务的方式提供能力支撑。

4. 中台化要用互联网思维建设，选择更容易实施的业务领域开始，而不是"全面开花"。不能抱着建信息系统的项目制实施，应通过敏捷迭代的方式每个月、每周，甚至每天都能看到成果和问题，逐步迭代完善，采用小步快跑、快速试错的方式实施。如果等到上线的时候才发现问题那就比较麻烦。涉及的业务太全面，可变因素和不确定性就会很多，失败的风险相应也更大。

5. 中台项目的实施要有自己的业务专家、IT 架构师和研发团队，中台建设是个长期的工作，它需要逐步成长和完善，如果直接交给 IT 承建商去实施，风险有点大。我们在建设中台的时候，我作为集团公司 IT 架构师全程参与并决策整个架构的设计，工作细到每个业务中心的数据模型和字段，每天对承建商的代码进行评审，而且通过外包的方式组建了一支自己的研发团队参与到中台和业务应用的开发中。我们业务中台的验收标准是上线的那一天就是承建商撤离的时间点，也不需要承建商二期以及运维，需要完全由自己的外包研发团队承接，这个其实很容易，因为自己的外包研发团队和承建商的研发团队在整个实施过程中都是一起开发、分工协作的。比如承建商做订单业务中心，自有外包团队做支付中心。此外，在业务上由我们信息部门的业务经理按条线分工去现场了解、收集和分析需求，这样可以把握需求的范围和质量，因为我们的业务经理都是从机场一线上来的，最懂业务，最了解现场情况，而不是直接将需求管理交给承建商去做。

6. 要处理好业务中台和业务应用之间的关系，很多传统企业没有自己的开发团队，上层的业务应用层可能有几十个 IT 厂家要基于中台开发和改造。有专业化比较高的应用，还有一些应用直接使用的 SaaS，要在架构上处理好还真不容易，需要从多个维度来解决。一方面，我们在开发业务中台时人为地将项目团队分为两个组，一组专门做业务中心，另一组则开发新的业务应用，当业务应用基于业务中心开发完成时，那么基于业务中心开发业务应用的标准就出来了；另一方面从架构上适应业务应用层的多样性，这在第 2 章讲解得比较清楚。

7. 企业建设业务中台不应该只从 IT 技术层面考虑，需要从业务、组织和运营多个维度协同推进。业务中台只是支持业务场景的手段，并将多渠道的业务能力抽象、沉淀下来，业务中台的逐步成长也需要独立的组织进行运营，平台型组织是业务中台的重要基础也是企业转型的方向，前 / 后台业务的拉通是平台型组织的发展大趋势。阿里中台之所以成功不仅是因为技术，更是敏捷的组织变革。阿里提出"大中台、小前台"的中台战略后，进行过十几次组织调整和部门合并，都是为拉通前、中、后台奠定基础。

8. 中台架构的实施落地推荐从易到难逐步实施，从最简单的资源中台开始，到技术中台、数据中台、业务中台、组织中台，最终完成企业架构的中台化。这个过程是漫长的，也是曲折的。我们在两年的中台建设中，碰到的问题大多与技术无关，更多出现在组织的边界划分上。作为 IT 架构师，我会利用技术手段去解决问题，但往往绕不开组织的问题。曾经有人说："组织可能不是中台建设的阻碍，而恰恰是中台建设的本质。"只有亲身经历过中台建设的人，才能真正体会中台早已超出了技术的范畴。

最近看到我儿子写的一篇作文，开头有这么一段话："我最喜欢的一本书是《这不可能是真的》，这本书有蓝蓝的封面，封面上有一个大大的三维地球，非常吸引人。我觉得这本书很有趣，书里的内容很吸引人，每次看这本书我都沉醉在其中，都忘了时间的存在。这本书让我认识了这个精彩纷呈的世界，知道了很多不可思议的知识，真是一本有趣的书。"本书的内容已经介绍完毕，希望各位读者朋友也能有这种感受。